성격에 관한
정신분석학적 연구

W. 로널드 D. 페어베언 지음
이재훈 옮김

한국심리치료연구소

국립중앙도서관 출판시도서목록(CIP)

성격에 관한 정신분석학적 연구 / 로널드 페어베언 지음 ;
이재훈 옮김. -- 서울 : 한국심리치료연구소, 2003
　　p. ;　　cm

원서명: Psychoanalytic studies of the personality
원저자명: Fairbairn, W. Ronald D.
색인수록
ISBN　89-87279-34-0 93180 :₩13000

182.12-KDC4
155.2-DDC21　　　　　　　　　　　CIP2003000691

성격에 관한 정신분석학적 연구
-Psychoanalytic Studies of the Personality-

W. Ronald D. Fairbairn

목 차

역자 서문

지난 십여 년간 대상관계 이론들을 소개해오면서 늘 마음 한 구석에 페어베언에 대한 미안한 마음을 갖고 있었습니다. 그것은 다른 학자들에 비해 그의 이론을 소개하는 작업이 늦어지고 있다는 생각 때문이었습니다. 이제 이 책을 출간함으로써 이러한 마음의 부담을 덜 수 있어서, 개인적으로 얼마나 다행인지 모릅니다.

2년 전, 한국을 방문한 데이빗 샤르프 박사(워싱턴 국제 대상 관계 연구소)는 내게 페어베언의 저서를 번역할 것을 제안했는데, 이것이 이 책의 번역에 착수하게된 계기가 되었습니다. 그러던 중 마침 올 8월중에 영국 에딘버러에서 국제 페어베언 학회가 열리게 되었고, 한국에서도 여덟 명이 참석하게 되었는데, 이것이 이 책의 번역을 끝낼 수 있게 한 자극제가 되었던 것 같습니다.

이 책에서 저자가 분명히 밝히고 있듯이, 이 책은 그의 대상관계 이론을 체계화한 내용이 아니라, 그의 이론의 발달과정을 그대로 보여주고 있는 일련의 논문 모음입니다. 따라서 이 책을 처음부터 끝까지 읽기 전에는 그의 이론에 대한 논의를 유보하는 것이 바람직할 것입니다.

이 책의 편집을 맡아주신 이은경님, 색인 작업을 도와주신 최윤창님께 감사드리며, 또한 미국의 샤르프 박사 부부의 격려에 감사를 드립니다. 특별히 이 책의 표지 디자인을 위해 페어베언 박사님의 사진을 보내주신, 박사님의 따님이신 Ellinor Fairbairn Birtles 박사님께 감사드리며, 마지막으로 이 모든 일을 가능케 해주신 정신분석학을 사랑하는 모든 분들께 감사를 드립니다.

2003년 7월 1일   역자

제 1 부
이 론

제 1 장

분열성 성격 요인들(1940)

　분열성 정신 과정은 최근에 점점 더 나의 관심을 사로잡고 있
다. 그러한 정신 과정을 충분히 보여주는 사례들은 정신병리학
의 전체 영역에서 가장 흥미롭고 생산적인 자료를 제공해주는
것으로 보인다. 이런 견해를 지지하는 여러 생각들 중에서 다음
의 네 가지는 특별히 언급할만하다. (1) 분열성 상태는 모든 정
신병리적 상태 중에서 가장 깊은 곳에 자리잡고 있으며, 성격의
기초에 대해서 뿐만 아니라 기본적인 정신 과정에 대한 연구를
위해서도 가장 좋은 기회를 제공한다. (2) 분열성 사례에 대한
분석은 광범위한 정신병리학적 과정을 연구할 수 있는 기회를
제공한다; 일반적으로 궁극적인 병리 상태에 도달하는 것은 성
격을 방어하기 위한 모든 가능한 방법들이 사용된 후에야 이루
어진다. (3) 상식과는 달리, 지나치게 퇴행적이지 않은 분열성 개
인의 경우, 정상적 혹은 비정상적 범주에 상관없이 심리학적인
통찰력이 가장 큰 것으로 드러난다. 이것은 부분적으로는 그들

이 내향적(즉 내적 실재에 몰두해 있고)이고, 그들 자신의 심층적 정신 과정에 친숙하다는 사실에 기인한다(그러한 과정은 완강한 방어와 저항에 의해 그들의 의식으로부터 배제되어 있다.) (4) 다시 일반적인 생각과는 달리, 분열성 개인은 놀라울 정도로 전이가 가능하고, 뜻밖의 호의적인 치료 가능성을 제시한다. 분열성 상태로 드러나는 부류들은 다음과 같다.

(1) 정신분열증
(2) 분열형 정신병적 성격—대부분의 정신병적 성격을 포함하는 집단(간질성 성격을 포함하여)
(3) 분열성 성격—명확히 분열성 요소들을 포함하고 있지만, 정신병으로 간주될 수 없는 광범위한 집단
(4) 분열성 상태 혹은 일시적인 분열성 증상—대부분의 청소년기 '신경증' 집단

이런 명백한 분열성 상태와는 별도로 증상이 근본적으로 정신신경증에 해당되는 (예를 들면, 히스테리, 공포증, 강박 신경증 혹은 단순히 불안해하는) 환자들에게서 기본적인 분열성 특성들이 발견되는 것은 일반적인 현상이다. 그러한 특성들은 정신분석 과정에서 성격을 보호하고 있던 정신신경증적 방어들이 약화될 때 드러나지만, 근저의 분열성 배경에 대한 더 많은 지식 덕분에 분열성 특성들을 최초의 면담에서 발견하는 것이 점점 더 가능해지고 있다. 이런 맥락에서 매써만(Masserman)과 카미카엘(Carmichael)에 의해서 연구된 정신병동에 입원해 있던 100명의 정신분열증 환자 중에 32명이 전에 히스테리와 강박신경증의 증후를 앓았던 것으로 드러난 것은 흥미롭다(Journal of Mental Science, Vol. LXXXIV, pp. 3-946). 이 32명의 환자 중에서 15명 이

상이 보다 뚜렷한 정신분열 증세를 발달시키기 전에 명백한 히스테리 증세를 보였다는 사실을 저자들은 발견했다; 그들은 강박증과 강박 충동에 관해서 다음과 같이 언급한다: '이것은 정신분열증 환자에게서 가장 빈번하게 발생한다.' 전체 32명의 사례 중에서 강박증은 18명의 사례에서 그리고 강박충동은 20명의 사례에서 발견되었다. 내가 관찰한 군인들의 경우도 이와 비슷했다: 정신분열증이나 분열성 성격으로 최종적으로 진단된 군인 환자의 50퍼센트는 '불안신경증'이나 '히스테리'라는 잠정적인 진단과 함께 좀더 상세한 조사를 위해 의뢰된 환자들이었다. 이러한 수치는 명백한 분열성 환자가 자신의 성격을 방어하기 위해 정신신경증적 방어를 사용하는 정도를 나타내주기는 하지만, 근저의 분열성 경향성이 그러한 방어의 성공에 의해 감추어지는 범위에 대해서 말해주지는 않는다.

한때 본질적으로 분열성 특성으로 고려되었던 요소들이 정신신경증 증세를 나타내는 사례에서 발견되고 있으며, 또한 정신분석적 치료과정에서 정신병리적 진단이 어려웠던 많은 환자들에게서도 이와 유사한 특성이 발견되고 있다. 사회적 금지, 일에 집중하지 못하는 문제, 성격 장애, 성도착 경향성, 그리고 성적 무능과 강박적 자위행위와 같은 어려움으로 인해 치료를 찾는 사람들도 여기에 해당된다. 이 집단은 또한 뚜렷한 하나의 증상(정신병에 대한 공포나 자신을 드러내는데 대한 불안 등)을 호소하거나 부적절한 이유로 분석을 받기를 원하는 사람들(그것이 내게 도움이 되리라고 느끼기 때문에, 또는 재미있을 것 같아서)의 대부분을 포함한다. 그것은 또한 신비스런 태도로 면담실에 들어오거나, 프로이트의 말을 인용하는 것으로 면담을 시작하거나, 또는 '내가 여기 왜 왔는지 나도 정말 모르겠다'는 말로 시작하는 사람들을 포함한다.

지금 언급된 다양한 범주의 사례들에 대한 분석적 연구 결과에 기초해서, 탈인격화와 비현실화와 같은 뚜렷한 정신병적 증세뿐만 아니라 진짜 같지 않은 감정(자신에 대해서 낯선 느낌을 갖거나 낯선 것에 대해 친숙한 느낌을 갖는)과 같은 비교적 경미하거나 일시적인 현실감의 장애들도 본질적으로 분열성 현상에 속한다는 사실을 알 수 있다. 낯선 것에 대해 친밀하게 느끼는 증상과 유사한 것으로서 기시증(déjàvu)을 들 수 있다. 이 흥미로운 현상은 분열성 과정을 포함하는 것으로 간주된다. 몽유병, 기억상실증, 이중인격, 다중인격 등이 기본적으로 분열성 현상에 속한다는 사실은 자네(Janet), 제임스(William James), 그리고 프린스(Morton Prince)에 의해 보고된 수많은 사례에서 그 근거를 찾을 수 있다. 그리고 자네가 '히스테리' 환자에게서 관찰한 해리 현상은 정신분열증 환자들에 대한 기술과 같은 것이었다. 이 사실은 내가 도달한 결론, 즉 히스테리 성격은 항상 분열성 요소를 포함하고 있다는 생각을 확인해준다.

'분열성'이라는 용어의 의미가 분열성 현상을 포함하는 개념으로 확대된다면, 분열성 집단은 매우 포괄적인 것이 된다. 예를 들면, 광신주의자들, 선동가들, 범죄자들, 혁명가들, 그리고 공동체를 붕괴시키는 대부분의 사회병질적 성격 부류가 여기에 포함된다. 일반적으로 덜 분명한 형태에서, 분열적 성격은 지식인 계층에서 흔히 발견된다. 자본가에 대한 지식인의 경멸과 무식한 사람들에 대한 고고한 예술가의 냉소는 분열성의 경미한 표현이라고 볼 수 있다. 문학, 예술, 과학 등에 대한 지적인 추구는 다양한 정도의 분열성 요소를 지닌 개인들에게 특히 매력적인 것으로 드러난다. 과학적 추구는 사고 과정에 대한 중요성뿐만 아니라 정서적 거리감을 갖는 분열성 성격의 태도와 잘 맞아떨어질 수 있다. 왜냐하면 이것들은 모두 과학영역에서 중요한 자산이 될 수 있기 때문이다. 강박증 환자가 과학에 매력을 느끼는 것은 과학이 질서정연하고 꼼꼼한 정확성을 요구하기 때문이다. 이 점은 분열성 개인에게도 마찬가지이다. 마지막으로 이와 같은 주장은 뛰어난 역사적 인물들 중에 분열성 인격 또는 분열성 성격에 해당하는 사람들이 많으며, 따라서 역사의 페이지에 흔적을 남기는 사람들이 모두 그런 성격의 소유자인 것 같은 잘못된 인상을 남길 수도 있다.

분열성 범주에 속하는 개인들은 다음의 세 가지 특성을 두드러지게 드러낸다: (1) 전능적 태도 (2) 고립 또는 거리감을 유지하는 태도 (3) 내적 실재에 대한 몰두. 그러나 이런 성격들이 결코 외적으로 드러나는 것이 아님을 명심하는 것이 중요하다. 전능적 태도는 다양한 정도로 의식적이거나 무의식적일 수 있다. 그것은 어떤 특정 영역 안에서만 작용할 수도 있다. 그것은 과보상될 수 있으며 겉으로 드러난 열등감 또는 굴욕적인 태도 아래 숨겨질 수도 있다. 또는 그것은 하나의 소중한 비밀로서 취급될 수 있다. 그리고 이와 유사하게 고립을 유지하거나 거리감을 갖는 태도는 사회성이라는 겉모습에 의해서 혹은 특정한 사회적 역할에 의해서 감추어질 수 있다; 그리고 이런 개인들은 어떤 상황에서는 상당한 정도로 감정을 느낄 수도 있다. 내적 실재에 대한 몰두는 모든 분열성 성격의 가장 중요한 특징임이 분명하다. 그러나 그 내적 실재는 외적 실재와 동일시되거나 또는 외적 실재 위에 덧씌워짐으로써 오히려 외적 실재에 대한 몰두로 나타날 수도 있다.

이러한 사실을 고려할 때, 분열성이라는 개념은 융이 내향적 유형이라고 부른 것과 크게 일치한다는 사실을 간과할 수 없다. 융은 정신분열증(조발성 치매)이 내향적 유형에서만 일어난다고 말함으로써, 내향적 성격과 분열성 사이의 관계를 알고 있었음

을 보여준다. 융이 말하는 내향성 개념과 분열성 개념은 그것들
이 전혀 다른 맥락에서 발전된 것이라는 점에서 흥미롭다. 그러
나 이와 같은 일치에 대한 인식이 곧 그가 말하는 심리 유형론
을 내가 받아들인다는 것을 의미하지는 않는다. 정 반대로, 내가
말하는 분열성 집단은 타고난 요소가 아니라 엄격하게 정신병리
적 요소들을 지닌 사람들을 지칭한다. 어떤 사람들에게는 내향
적 성격이라는 용어를 사용하는 것이 분열성이라는 용어를 사용
하는 것보다 더 바람직할 수도 있을 것이다. 그러나 그 두 용어
중에서 분열성이라는 용어는 그것이 단순히 서술적인 용어만이
아니라 병인에 대한 설명적인 용어라는 점에서 커다란 장점을
갖고 있다.

그렇다면, 모든 개인들이 예외 없이 분열성으로 간주되어야
하지 않겠는가라고 비판할 수 있을 것이다. 실제로 나는 이와 같
은 비판을 수용할 준비가 되어 있다. 다만 여기에는 한 가지 중
요한 단서가 있는데, 그것 없이는 나의 분열성 개념은 너무나 포
괄적인 것이 됨으로써 거의 의미 없는 것이 되고 말 것이다. 그
것은 이 모든 것이 분열의 수준에 달려 있다는 것이다. 분열성
현상은 근본적으로 자아 안에 분열이 있다는 것을 말한다. 극도
의 고통이나 난관이나 박탈의 상황에 처할 때, 가장 깊은 수준
에서 분열의 증거를 드러내지 않을 정도로 완전하게 통합된 자
아를 가진 사람은 아무도 없다. 여기에서 가장 중요한 문제는 자
아의 분열에 대한 증거를 말하기 전에 먼저 정신의 깊은 층에
도달하는 것이다. 내 견해에 의하면, 가장 깊은 수준에서는 누구
에게나 어느 정도의 자아 분열이 존재한다. 또는 클라인의 용어
를 빌려 말한다면, 정신의 기본적 자리는 예외 없이 분열적 자
리이다. 이것은 물론 이론적으로 완벽한 최적의 발달 과정을 겪
은 사람에게는 해당되지 않을 것이지만, 실제로 이와 같은 사람

제1장 분열성 성격 요인들 / 17

은 존재하지 않는다. 실제로 어떤 상황에서나 자아 분열의 증거를 드러내지 않을 만큼 통합되고 안정된 자아를 가진 사람은 없다. 아마도 소수의 정상적인 사람들만이 심각한 위기에 직면해서 거리감을 지닌 태도로 자신을 멀리서 바라보는 것과 같은 순간적인 분열성 경험으로부터 자유로울 것이다. 아마도 대부분의 사람들은 기시증으로 알려진 과거와 현재 그리고 환상과 현실 사이의 이상한 혼돈 경험을 가지고 있을 것이다. 이러한 경험은 본질적으로 분열성 현상에 속한 것이다. 가장 깊은 수준에서 모든 사람이 예외 없이 분열성이라는 사실을 증명해주는 보편적인 현상이 있는데, 그것은 꿈이다. 프로이트가 그의 연구를 통해서 보여주었듯이, 꿈꾸는 사람은 꿈에서 둘 또는 그 이상의 인물로 나타나는 것이 보통이다. 나는 꿈에서 등장하는 모든 인물들은 (1) 꿈꾸는 사람의 성격의 일부를 나타내거나 (2) 동일시에 의해서 그의 성격 부분이 관계 맺고 있는 대상을 나타낸다고 본다. 꿈에서 꿈꾸는 사람이 하나 이상의 인물로 나타난다는 사실은 꿈이 발생하는 정신 수준에서 자아가 분열되어 있음을 보여준다. 따라서 꿈은 보편적인 분열성 현상을 나타낸다. 프로이트가 기술한 초자아에 대한 보편적인 현상 또한 자아 안에 분열이 존재한다는 사실을 나타내는 것으로 이해되어야 한다. 왜냐하면 초자아를 자아로부터 구분되는 자아의 구조라고 간주한다면, 그것의 존재 자체가 분열성 자리에 대한 증거가 되기 때문이다.

자아의 분열이라는 개념은 발생학적 관점에서만 의미있는 개념으로 간주될 수 있으므로 자아의 발달 과정에 대해 간략하게 고려할 필요가 있다. 프로이트가 강조했던 자아의 기능은 적응, 즉 원초적 본능 활동을 외부 현실에 그리고 보다 특정하게는 사회적 조건에 관련시키는 것이었다. 그러나 동시에 기억해야 할 것은 자아가 통합적 기능을 수행한다는 사실이다. 그 통합 기능은 무엇보다도 (1) 현실 지각의 통합과 (2) 행동의 통합을 말한다. 그 외에도 또 하나의 중요한 자아 기능이 있는데, 그것은 내부 현실과 외부 현실 사이를 구별하는 것이다. 자아의 분열은 이 모든 기능들의 발달 과정에 다양한 정도로 영향을 끼친다. 따라서 우리는 발달 과정에서 다양한 정도의 자아 통합이 이루어진다는 사실을 인식해야 하며, 통합의 정도를 측정할 수 있는 이론적 기준을 마련해야 할 필요가 있다. 그 기준의 한쪽 끝에는 완전한 통합이 그리고 다른 쪽 끝에는 완전한 통합의 실패가 위치할 것이며, 그 가운데 중간 범위가 위치할 것이다. 정신분열증은 가장 아래쪽에, 그 위에 분열성 성격이, 그리고 그보다 좀더 위에 분열성 성향을 지닌 사람들이 위치할 것이다. 그러나 그 기준의 가장 높은 곳에 위치하는 분열없는 완전한 통합은 이론적으로만 가능할 것이다. 이러한 다양한 기준의 차이를 고려한다면, 우리는 어째서 한 개인이 극한 상황이나 청소년기, 결혼, 또는 전시에 군에 입대하는 것 등의 상황에서만 약간의 분열성 요소를 드러내는데 반해서, 다른 어떤 개인은 삶의 가장 보편적인 상황에서도 그러한 요소들을 드러내는지를 이해할 수 있게 된다. 물론 실제에 있어서 이와 같은 기준을 만든다는 것은 많은 어려움을 가지고 있다. 그리고 그 어려움 중의 하나는 프로이트가 지적했듯이, 상당히 많은 분열성 현상이 실제에 있어서 자아의 분열에 대한 방어 현상이라는 사실과 관련되어 있다. 그러나 만약 우리가 이와 같은 기준을 마음속에서 그릴 수 있다면, 자아의 분열과 관련된 일반적인 현상을 이해하는데 도움이 될 것이다.

비록 우리가 '정신분열증'에 대한 블로일러(Bleuler)의 고전적 개념을 따라 자아의 분열을 분열성 현상의 주된 특징으로 고려해야 함에도 불구하고, 정신분석가들은 언제나 분열성 태도에 포함된 리비도적 성향에 더 많은 관심을 기울여왔다. 그리고 아브라함의 리비도 발달에 따른 정신병인학의 영향 아래 분열성 계통의 임상적 증상이 초기 구강 단계에 고착되었기 때문이라고 간주되어 왔다. 자아의 분열은 아직 발달하지 못하고 경험없는 유아의 삶의 첫 단계 동안에 시작된다고 추정되었으며, 따라서 자아의 분열과 구강기적 함입으로 나타나는 리비도적 태도 사이에 밀접한 연관성이 있음을 알게 되었다. 내 견해로는, 자아의 분열에 포함된 문제들은 지금까지 그랬던 것보다 더 많은 관심을 기울일만한 가치가 있다. 이제 나는 분열성 태도의 유형을 결정하는데 중요한 역할을 하는 초기 구강기 고착이 가져오는 발달적 문제들을 살펴볼 것이다.

유아의 자아는 무엇보다도 '입 자아'로 묘사될 수 있다; 이것이 모든 개인들의 계속되는 발달에 깊은 영향을 끼치는 것이 사실이지만, 그 영향은 분열성 특징을 나타내는 개인의 경우에 더욱 특별한 것으로 드러난다. 유아에게 있어서 입은 욕망의 주된 기관이요, 만족과 좌절의 주된 매개이며, 사랑과 증오의 주된 통로요, 그리고 가장 중요하게는, 친밀한 사회적 접촉의 첫 번째 수단이다. 개인이 확립하는 첫 번째 사회적 관계는 그 자신과 어머니 사이에서 이루어진다. 이 관계에서 핵심적인 요소는 어머니의 젖가슴이 리비도적 대상의 초점이 되고 아기의 입이 리비도적 태도의 초점이 되는 젖 빨기 상황이다. 따라서 이때 확립된 관계의 성질은 이후의 개인의 관계들과 그의 일반적인 사회적 태도에 깊은 영향을 끼치게 된다. 초기 구강기에 리비도가 고착되는 경우, 초기 구강기 동안에는 적절한 것으로 간주되던 리비도적 태도가 과장된 형태로 지속되게 되어 많은 문제들을 야기하게 된다. 이러한 문제들은 구강기적 특징을 가지며 다음과 같이 요약될 수 있다.

(1) 아이와 어머니 사이의 정서적 관계가 본질적으로 인격적

인 것이고 아이의 리비도적 대상이 전체로서의 어머니라 할지라도, 그의 리비도적 관심은 본질적으로 어머니의 젖가슴에 초점이 맞추어진다. 그 결과, 젖가슴 자체가 리비도적 대상이 되는 경향, 즉 전체 대상으로서의 인격이 아니라 하나의 신체 기관 또는 부분 대상이 리비도적 대상이 되는 경향을 갖는다.

(2) 리비도적 태도는 본질적으로 '주기'보다는 '취하기'(taking)에 치중된다.

(3) 리비도적 태도는 단지 취하기뿐만 아니라 함입하기와 내재화하기(incorporating and internalizing)에 의해 특징지어진다.

(4) 리비도적 상황은 포만감과 공허감의 상태에 커다란 중요성을 부여한다. 아이는 배고플 때 공허감을 느끼고 만족하게 먹었을 때 포만감을 느낀다. 반대로 엄마의 젖가슴, 즉 아이의 견해에서 볼 때 엄마 그 자체는 수유 이전에는 가득 차 있고 수유 이후에는 텅 비게 된다. 아이는 엄마의 상황을 자신의 포만감과 공허감의 경험이라는 관점에서 이해한다. 박탈이 발생할 경우, 공허감은 아이에게 특별한 중요성을 갖게 된다. 그는 자신에 대해 공허하게 느낄 뿐만 아니라, 엄마를 텅 비게 만들었다고 해석한다. 이것은 특히 박탈이 그의 구강기 욕구를 강화시킬 뿐만 아니라 그 욕구에 공격적인 요소를 부여하기 때문이다. 박탈은 아이의 함입 욕구를 확대시킴으로써 젖가슴 안에 담긴 내용뿐만 아니라 젖가슴 자체를 그리고 그의 엄마 전체를 함입 대상으로 포함시킨다. 젖가슴을 텅 비게 하는 경험에 대한 불안은 그의 리비도적 대상을 파괴하는 것에 대한 불안을 유발하며, 보통 엄마가 수유 후에 아기를 혼자 남겨둔다는 사실이 이와 같은 인상을 강화시킨다. 따라서 그의 리비도적 태도는 리비도적 대상의 증발과 파괴에 의해 영향을 받는다. 이것은 또한 아이가 좀더 자란 후에 자신이 음식을 먹음으로써 그것이 사라진다는 사실, 즉 그

가 케익을 먹는다면 그것을 상실할 수밖에 없다는 사실을 인식하는 것에 의해 확인된다.

초기 구강기를 특징짓는 리비도적 태도의 다양한 특징들은 이 단계에 고착된 정도에 따라 강화되고 영속화되며, 이것들은 모두 분열성 성격과 증상을 결정하는 요소들로 작용한다. 아래에서는 이 요소들의 발달에 관해 고찰해보겠다.

1. 부분 대상을 추구하는 경향성

이 요소가 초기 구강기적 태도에 끼치는 영향을 고려해보자. 이것은 다른 사람들을 그 자체로서의 가치를 지닌 인격으로서 취급하지 않는 분열성 개인의 경향성을 촉진시킨다. 이런 경향성은 자신의 아내와 정서적인 접촉을 형성하지 못하는 어려움 때문에 찾아온 매우 지적인 남성에게서 찾아볼 수 있다. 그는 아내에 대해서 지나치게 비판적이었으며, 애정의 표현을 해야 할 상황에서 퉁명스런 반응을 보이곤 했다. 그는 그녀에 대한 자신의 이기적인 태도를 서술한 후에, 자신의 습관은 대체로 비사교적이며 다른 사람들을 마치 하급 동물처럼 취급하는 경향이 있다고 덧붙였다. 우리는 이러한 그의 언급을 통해서 그의 어려움이 무엇인지를 알 수 있다. 그의 꿈속에서 흔히 동물들이 신체 기관을 상징하는 모습으로 나타난다는 사실을 고려할 때, 이러한 그의 언급은 그가 자신의 아내와 다른 사람들을 인격으로서가 아니라 부분 대상으로서 취급하고 있다는 사실을 보여준다. 이와 비슷한 태도가 정신분열증 환자에게서 나타나는데, 그는 다른 사람들을 대할 때에 마치 자신이 야만인을 연구하는 인류학자인양 행동한다고 말했다. 이와 비슷한 태도는 평소에 항상 분열성 성격의 특성을 보유하고 있다가 전쟁 중에 급성 분열성 상태에 들어간 군인 환자에게서도 찾아볼 수 있다. 그는 초기 아동기에 어머니를 잃었고 그녀에 대한 아무런 기억을 가지고 있지 않았다. 그는 학교를 마치자 집을 떠났고, 그후로 아버지와 연락하지 않았으며 아버지의 생사조차도 모르고 있었다. 여러 해 동안 그는 떠돌이 생활을 했으며 마침내 정착을 하고 결혼하는 것이 좋겠다는 생각을 하게 되었다. 그래서 그는 결혼을 하고 정착했다. 내가 그에게 결혼한 후에 행복했느냐고 묻자 그는 놀라운 표정을 지었고, 이어서 일종의 조소(嘲笑)를 머금었다. "내가 바로 그것을 위해 결혼을 했는데요." 그는 우월한 어조로 대답했다. 이 대답은 내적 실재와 외적 실재를 분별하지 못하는 분열성 성격의 특징을 보여주고 있을 뿐만 아니라 리비도적 대상을 그 자체의 가치를 지닌 존재로 취급하지 못하고 자신의 필요를 위한 수단으로 사용하는 분열성 성격의 특징을 보여준다. 그리고 이것은 부분 대상으로서의 젖가슴에 대해 가졌던 초기 구강기적 경향성에서 기인하는 것으로 보인다.

분열성 특성을 드러내는 개인에게서 발견되는, 부분 대상을 추구하는 경향성은 대체로 초기 구강기 이후 아동기에 부모와의 불만족스런 정서적 관계에 의해 생겨난 퇴행 현상이라고 말할 수 있다. 이러한 퇴행을 자극하는 어머니들은 자발적이고 진정한 애정의 표현을 통해서 아기를 인격적 존재로 사랑하는데 실패한 어머니들이다. 소유적인 어머니와 무관심한 어머니 모두가 이 범주에 속한다. 최악의 경우는 소유적이면서 동시에 무관심한 어머니인데, 예를 들면, 어떤 희생을 치르더라도 자신의 독자를 버릇없이 키우지 않겠다고 작정한 헌신적인 어머니가 여기에 속한다. 자신이 아이를 진정으로 사랑한다는 사실을 아이에게 확신시키지 못하는 어머니의 아이는 어머니와 인격적 및 정서적인 관계를 맺지 못한다. 그 결과, 그는 보다 초기의 단순한 관계 형태로 퇴행하며, 부분 대상으로서의 젖가슴 관계를 재생시킨다. 이런 종류의 퇴행은 정신분열증 청소년의 사례에서 볼 수 있는데, 그는 실제 어머니에 대해서는 강한 적대감을 갖고 있으면서도 어머니의 침실 아래에 있는 방안의 침대에 누워 천장에서 쏟아지는 젖을 먹고 있는 꿈을 꾸었다고 보고했다. 이러한 유형의 퇴행적 과정은 대상의 탈인격화(depersonalization of the object)를 나타낸다고 말할 수 있다. 여기에서도 퇴행적 움직임은 관계를 단순화하는 것으로 나타나고 있으며, 정서적 접촉이 신체적인 것으로 대체되고 있다. 아마도 이것은 대상관계의 탈정서화(de-emotionalization of the object-relationship) 현상이라고도 말할 수 있을 것이다.

2. 주기보다 취하기가 우세한 리비도적 태도

초기 구강기적 태도는 주기보다는 취하기이다. 따라서 초기 구강기와 관련된 정신병리적 경향성을 지닌 개인들은 정서적으로 주는 것에 상당한 어려움을 갖는다. 이 점에서 구강 함입적인 요소가 가장 근본적인 경향성이라면, 그 다음에 중요한 경향성은 배설 활동(배변과 방뇨)과 관련된 것이다. 이 배설 활동의 생물학적인 목표는 물론 몸으로부터 쓸모 없는 독성 물질을 제거하는 것이다. 이러한 생물학적 목표와 함께 아이는 그것을 자신

의 나쁜 리비도적 대상을 취급하는 수단으로 삼는다. 이러한 배
설 활동은 아이의 최초의 창조적 활동을 나타내며, 그 산물은 그
의 창조물이다. 즉, 그것은 그가 외재화시키는 내적 내용물이며
그가 제공하는 첫 번째 생산물이다. 이런 점에서 배설 활동은 본
질적으로 취하기의 태도를 갖는 구강기적 활동과 대조를 이룬
다. 그리고 이 두 리비도적 태도 사이의 특별한 대조와 함께 그
이면에 또 하나의 대조가 존재한다는 사실을 말해준다. 즉, 대상
에 대한 구강 함입적 태도는 대상을 가치 있는 것으로 여기는
것을 의미하는 반면, 대상에 대한 배설적 태도는 대상의 가치절
하와 거절을 의미한다. 그러나 여기에서 중요한 것은 정신의 심
층 차원에서 정신적 내용물과 신체적 내용물 사이에 정서적인
동등성이 존재하며, 따라서 후자에 대한 개인의 태도는 그가 전
자에 대해서 갖는 태도를 반영한다. 따라서 분열성 성향을 지닌
개인은 정신적 내용물에 대해 과도한 가치를 부여하는데, 이것
은 초기 아동기의 구강 함입적 태도 안에 내포된 신체 내용물에
대한 과도한 가치 부여에 상응하는 것이다. 정신적 내용에 대한
과대 평가는 사회생활에서 감정을 표현하는데 어려움을 지닌 정
신분열증적 성향을 지닌 개인에게서 잘 드러난다. 그러한 개인
에게 있어서, 다른 사람들에게 감정을 표현하는 것은 주기
(giving)의 요소를 포함하고 있으며, 그것은 동시에 정신 내용물
을 상실하는 것과 같은 의미를 갖는다. 이런 이유로 그는 자주
사회적 접촉을 극도로 피곤한 것으로 경험한다. 누군가와 얼마
동안 함께 있게 된다면, 그는 멍한 상태에 처하게 되며, 다시 원
래의 정서 상태를 회복하기 위해서는 얼마 동안 조용히 혼자 있
는 시간을 가져야만 한다. 나의 환자 중 하나는 자신의 약혼녀와
만날 때 너무 자주 만나면 자신이 고갈된다는 이유로 어제 만났
으면 오늘은 만나지 말아야 한다고 생각하곤 했다. 이와 같은 분

열성 성향이 두드러지게 나타나는 사람의 경우, 정서적 상실에 대한 방어는 감정을 억압하고 정서적 거리감을 유지하는 태도를 야기하는데, 이는 그로 하여금 다른 사람들을 자신과 멀리 떨어진 존재로, 심지어는 인간이 아닌 존재로 취급하게 만든다. 이러한 개인은 흔히 "닫혀진 성격"으로 묘사되는데, 그가 정서를 닫아 놓는다는 점에서 이 표현은 매우 적절하다. 정서적 상실에 대한 불안은 때때로 기이한 방식으로 드러난다. 예컨대, 분석을 받으러 온 한 청년과의 첫 면담에서 나는 비록 그 증상을 구체적으로 설명하기는 어렵지만, 그에게 근저의 분열성 경향을 암시하는 일종의 신비스런 분위기가 존재한다는 사실을 탐지했다. 이 환자는 대학생이었고, 겉으로 드러난 문제는 시험에서 반복적으로 실패하는 것이었다. 구술 시험은 그에게 특별한 어려움을 부가했다. 놀랍게도 그는 질문에 대한 정확한 답을 알고 있을 때조차도 대답을 할 수 없었다. 이것은 그의 아버지와의 관계와 관련되어 있었다. 하지만 좀더 깊은 수준에서 볼 때, 대답하지 못하는 그의 어려움은 질문에 정확하게 대답하는 것이 시험관에게 자신이 힘들게 획득한(내재화한) 것을 주는 것으로, 즉 자신에게 소중한 무엇을 떠나보내는 것으로 여겨졌기 때문이었다. 이와 같이 정서적으로 주지 못하는 어려움을 극복하기 위해서 분열성 성향을 지닌 개인들은 다양한 기술들을 사용하는데, 그 중에는 무엇보다도 역할 놀이 기술과 자기 과시 기술이 있다.

(a) 역할 놀이 기술

분열성 개인은 역할 놀이를 함으로써 다양한 감정을 표현할 수 있으며 상당히 인상적인 사회적 접촉을 성취하는 것으로 보인다. 그러나 실제에 있어서 그는 아무 것도 주거나 상실하지 않는데, 그것은 그가 그러한 행동 속에 그의 성격을 포함시키지 않은 채 부분적인 역할만을 수행하기 때문이다. 그는 그러한 역할을 담당하고 있는 자신의 부분을 비밀스레 자신의 것이 아닌 것으로 여긴다. 이렇게 함으로써 그는 자신의 성격을 보존하고 지키고자 한다. 또한 알고 있는 상태에서 역할 놀이가 행해지는 경우들이 있는가 하면, 전혀 인식되지 않은 상태에서 그런 역할 놀이가 이루어지고 있다가 분석을 받음으로써 비로소 인식되는 경우들이 있다. 의식적인 역할 놀이의 예는 첫 면담시간에 프로이트의 말을 줄줄이 인용했던 젊은 분열성 환자에게서 찾아볼 수 있다. 그는 처음부터 자신이 정신분석학의 신봉자라는 사실을 과시하고자 했다. 그러나 그가 단지 어떤 역할 놀이를 하고 있다는 나의 인상은 분석이 시작되자 곧 확인되었다. 그리고 그가 채택한 역할 놀이는 나와의 진정한 정서적 접촉, 그리고 진정한 정서적 "주기"에 대한 방어임이 드러났다.

(b) 자기 과시 기술

자기 노출 경향은 분열성 개인에 있어서 항상 두드러진 부분을 차지해왔다. 물론 그것은 그가 역할을 차용하는 경향성과 밀접하게 연관되어 있다. 그것은 대체로 무의식적으로 행해지며 종종 불안 때문에 위장된다. 그러나 그것은 분석 과정에서 매우 분명하게 드러난다. 분열성 성향을 지닌 개인들이 문학과 예술 활동에 매력을 느끼는 부분적인 이유는 이러한 활동이 그들에게 직접적인 사회적 접촉 없이도 과시할 수 있는 표현의 수단을 제공해주기 때문이다. 이러한 과시주의를 방어로서 사용하는 것은 그것이 "주는 것"을 "보여주는 것"으로 대체함으로써 실제로는 주지 않는 "주기"를 가능케 하기 때문이다. 상실하지 않으면서 줄 수 있는 이와 같은 해결 방식은 또 다른 어려움을 수반한다. 원래 주는 행동에 포함되었던 불안이 보여주는 행동으로 전이됨으로써 "보여주기"(showing off)는 "자랑하기"(showing up)의 성질을 갖게 된다. 이런 일이 발생할 때, 보여주는 상황은 극도로 고통스러운 것이 될 수 있으며, "보여지는 것"에 대해 매우 민감하게 의식하게 되는 문제를 야기할 수 있다. 주는 것과 보여주는 것 사이의 이 연결은 분열성 성격 요소를 지닌 여성 환자에게서 잘 드러난다. 그녀는 1940년 어느 아침 신문에서 내가 살고 있는 집 근처에 포탄이 투하되었다는 기사를 읽었다. 그 기사에서 포탄이 내가 사는 집으로부터 충분히 떨어진 곳에 떨어졌다고 읽었으므로 내가 안전하다는 사실은 분명한 것이었다. 그녀는 이 사실에 대해 큰 감사를 경험했으나 그러한 감정을 직접적으로 표현할 수가 없었다. 그녀는 이러한 어려움을 우회하는 방식으로 다음 면담에서 내게 편지쪽지를 건네주었다. 이렇게 그녀는 내게 무언가를 주었지만, 그녀가 준 것은 종이 위에 쓴 자신의 견해였다. 이 경우에 여기에서 실제로 발생한 것은 보여주는 태도에서 주는 태도를 향해 얼마의 진전을 이루었다는 것이다. 결국 그녀는 간접적인 방식으로 자신이 커다란 자기애적 가치를 부여하고 있는 정신 내용을 내게 주었다. 또한 거기에는 자신의 정신적 내용에 대한 자기애적 가치 부여로부터 나를 외부 대상으로 인정하는 방향으로 나아가는 진전도 포함되어 있었다. 이러한 사건의 빛에서 볼 때, 이 사례에서 그녀가 신체적 내용물을 떠나보내는 것에 대해 심한 갈등을 보였다는 사실은 놀랄 일이 못된다.

3. 리비도적 태도 안에 있는 함입적 요소
(incorporative factor)

초기 구강기는 취하기뿐만 아니라 함입 또는 내재화에 의해 특징지어진다. 정서적 좌절이 주어질 때 아이는 쉽게 초기 구강 기적 태도로 퇴행하게 된다. 그때 아이는 (a) 자신이 어머니에 의해서 진정으로 사랑 받지 않고 있다고 느끼며, (b) 어머니를 향한 자신의 사랑이 진정으로 가치 있는 것으로 취급되지 않고 있다고 느낀다. 이것은 매우 상처 입기 쉬운 상황을 야기하며 나아가 다음과 같은 상황을 불러온다:

(a) 아이는 어머니가 자신을 사랑하지 않는다고 믿기 때문에 그녀를 나쁜 대상으로 간주한다.

(b) 아이는 자신의 사랑을 표현하는 것을 나쁜 것으로 간주한다. 따라서 그의 사랑을 좋은 것으로 보존하기 위하여 그의 사랑을 자신의 내부에 보유한다.

(c) 아이는 일반적으로 외부 대상과의 애정 관계는 나쁜 것이거나 적어도 믿을 수 없는 것이라고 느낀다.

그 결과, 아이는 자신의 대상과의 관계를 내적 현실의 영역으로 옮기는 경향을 갖게 된다. 이 영역은 초기 구강기 동안에 좌절의 상황에서 그의 어머니와 그녀의 젖가슴이 이미 내적 대상으로 형성되어 있는 영역이다. 초기 구강기 이후에 이어지는 좌절의 상황에서 대상의 내재화는 더 뚜렷이 방어적인 기술로서 사용된다. 이 내재화의 과정은, 비록 그것이 구강기적 태도에 의해 촉발되는 것은 아니라 할지라도, 구강기적 요소에 의해 촉진된다. 왜냐하면 구강기적 충동에 내재된 목적이 바로 함입이기 때문이다. 물론 이 함입은 본래 신체적 함입이지만, 이 함입 시도에 수반되는 정서적 분위기 역시 함입적 색깔을 띠고 있다고 생각해야 한다. 따라서 초기 구강기 단계에 고착이 발생한다면, 함입적 태도가 자아의 구조 안에 형성될 수밖에 없다. 따라서 분열성 성격 요소를 지닌 개인은 외부 세계에서 일어나는 일들이 지닌 의미를 전적으로 내면 세계로부터 가져오는 경향을 갖는다. 실제 정신분열증 환자에게서 드러나듯이, 이 경향은 내적 현실과 외적 현실 사이의 구별을 모호케 할 정도로 심각해질 수 있다. 그러나 이처럼 극단적인 경우가 아니더라도 분열성 개인들은 그들의 삶의 가치를 내면 세계 안에 구축하는 경향이 있다. 그들의 대상이 외부가 아닌 내면 세계에 속할 뿐만 아니라, 그들은 자신들의 내적 대상들과 강하게 동일시하는 경향성을 갖고 있다. 이 사실은 실제로 그들이 갖고 있는 정서적으로 주지 못하는 어려움을 부채질한다. 대상관계가 주로 외부 세계에서 일어나는 개인에게 있어서, 주는 것은 가치를 만들어 내고 고양시키는 효과를 가져오며 자기-존중감을 촉진시키지만, 대상관계가 주로 내면 세계에서 일어나는 개인에게 있어서, 주는 것은 가치절하와 자기-존중감의 저하를 가져온다. 그러한 개인은 주는 일을 할 때 고갈을 느끼는데, 그것은 그들이 줄 때 자신의 내면 세계가 값을 치르게 되기 때문이다. 이러한 개인이 여성일 경우, 그녀는 출산에 대한 엄청난 불안을 느낄 수 있다. 그것은 그녀가 출산을 아이를 얻는 것이라기보다는 상실로 경험하는 경향이 있기 때문이다. 실제로 나의 환자 중에는 이런 유형에 속하는 한 여성이 있었는데, 그녀는 출산 시에 커다란 어려움을 겪었다. 이 경우 그녀가 떠나보내지 못하는 내용물은 신체적 내용물이었으나 이것은 정신적인 영역에도 그대로 적용된다. 예컨대, 그림을 완성한 후에 자신이 무엇인가를 창조했고 획득했다고 느끼는 것이 아니라, 어떤 가치 있는 것을 잃어버렸다고 느끼는 예술가가 있다. 이 예술가는 창조활동 직후에 따라오는 아무 것도 창조할 수 없는 불만스런 시기를 거쳐야만 하는데, 이러한 현상 또한 같은 방식으로 설명할 수 있다.

분열성 개인은 주기와 창조하기에 따른 고갈의 느낌을 완화하기 위하여 종종 흥미로운 방어를 사용한다. 그는 자신이 준 것 또는 창조한 것이 가치 없는 것이라는 태도를 견지한다. 방금 예로 들었던 예술가의 경우, 그는 그림을 완성하는 순간 그 그림에 대한 흥미를 모두 잃어버렸다. 따라서 완성된 그림은 화실 구석에 처박히거나 싼값으로 처분되어야 할 상품으로 취급되었다. 이와 비슷한 특성을 지닌 여성들은 종종 자신이 출산한 아이들에 대한 모든 흥미를 잃어버리는 어려움을 겪는다. 다른 한편, 분열성 특성을 지닌 개인들은 정신적 내용을 상실하는 것에 대해 정반대 형태의 방어를 사용할 수도 있다. 즉, 그들이 만들어 낸 것들이 아직도 그들 자신의 정신적 내용의 일부인 것처럼 취급함으로써, 상실감으로부터 스스로를 보호하고자 한다. 어떤 어머니는 아이가 태어난 후에 아이에 대해 무관심해지는 것과는 달리 그 아이를 계속해서 자신의 내용물로 취급하고, 따라서 그에게 과도한 가치를 부여한다. 이러한 어머니들은 자녀들과의 관계에서 지나치게 소유적이고 자녀들을 독립적인 인격으로 취급하지 않기 때문에 그들에게 불행한 결과를 가져다준다. 이보다는 덜 심각하지만, 상실의 느낌으로 인해 방어적인 화가는 자신의 그림이 다른 사람에게 팔려간 후에도 아직도 그 그림을 자신의 소유물로 착각하곤 한다. 이런 현상과 관련해서 주는 것을 보여주는 것으로 대체하는 형태의 방어가 있다고 말할 수 있다. 화가는 자신의 그림을 보여주거나 전시함으로써 간접적으로 자신을 보여준다. 마찬가지로 저술가는 책이라는 매개물을 통해서 세상에 널리 자신을 드러낸다. 이처럼 분열성 경향을 지닌 개인이 자신을 표현할 수 있는 통로는 다양하다. 그런 개인은 다양한 예술활동을 통해서 주는 것을 보여주는 것으로 대체할 뿐만 아니라, 그러한 내용물이 내적 세계로부터 외적 세계로 넘겨진 후에도 자신의 일부로 간주될 수 있는 무엇인가를 산출한다.

내적 세계에 몰두하고 있음을 나타내는 또 하나의 중요한 표현은 분열성 개인의 중요한 특징인 주지화 경향이다. 그것은 강력한 방어적 기술이며, 정신분석적 치료에서 매우 강력한 저항으로 작용한다. 주지화는 사고 과정에 대한 과대 평가를 포함하며, 이 과대 평가는 분열성 경향이 있는 개인들이 다른 사람들과 정서적 접촉을 경험하지 못하게 하는 또 하나의 원인으로 작용한다. 내부 세계에 대한 몰두와 그에 따른 감정의 억압으로 인해, 그들은 다른 사람들에 대한 자신들의 감정을 자연스럽게 표현하지 못하고 그들과의 관계에서 자발적이고 자연스럽게 행동하지 못하는 어려움을 겪는다. 이것은 그들로 하여금 정서적인 문제를 지적으로 해결하도록 이끈다. 의식적인 의도라는 관점에서 본다면, 정서적인 문제를 지적으로 해결하기 위한 그들의 시도는 무엇보다도 외부 대상과의 관계에서 적응적 행동을 위한 준비 과정을 의미한다. 하지만 무의식의 깊은 원천으로부터 솟아나는 정서적 갈등은 이러한 방식의 해결을 용납하지 않기 때문에, 그들은 점점 더 이러한 주지화를 통한 해결대신에, 그들이 외부 세계에서 사람들과 맺는 관계 경험의 영역 안에서 실제적인 해결을 받아들이고자 노력하게 된다. 이러한 경향성은 물론 내재화된 대상들의 리비도 집중에 의해 강하게 지원 받는다. 따라서 정서적인 문제를 지적으로 해결하기 위한 추구는 두 가지 중요한 발달을 가져온다: (1) 리비도가 사고 과정에 크게 집중됨으로써 사고의 영역이 창조적 활동과 자기-표현을 위한 주된 영역이 되기 쉬우며, (2) 생각이 감정의 대체물이 되거나 지적 가치가 정서적 가치에 대한 대체물이 되는 경향이 있다.

　실제 분열성 환자들의 경우, 감정을 대체하는 경향이 극단적인 형태로 이루어진다. 그런 경우, 감정이 표출된다 해도 그 감정은 보통 사고 내용과 연결되지 못하고 상황에 전혀 적합하지 않은 형태로 나타난다. 또는 긴장형(catatonic) 환자의 경우 정서적 표현은 갑작스럽고 폭력적인 폭발의 형태를 띤다. 정신분열증이라는 용어를 사용하는 것은 물론 정신의 분열을 암시하는 사고와 감정의 분리에 대한 관찰에 기초해 있다. 그러나 이제는 문제의 분열이 근본적으로 자아 안에서 발생하는 분열이라는 사실을 인정해야 한다. 표면적으로 사고와 감정의 분리로 나타나는 것은 의식에 해당되는 보다 표피적인 자아의 부분과 리비도로 채워져 있을 뿐 아니라 감정의 근원인 보다 깊은 수준의 자아의 부분 사이에 발생한 분열을 나타낸다고 생각할 수 있다. 그리고 이러한 가정 위에서 사고 과정이 발달한 보다 표면적인 자아의 부분에 의해 보다 깊은 리비도적 자아의 부분이 억압되어 있다고 결론지을 수 있다.

　분열성 특징이 경미한 정도로만 나타나는 개인들의 경우, 사고와 감정 사이의 분리는 두드러지게 나타나지 않는다. 그럼에도 불구하고 그들은 정서적 가치를 지적 내용으로 대체하는 경향을 드러낼 뿐만 아니라 사고 과정을 크게 중요시하는 특성을 드러낸다. 이런 개인들은 사람과 함께 정서적 관계를 발달시키기보다는 정교한 지적 체계를 세우는 것을 더 좋아하는 경향이 있다. 게다가 그들이 만들어낸 체계를 리비도적 대상으로 삼는 경향성을 보인다. 그것은 마치 사랑에 대한 생각과의 사랑에 빠지는 것과 같다. 이러한 분열성 몰두는 여러 가지 유쾌하지 못한 결과를 가져올 수 있으며, 그러한 현상이 극단적인 정치철학과 연결될 때 그 결과는 수백만의 희생자를 만들어낼 수 있을 만큼 심각한 것이 될 수 있다. 분열성 인격을 지닌 개인이 어떤 지적 체계와의 사랑에 빠질 때, 그는 그것을 경직되게 해석하고 보편적인 것으로 적용하는 광신도가 된다. 그는 자신의 지적 체계를 무자비하게 다른 사람들에게 부과하는 성향과 능력을 갖게 되고, 이는 엄청난 재난을 가져올 수 있다. 물론 하나의 지적 체계를 사랑하는 사람이 모두 다 다른 사람들에게 그것을 강제로 부과하고자 하는 욕망과 능력을 지닌 것은 아니다. 분열성 개인에게서 나타나는 보다 보편적인 현상은 현실의 삶으로부터 물러서서 우월한 태도를 지닌 채 세상을 깔보는 것이라고 할 수 있다.

이 지점에서 분열성 성향을 지닌 개인들의 경우, 그들은 언제나 내적 우월감을 지니고 있으면서도 대부분 그 사실에 대해 의식하지 못하고 있다는 점을 지적하는 것이 적절할 것이다. 치료 과정에서 그 사실을 의식하기까지는 상당한 저항을 극복해야 하며, 특히 그러한 우월감의 근원을 분석하고자 할 때에는 엄청난 저항에 부딪치게 된다. 그 우월감의 근원은 (1) 정신적이건 신체적이건 개인적 내용에 대한 비밀스런 과잉-가치화(over-valuation)와 (2) 내재화된 리비도적 대상들(어머니의 젖가슴과 아버지의 페니스)과의 비밀스런 동일시 및 그것들에 대한 소유감으로부터 오는 자기애적인 자아 팽창이다. 여기에서 비밀성의 요소가 지닌 중요성에 대해서는 아무리 강조해도 충분치 않다. 이것이 바로 분열성 개인들에게서 두드러지게 발견되는 비밀스럽고 신비스런 분위기에 대한 설명이 된다. 이들이 비밀성에 대한 내적 강제를 느끼는 것은 부분적으로는 훔친 내적 대상을 소유하고 있는 것에 대한 죄책감 때문이며, 부분적으로는 무한히 소중한 것(심지어는 생명 그 자체만큼이나)으로 여겨지는 내적 대상을 상실하는 것에 대한 두려움 때문이다. 그 대상을 내재화시키는 것은 그들에게 그것이 중요한 것일 뿐만 아니라 자신들이 그것에 크게 의존하고 있기 때문이다. 이와 같은 내적 대상을 소유하고 있다는 비밀스런 느낌은 그들이 다른 사람들과 "다르며," 예외적이며, 유일한 존재라는 생각을 갖게 만든다. 이 차별감은 "왕따 당한다"는 느낌과 밀접히 관련되어 있으며, 그런 개인들은 소외당하는 주제와 관련된 꿈을 자주 꾸는 것을 알 수 있다. 그러한 개인은 아동기 시절에 흔히 가정에서는 어머니의 귀한 아들이지만 학교에서는 아이들 축에 끼지 못하고, 다른 보통 아이들이 학교 게임에 열심히 참여하는 것과는 달리 공부에만 매달리는 아이였던 것으로 드러난다. 물론 때로는 그러한 개인적 성취가 운동의 영역에서 추구될 수도 있다. 그러나 그런 경우에도 다른 동료들과 정서적 관계를 맺는데 어려움을 겪게 되며, 어려움을 만날 때마다 지적인 영역의 성취를 통해서 그 문제를 해결하고자 하는 경향을 갖는다. 실제 정신분열증 환자들이 그들의 어린 시절 어느 기간에 매우 공부를 잘했고 그 방면에 유망한 아이였다는 사실은 매우 놀랍다. 분열성 개인들이 다른 사람들에 대해 갖는 우월감에 대해 좀더 깊이 살펴본다면, 다음의 사실들을 알 수 있다: (1) 그들은 삶의 초기 시절에 어머니가 자신을 인격적인 존재로서 진정으로 사랑하지 않았다는 확신을 가지고 있으며 (2) 그로 인한 박탈감과 열등감으로 인해 어머니에게 심각하게 고착된 상태로 남아있으며 (3) 이 고착에 수반되는 리비도적 태도는 극단적인 의존성뿐만 아니라 고도로 자기 보존적이며 자기애적인 특징을 갖고 있으며 (4) 초기 구강기의 태도로 퇴행함으로써 내재화된 젖가슴 어머니에 대한 리비도적 집중을 강화시켰을 뿐만 아니라 내재화 과정 자체가 다른 대상과의 관계에까지 과도하게 확장되어 있으며, (5) 따라서 외부 세계를 희생시키면서까지 내적 세계에 과도한 가치를 부여하게 되었다.

4. 대상을 텅 비게 만드는 리비도적 태도

대상을 텅 비게 만드는 것은 초기 구강기적 태도가 지닌 함입
적 요소가 작용하기 때문이다. 이러한 초기 요소의 작용에 주의
를 기울인다면, 그것이 아동에게 끼치는 심리학적 영향들에 대
해 알 수 있다. 박탈이 경험되는 상황에서 아이의 마음속에 떠오
르는 텅 빔에 대한 불안은 그의 어머니의 젖가슴을 텅 비게 할
수 있다는 불안을 야기할 수 있다는 사실은 이미 지적된 바 있
다. 또한 아이가 어머니의 젖가슴이 실제로 텅 비게 된 것을 자
신이 그것을 모두 함입했기 때문이라고 생각하며, 어머니의 젖
가슴뿐만 아니라 어머니 자체가 사라지고 파괴되는 것—이 불안
은 아이가 그의 리비도적 욕구에 공격적 요소를 부여하는데 따
른 박탈의 효과에 의해 크게 증가된다—에 대한 책임이 자신에
게 있다고 느낀다는 점도 지적된 바 있다. 이러한 불안은 빨간
모자 소녀(Little Red Riding Hood)라는 동화에서 잘 표현되고 있
다. 그 동화에서 어린 소녀는 자신이 사랑하는 할머니가 사라진
것을 발견한다. 그리고 잡아먹는 늑대의 모습으로 상징화된 자
신의 함입적 욕구를 지닌 채 홀로 남겨진다. 빨간 모자 소녀의
비극은 초기 구강기 아동의 비극이다. 물론 이 동화는 대부분의
동화가 그렇듯이 해피엔딩으로 끝난다. 그리고 물론 실제의 유
아는 자신이 먹어버렸다고 걱정했던 어머니가 다시 나타나는 것
을 경험한다. 그럼에도 불구하고 유아기의 아동은 조직화된 경
험을 지니고 있지 않기 때문에 그런 불안을 스스로 달랠 수 없
다. 시간이 지나면서 아동은 어머니가 자신의 파괴적 함입 욕구
에 의해 사라진 것이 아니라는 의식적인 지식을 획득한다. 그리
고 초기 구강기 동안의 박탈에 의해 발생하는 외상적 경험은 전

부 억압된다. 그러나 이러한 상황과 연결된 불안은 무의식 안에
지속적으로 존재하면서 그와 유사한 종류의 경험에 의해 쉽게
활성화된다. 아동이 초기 구강기에 두드러진 고착을 가지고 있
는 경우, 만약에 그가 그후에 어머니로부터 실제로 사랑 받지 못
하거나 인격적인 대우를 받지 못한다면 그리고 그녀가 그의 사
랑을 가치 있고 좋은 것으로 받아들이지 않는다면, 그와 같은 외
상적 상황은 재활성화되기 쉽다.

초기 구강기 상황과 후기 구강기 상황 사이의 차이를 염두에
두는 것이 중요하다. 후기 구강기 안에는 빠는 경향성과 나란히
무는 경향성이 출현한다. 후기 구강기 동안에 빨기와 연관된 구
강기적 사랑과 깨물기와 연관된 구강기적 증오 사이에 분화가
발생한다. 그리고 그 결과 양가감정이 발생한다. 초기 구강기는
양가감정 이전의 시기이며, 이 시기 동안에 아동의 구강 행동은
그가 사랑을 표현하는 첫 번째 방식이라는 점에서 특별한 중요
성을 지닌다. 아동이 어머니의 젖을 빠는 것은 그의 첫 번째 사
랑 경험의 표현이다. 따라서 그의 이후의 모든 사랑 대상과의 관
계는 이 토대 위에서 이루어진다. 그것은 또한 그의 첫 번째 사
회적 관계의 경험이며, 따라서 그의 모든 이후의 사회적 태도를
위한 기초가 된다. 이런 점을 염두에 두면서, 자신이 어머니에
의해 진정으로 사랑 받지 못한다고 느꼈던, 초기 구강기에 고착
된 아동에게 발생한 외상적 상황으로 돌아가 생각해보자. 문제
는 초기 구강기에 발생했던 최초의 외상적 상황이 그의 이후의
삶의 과정에서 재활성화되고 재현된다는 점이다. 그 아동은 어
머니가 자신을 사랑하지 않는 것이 자신이 그녀의 사랑을 파괴
했고 사라지게 했기 때문이라고 생각한다. 동시에 그는 어머니
가 자신의 사랑을 거부하는 이유가 자신의 사랑이 파괴적이고
나쁜 것이기 때문이라고 생각한다. 이것은 물론 후기 구강기에

고착된 아동의 상황에 비하면 비교할 수 없을 만치 견딜 수 없는 상황에 해당된다. 후자의 경우, 아동은 본질적으로 양가감정을 지닌 채, 어머니의 사랑을 파괴시킨 것은 자신의 사랑이 아니라 자신의 증오라고 해석한다. 즉 나쁜 것은 그의 증오이며, 그의 사랑은 좋은 것으로 남아있다. 이러한 심리적 자리가 조울적 정신병의 근저에 놓여있으며, 그것은 우울적 자리를 구성한다. 이와는 대조적으로, 분열성 문제의 근저에 있는 심리적 자리는 양가감정 이전의 초기 구강기에 발생하는 것으로 보이며, 이런 심리적 자리를 지닌 개인은 자신의 사랑이 나쁘다고 느끼는데, 그것은 그 사랑이 자신의 리비도적 대상들을 파괴한다고 여겨지기 때문이다. 이런 심리적 자리는 분열적 자리라고 말할 수 있다. 이것은 본질적으로 비극적 상황을 나타내는 것으로서, 많은 문학작품과 사랑 받는 시의 주제들 속에(워즈워드의 시에 나오는 루시의 경우처럼) 자주 등장한다. 따라서 분열성 성향을 지닌 사람이 자신의 사랑을 보여주는데 커다란 어려움을 겪는 것은 놀랄 일이 아니다. 왜냐하면 그들은 사랑과 관련된 깊은 불안을 간직하고 있기 때문이다. 그들의 불안은 마치 오스카 와일드가 「독서 감옥의 발라드」(The Ballad of Reading Gaol)에서, "사람은 누구나 자신이 사랑하는 것을 죽인다"라고 말한 것과 같다. 그들이 정서적으로 다른 사람을 사랑하지 못하는 것은 놀랄 일이 못된다. 그들은 자신들이 주는 선물이 치명적인 결과를 가져올 것이라는 불안으로부터 결코 자유롭지 못하기 때문이다. 나의 한 환자는 내게 과일을 선물하고 난 다음 면담에서 "설마 독을 잡수신 것은 아니겠죠"라고 말했는데, 이것도 같은 상황을 암시하고 있다.

우리는 이제 분열성 개인이 자신의 사랑을 떠나보내기에는 너무나 소중한 것이라고 느끼는 감정 외에도, 자신의 사랑을 내부에 간직하고자 하는 또 다른 동기를 갖고 있다는 사실을 이해

할 수 있게 되었다. 그는 자신의 사랑을 풀어놓는 것이 대상들에
게 너무 위험하다고 느끼기 때문에, 자신의 사랑을 내부에 간직
하고자 한다. 그는 자신의 사랑을 안전한 곳에 보관할 뿐만 아니
라 지하 창고에 가두어 둔다. 그리고 이 문제는 여기에서 끝나지
않는다. 그는 자신의 사랑이 나쁘다고 느끼기 때문에 다른 사람
의 사랑도 비슷할 거라고 해석한다. 이러한 해석은 꼭 투사일 필
요가 없다. 그것은 빨간 모자 소녀라는 동화에서도 잘 드러나고
있다. 그 이야기에서 소녀는 자신의 함입적 태도를 리비도적 대
상에게 전가하고 있으며, 따라서 그 대상은 잡아먹는 늑대로 변
한다. 그렇기 때문에 분열성 성격을 지닌 개인은 다른 사람을 향
한 사랑에 대해서 뿐만 아니라 그를 향한 다른 사람의 사랑에
대해서도 방어를 세운다. 이런 이유로 나의 환자였던 젊은 분열
성 여성은 내게 이렇게 말하곤 했다. "선생님은 결코 나를 좋아
하지 않을 거예요."

　따라서 분열성 개인이 사회적 접촉을 포기하는 이유는 무엇
보다도 그가 사랑하지도 사랑 받지도 않는다고 느끼기 때문이
다. 그러나 그가 단순히 수동적으로 거리감을 지닌 상태에 머무
르는데 항상 만족하는 것은 아니다. 정 반대로, 그는 종종 자신의
리비도적 대상들을 자신으로부터 멀리 쫓아내기 위해 적극적인
수단을 사용한다. 이 목적을 위해 그는 공격성을 사용할 준비가
되어 있다. 그는 증오를 활성화시켜서 자신의 리비도적 대상들
을 향해 발산한다. 그는 다른 사람들과 말로 다투고 무례하게 행
동한다. 그렇게 함으로써 그는 자신의 대상들과의 관계 안에 있
는 사랑을 증오로 대체할 뿐만 아니라, 그들로 하여금 그를 사
랑하기보다는 증오하도록 유도한다. 그는 자신의 리비도적 대상
들과 거리를 유지하기 위해서 이 모든 일들을 행한다. 마치 방
랑 시인처럼(또한 아마도 독재자들처럼), 그는 단지 자신을 멀리

서만 사랑하고 사랑 받을 수 있도록 허용한다. 이것이 분열성 개인이 처한 두 번째 비극이다. 첫 번째 비극은 그가 자신의 사랑이 사랑하는 대상을 파괴시킬 것이라고 느끼는 것이요, 두 번째 비극은 그가 마음 깊은 곳에서는 사랑하고 사랑받기를 원하면서도, 실제로는 증오하고 증오받고자 하는 충동에 굴복하는 것이다.

분열성 개인이 사랑을 증오로 대치하는 행위 안에는 두 가지 동기가 있다. 흥미롭게도 그 중에 하나는 비도덕적인 것이고, 다른 하나는 도덕적인 것이다. 우연히도 이것들은 혁명가와 배반자의 경우에 특별히 강력한 동기로 작용한다. 비도덕적 동기는 그가 자신에게는 사랑의 기쁨이 철저히 금지되어 있다고 믿기 때문에 자신을 증오의 기쁨에 넘겨주고 그것에서 만족을 얻고자 하는 것과 관련되어 있다. 이처럼 그는 사탄과 동맹을 맺고는 "악이여, 그대는 나의 선이로다"라고 말한다. 도덕적 동기는 만약 사랑이 파괴를 포함한다면, 사랑에 의해 파괴되는 것보다는 증오에 의해 파괴되는 것이 낫다는 생각과 관련되어 있다. 그럴 경우, "악이여, 그대는 나의 선이로다" 뿐만 아니라 "선이여, 그대는 나의 악이로다"라고 말하는 상황을 불러온다. 이러한 가치의 전도는 거의 의식 안에서 인식되지 않지만, 무의식 안에서는 극도로 중요한 역할을 한다. 그리고 이것이 분열성 개인이 처하게 되는 세 번째 비극이다.

제 2 장

정신병과 정신신경증에 관한 새로운 정신병리학(1941)[1]

개론

　최근 몇 년 동안 나는 분열성 경향을 보이는 환자들에게서 나타나는 문제들에 관해 점점 더 관심을 갖게 되었고 그것들에 특별한 주의를 기울여왔다.[2] 그 결과, 정신의학 일반에 그리고 특별히 정신분석에 중요한 의미를 지닌 관점이 출현하게 되었다. 나의 발견들과 그것들이 이끌어내는 결론은 분열성 상태의 성질 및 원인에 대한 기존의 생각뿐만 아니라 분열성 과정에 대한 생각을 상당한 정도로 개정하게 되었으며, 따라서 정신신경증과

1 본래 정신분석 국제 학술지 22권 3부와 4부에 발표된 내용을 일부 수정하였음.
2 "분열성 성격 요인들"이라는 제목의 논문은 이런 주제에 관한 것이다.

정신병에 대한 현재의 임상적 개념의 변화를 가져오게 되었다. 나의 발견들과 결론은 또한 여러 고전적인 정신분석적 개념들의 수정과 함께 리비도 이론의 개정과 방향 전환을 가져오게 했다.

여러 가지 이유들로 인해 현재의 연구는 대부분 분열성 성향에 관한 연구에서 도출된 견해의 보다 일반적인 측면에 대한 고찰로 제한될 것이다; 그러나 나의 논의의 대부분은 분열성 집단이 지금까지 일반적으로 알려져 온 것보다 훨씬 더 포괄적인 것이고, 불안 상태와 편집증, 공포증, 히스테리 그리고 강박증의 많은 비율이 그 배후에 분열성 문제를 가지고 있다는 나의 결론에 기초한 것이라고 처음부터 밝힐 수 있다. 내가 '분열성'의 개념에 부여한 포괄적인 의미는 분열성 집단이 융학파에서 말하는 '내향성' 집단과 일치한다는 말로 적절히 표현될 수 있다. 겉으로 드러나는 분열성 상태의 근본적인 특성은 (실제로 그 용어의 의미가 말해주듯이) 자아의 분열이다; 그리고 심층적인 분석을 통해서 명백한 정신병리적 상태로 고통 당하는 개인들뿐만 아니라 뚜렷한 정신병리적 명칭을 붙이기 힘든 문제로 인해 분석을 받는 개인들의 문제가 자아의 분열로 밝혀지는 것은 아주 일반적인 현상이다. 자아 분열의 의미는 발달적 관점에서 고려할 때에만 온전히 인식될 수 있다.

리비도 이론에 내재된 근본적인 한계

자아 발달과 관련해서 현재의 정신분석적 개념들은 프로이트의 리비도 이론에 의해 크게 영향받아왔다. 그의 이론에 따르면,

리비도는 처음에 여러 신체 지대들에 분포되어 있고, 그 신체 지
대들 중 일부는 그것들 자체가 성욕을 일으킨다는 점에서 특별
한 중요성을 갖는다. 이 사고에 따르면, 리비도 발달의 성공은 다
양하게 분포된 리비도적 요소들을 성기적 충동 아래 통합하는데
달려 있다. 그러나 이러한 리비도 이론은 처음부터 취약성을 갖
고 있다. 이 취약성은 원래의 리비도 이론을 개정한 아브라함의
견해를 통해서 가장 잘 이해될 수 있다. 아브라함은 중요한 리비
도적 지대들이 각각 심리적 발달을 위한 특별한 장소라고 간주
했으며, 각 단계별로 특정 리비도 지대의 우세를 특징으로 하는
일련의 발달 단계들이 존재한다고 추정했다; 그리고 이런 틀에
따라 정신병과 정신신경증은 각각 특정한 리비도 발달 단계에서
고착이 발생했기 때문이라고 생각했다. 그가 분열성 상태를 빨
기의 우세에 의해 특징지어지는 초기 구강기 고착과 관련되어
있다고 본 것은 확실히 옳았던 것으로 보인다. 또한 그 점에서
조울 상태를 깨물기의 출현에 의해 특징지어지는 후기 구강기
고착과 관련되어 있다고 본 것에 대해서도 의심의 여지가 없는
것으로 보인다. 그러나 두 개의 항문기 단계들과 초기 성기기 또
는 남근기의 단계가 존재한다는 사실을 고려한다면, 그러한 설
명은 충분하지 못한 것으로 드러난다. 아브라함이 지적한 대로,
편집증 환자는 대상을 거절하기 위해 원시적인 항문기 기술을
사용하고, 강박증 환자는 대상을 통제하기 위해 더 발달된 항문
기 기술을 사용하며, 히스테리 환자는 성기적 요소를 포기하는
기술을 사용하여 대상과의 관계를 시도한다는 것도 의문의 여지
가 없다. 그럼에도 불구하고 나는 나의 연구를 통해서 편집증, 강
박증, 히스테리 또는 공포증 상태는 본질적으로 특정한 리비도
단계에서의 고착이 아니라 구강기에서 비롯된 갈등으로부터 자
아를 방어하기 위해 사용된 다양한 방법일 뿐이라는 결론에 도

달하게 되었다. 이런 신념은 두 가지 사실에 의해 뒷받침된다:
(a) 편집증, 강박증, 히스테리 그리고 공포증 증상들은 한결같이
구강기적 갈등에 기초해 있는 것으로 드러난다. 그리고 (b) 편집
증, 강박증, 히스테리 그리고 공포증 증상은 분열성 상태와 우울
상태에 일반적으로 포함되는 것이거나 그 전조들이다. 대조적으
로, 분열성 상태나 우울 상태—각각 구강기에 병인을 지닌—를
방어 현상으로 간주할 수는 없다. 이런 상태들은 자아가 방어해
야만 하는 모든 특성들을 갖고 있다.[3]

리비도 이론에 대한 아브라함의 수정을 좀더 고찰해 본다면,
'항문기' 라는 것이 어떤 점에서 허구적인 것은 아닌가라는 의문
이 제기된다; 동일한 의문이 '남근기' 에도 제기된다. 물론 아브라
함이 말하는 단계는 리비도 조직의 단계뿐만 아니라 대상-사랑
의 발달 단계를 나타내고자 한 것이었다. 그럼에도 불구하고 다
양한 리비도 단계를 서술하는데 있어서, 대상의 성질에 기초한
용어가 아니라 리비도적 목적의 성질에 기초한 용어를 사용한
것은 중요한 의미를 가지고 있다. 따라서 아브라함은 '젖가슴'
단계라고 부르는 대신에 '구강기' 라고 부르고 '배설물' 단계라
고 부르는 대신에 '항문기' 단계라고 부른다. 나는 '항문기' 단
계를 '배설물 단계' 로 대체할 때 아브라함의 리비도 발달에 관
한 틀의 한계가 드러난다고 본다. 즉 그의 이론은 생물학적인

---

3 물론 분열성 상태와 우울 상태 모두와 관련해서 다소 특정한 방어들이 존
재하며 그것들은 근저의 갈등에 의해서라기보다는 오히려 상태 그 자체에
의해 작용한다는 것이 인식되어야 한다; 우울 상태의 경우, 조적 방어를 그
예로 들 수 있을 것이다. 그런 특정 방어들은 방금 언급된 일반적인 기술들
(즉 편집증적, 강박증적 히스테리적 그리고 공포증적 기술들)이 분열성 상
태나 우울 상태에 대한 방어에 실패했을 때 작용하는 것으로 보인다. 그러
나 이런 특정한 방어들은 그것들을 유발시키는 기본적인 분열성 상태 및
우울 상태와 구별되어야 한다.

틀을 갖고 있다; 아브라함에게 있어서 젖가슴과 성기는 자연스
럽고 생물학적인 리비도적 대상인 반면, 배설물은 그렇지 않기
때문이다. 그것은 상징적 대상, 즉 그것으로부터 대상의 모델이
만들어지는 원재료일 뿐이다.[4]

리비도 이론의 역사적 중요성과 그것이 정신분석적 지식의
진전에 기여한 정도는 따로 설명할 필요가 없다; 그러나 그 이론
의 가치는 학생들을 가르치는 것과 관련되어 있을 뿐이다. 그러
나 이제는 정신분석의 발전을 위해서 고전적 리비도 이론은 본
질적으로 대상관계에 기초한 발달 이론으로 바꾸어야 하는 시점
에 도달한 것으로 보인다. 설명 체계로서의 현 리비도 이론이 갖
고 있는 커다란 한계는 그것이 단지 자아의 대상관계를 조절하
기 위한 기술들로 판명된 여러 표현들에게 리비도적 태도의 지
위를 부여한다는 사실에 있다. 리비도 이론은 물론 성감대 개념
에 기초해 있다. 그러나 무엇보다도 먼저 성감대는 단지 리비도
가 흐르는 경로일 뿐이며, 리비도가 그 경로를 따라 흐름으로써
그 경로가 성감대가 된다는 사실을 인정해야 한다. 리비도의 궁

---

4 여기서 리비도 발달 체계의 다양한 단계를 서술하기 위해 아브라함이 채
용한 명칭은 그가 리비도 이론을 개정하기 전에 사용된 것과는 그 의미가
다르다는 것을 주목하는 것은 흥미로운 일이다. 초기에는 세 가지 발달 단
계가 인정되었다; 그리고 그것들은 각각 (1) '자체 성애적' (2) '자기애적'
그리고 (3) '대상 성애적(alloerotic)'으로 서술된다. 이런 명칭 자체는 초기
체계가 본질적으로 대상관계에 기초해있다는 것(리비도적 목적의 성질에
기초한 것이 아니라)을 암시한다. 용어의 문제와는 별도로, 리비도 발달에
대한 아브라함의 설명은 물론 본질적으로 초기 이론을 수정한 것이었다.
그 수정은 특히 자기애적 단계('후기 구강기')와 이성애적 단계 ('성기기')
사이에 항문기를 끼어 넣은 것으로 이루어졌다. 이 단계를 끼어 넣은 특별
한 목적은 '부분 사랑' 단계를 리비도 발달 체계 안으로 끌어들이려는 것
이었다; 그런 목적이 아무리 가치 있는 것이라 하더라도 개정된 체계를 제
시할 때 아브라함은 발달 단계를 서술하는데 사용된 용어들에서 대상과의
관련성이 제거된 명칭을 바꾸었어야 했다.

극적 목표는 대상이다; 그리고 대상을 추구함에 있어서 리비도
는 전기 에너지의 흐름과 마찬가지로 저항이 가장 적은 통로를
찾는다. 따라서 성감대는 단순히 저항이 가장 적은 리비도의 통
로로서 간주되어야 한다; 그리고 그 성감대의 실제 민감성은 전
류의 흐름에 의해 형성된 자기장(magnetic field)에 비유될 수 있
을 것이다. 이런 근본적인 입장에서부터 우리는 다음과 같이 말
할 수 있다. 유아기에 대상에게로 가는 가장 저항이 적은 통로는
인간 유기체의 타고난 요소로 인해 거의 전적으로 입에 집중된
다; 따라서 입은 지배적인 리비도 기관이 된다. 다른 한편 성숙한
개인에게는 (다시 인간 유기체의 타고난 요소로 인해) 성기가 대
상에게로 가는 가장 저항이 적은 통로를 제공한다. 물론 이 경우
에는 리비도는 단지 하나의 통로가 아니라 다른 여러 통로들을
동시에 사용할 수 있다. 성숙한 개인의 진정한 특징은 리비도적
태도가 본질적으로 성기적이라는 것이 아니라 성기적 태도가 본
질적으로 리비도적이라는 것이다. 유아의 경우에 리비도적 태도
는 지배적으로 구강적인 반면에, 정서적으로 성숙한 성인의 경
우에 리비도는 많은 경로를 사용하여 대상을 추구하며, 성기 부
위가 핵심적이긴 통로이기는 하지만 결코 배타적이지 않다는 점
에서 유아적 리비도 태도와 성숙한 리비도 태도 사이에는 본질
적인 차이가 있다. 따라서 유아의 리비도적 태도를 구강기적인
것으로 서술하는 것은 옳은 반면에 성인의 리비도적 태도를 성
기적인 것으로 서술하는 것은 옳지 않다. 그것은 '성숙' 으로 서
술되어야 옳다. 그리고 이 성숙이라는 용어는 성기 부위가 대상
과의 만족스런 리비도적 관계를 위해 사용될 수 있음을 의미하
는 것으로 이해되어야 한다. 동시에 성기기 수준에 도달했다는
사실로 인해 대상관계가 만족스러운 것은 아니라는 점이 강조되
어야 한다. 정 반대로, 만족스러운 대상관계가 형성되었다는 사

실로 인해 진정한 성기적 성욕에 도달한 것이라는 점이 강조되어야 한다.[5]

이 논의에서 아브라함이 말한 '구강기 단계들'은 충분히 사실적인 것으로 입증되었다. 그러나 그의 '초기 성기 단계 또는 남근 단계'는 정당화되기 어렵다. 그가 말하는 '최종적 성기 단계'는 성기가 성숙한 리비도의 자연스런 경로가 된다는 점에서 정당한 것으로 인정된다; 그러나 '항문 단계'와 마찬가지로 그의 '남근 단계'는 인위적인 것이다. 그것은 기본적 성감대라는 잘못된 개념의 영향아래 도입된 인위적인 산물이다. 남근적 태도에 대한 심층적 분석은 그것이 한결같이 펠라치오(fellatio) 환상과 관련된 구강적 고착에 기초해있음을 드러낸다. 따라서 남근적 태도는 대상의 성기를 최초의 부분-대상으로서의 젖가슴과 동일시하는 것—리비도적 기관으로서의 입과 성기를 같은 것으로 간주하는 동일시—에 달려 있다. 그런 의미에서 남근적 태도는 리비도적 단계를 나타내는 것으로서가 아니라 관계적 기술을 구성하는 것으로 간주되어야 하며, 이 점은 항문적 태도도 마찬가지이다.

기본적 성감대 개념은 리비도 발달 이론을 위한 만족스런 기초가 될 수 없다. 왜냐하면 그것은 리비도적 쾌락이 갖는 기능이 본질적으로 대상에게로 가는 길을 지시해주는 표지 역할이라는 사실을 인식하지 못하고 있기 때문이다. 성감대 개념에 따르면,

---

5 구강기에 비해 '성기기'의 중요성을 과소 평가하려는 의도가 전혀 없다는 사실을 인식해야 한다. 나의 의도는 '성기기'의 진정한 중요성은 대상관계의 성숙에 있다는 것과, 성기적 태도는 그런 성숙의 요소일 뿐이라는 사실을 지적하는데 있다. 구강기의 진정한 의미는 미숙한 대상관계에 있으며, 구강적 태도는 그런 미숙성의 요소일 뿐이라고 말할 수 있다; 그러나 '성기기'에 비해 구강기에서는 유아의 신체적 의존성 때문에 관계의 심리적 요소 못지 않게 신체적 요소가 중요해진다.

대상이 리비도적 쾌락을 위한 표지로 간주된다; 따라서 수레가
말 앞에 놓여있는 셈이 된다. 이러한 위치의 역전은 분명히 정신
분석적 사고의 초기 단계에서 대상관계의 중요성이 충분히 인식
되지 못한 결과일 것이다. 여기서 다시 우리는 자아가 사용하는
기술을 일차적인 리비도적 표현과 혼동함으로써 발생한 오해를
발견하게 된다. 예컨대, 엄지손가락 빨기를 생각해보자. 아기는
어째서 엄지손가락을 빠는가? 이 단순한 질문에 대한 대답에 성
감대 개념의 전체적인 타당성과 그것에 기초한 리비도 이론의
타당성이 달려있다. 만일 우리가 아기의 입이 성감대이고 빠는
행동은 그에게 성적 쾌락을 주기 때문에 손가락을 빤다고 생각
한다면, 그것은 아주 설득력이 있는 것처럼 들릴 것이다; 그러나
그때 우리는 실제로 핵심적인 사실을 놓치고 있는 것이다: 그 핵
심적인 사실에 도달하기 위해 우리는 그 다음의 것을 질문해야
한다— '왜 엄지손가락인가?' 그리고 이 질문에 대한 대답은 그
에게 지금 '빨 젖가슴이 없기 때문'이 될 것이다. 아기는 리비도
적 대상을 가지고 있다; 그리고 그의 자연스런 대상(젖가슴)이
박탈된다면, 그는 스스로 대상을 제공할 수밖에 없다. 따라서 엄
지손가락 빨기는 만족스럽지 않은 대상관계를 다루기 위한 기술
을 나타낸다; 그리고 자위에 대해서도 동일한 진술이 가능하다.
여기서 분명히 독자는 엄지손가락 빨기와 자위는 '성애적' 활동
으로서 뿐만 아니라 더 정확히 '자체 성애적' 활동으로서 서술
되어야 한다고 생각할 수 있을 것이다. 물론 이것은 맞는 말이
다. 그러나 성감대 개념 자체는 자체 성애적 현상에 기초해 있으
며 대체로 그런 현상의 실제 의미를 잘못 이해한데서 왔다는 것
또한 맞는 말이다. 자체 성애는 본질적으로 개인이 대상에게서
얻을 수 없는 것을 스스로 제공하려는 시도일 뿐 아니라 그가
얻을 수 없는 대상을 스스로 제공하기 위해 사용하는 기술인 것

이다. '항문 단계'와 '남근 단계'는 대개 이런 기술에 기초한 태도들을 나타낸다. 그것은 구강적 맥락에서 비롯되고 구강적 기원의 흔적을 항상 보유하고 있는 기술이다. 따라서 그것은 대상의 함입—개인이 구강 관계의 좌절을 다루는 또 다른 측면—과 밀접하게 관련되어 있다. 이런 점에서 볼 때, 처음부터 자체 성애적(그리고 성애적) 활동으로서의 엄지손가락 빨기는 내재화된 대상과의 관계라는 의미를 획득하는 것으로 보인다. 리비도 발달의 전체 과정은 대상들이 함입되는 정도에 그리고 함입된 대상들을 다루기 위해 사용되는 기술의 성질에 달려 있다고 말하는 것은 전혀 과장된 것이 아니다. 나는 조금 후에 이런 기술들에 대해 서술할 것이다. 우선 당장은 항문적 태도와 남근적 태도의 의미는 그것들이 함입된 대상들을 다루기 위한 기술들의 리비도적 측면들을 나타낸다는 사실에 있다고 지적하는 것으로 충분할 것이다. 그러나 대상관계를 결정하는 것은 리비도적 태도가 아니며 리비도적 태도를 결정하는 것이 대상관계임을 항상 기억할 필요가 있다.

대상에 대한 의존의 성질에 기초한 발달 이론

분열성 특성을 보여주는 사례의 연구에서 도출된 주된 결론들 중의 하나는 대상관계의 발달은 본질적으로 대상에 대한 유아적 의존이 점차 대상에 대한 성숙한 의존에게 자리를 내어주는 과정이라는 것이다. 이 과정은 (a) 일차적인 동일시[6]에 기초한

최초의 대상관계를 점진적으로 포기하는 것에 의해서 그리고
(b) 대상 분화에 기초한 대상관계를 점진적으로 차용하는 것에
의해서 특징지어진다. 따라서 대상관계 성질의 변화는 리비도적
목표의 점진적 변화를 수반한다. 그럼으로써 최초의 구강적인
빨고 함입하고 '취하는' 목표가 성기적인 성욕에서 특징적으로
드러나는 '주는' 목표로 대체된다. 유아적 의존 단계는 그 안에
두 단계—초기 구강기와 후기 구강기—를 포함한다; 그리고 성
숙한 의존 단계는 아브라함이 말하는 '최종적 성기 단계'와 일
치한다. 유아적 의존 단계와 성숙한 의존 단계의 중간에 유아적
의존 태도를 차츰 포기하고 성숙한 의존 태도를 점점 더 받아들
이는 경향성으로 특징지어지는 과도기가 있다. 이 과도기는 아
브라함이 말하는 세 단계—두 항문 단계와 초기 성기(남근) 단
계—에 해당된다.

　과도기는 후기 구강기의 양가적인 요소가 대상의 이분법에
기초한 태도에 양보하는 것에서 시작된다. 대상의 이분법은 사
랑과 증오 모두가 지향하는 본래 대상이 두 대상들, 즉 사랑이
지향하는 수용적 대상과 증오가 지향하는 거절적 대상으로 대체

6 나는 리비도를 집중시키는 주체와 아직 분화되지 않은 대상의 리비도 집
　중을 나타내기 위해 '일차적 동일시'라는 용어를 사용한다. 물론 때로는
　'동일시'라는 용어를 이런 의미로 사용하기도 한다; 그러나 동일시라는 용
　어는 적어도 약간이라도 이미 분화를 거친 대상과의 분화되지 않은 관계
　의 형성을 나타내는데 더 일반적으로 사용된다. 이런 후자의 과정은 일차
　적 동일시에 포함된 관계 유형의 재생을 나타내며, 따라서 엄밀히 말하자
　면 '이차적 동일시'로서 서술되어야 하는 것이다. 그 차이를 유념하는 것
　은 이론적으로 중요하다; 그러나 그것을 잊지 않는 한, '동일시'라는 단순
　한 용어는 편의상 일차적 또는 이차적 성질에 대한 언급 없이도 사용될
　수 있을 것이다; 이 책에서 나는 그와 같은 용례를 따랐다. 그 용어는 또한
　다른 의미로 본질적으로 다른 대상들(즉 페니스와 젖가슴) 사이의 정서적
　인 등가성(emotional equivalence) 형성을 서술하는데 사용되기도 한다.

되는 과정으로 정의될 수 있다. 그러나 구강기에 발생한 발달의
영향아래 수용적 대상과 거절적 대상 모두는 내재화된 대상들로
취급되는 경향이 있다. 과도기가 유아적 의존의 포기와 관련되
어 있다는 점에서, 대상의 거절은 중요한 역할을 할 수밖에 없
다. 결과적으로, 거절 기술의 작용은 이 단계의 특성이며, 아브라
함이 항문기 개념을 도입할 때 그가 주의를 기울였던 것도 바로
이런 점이었다. 배설은 물론 생물학적 성질에 있어서 본질적으
로 거절 과정이다; 그리고 이런 사실 때문에 그것은 자연스럽게
대상의 정서적 거절에 대한 상징으로서 심리적으로 이용되며 거
절하는 정신적 기술의 기초를 형성한다. 동시에 그것은 어렵지
않게 대상에 대한 힘의 사용이라는 심리적 의미를 획득한다. 이
것은 배변뿐만 아니라 배뇨에도 적용된다; 그리고 상징적 거절
의 기능으로서의 배뇨의 중요성은 과거에 특히 해부학적 이유
때문에 과소 평가되었다고 생각할 만한 충분한 이유가 있다.

여기서 채용된 관점에서 볼 때, 편집증과 강박신경증은 각각
초기와 후기 항문기에서 발생한 고착의 표현으로 간주되어서는
안 된다. 그와는 반대로 그것들은 거절하는 배설 과정에서 획득
한 특별한 유형의 방어 기술로서 간주되어야 한다. 그러나 편집
증적 기술과 강박증적 기술은 전적으로 거절하는 기술이 아니
다. 그것들은 좋은 대상의 수용을 나쁜 대상의 거절과 결합시킨
다. 그것들 사이의 본질적 차이는 잠시 후에 논의할 것이다. 지금
은 편집증이 고도의 거절 기술을 나타낸다는 사실에 주목할 것
이다; 거절된 내적 대상을 외재화할 때 편집증적 개인은 그것을
사정없이 나쁜 것으로—실제 박해자로—취급한다. 다른 한편, 강
박적 개인에게 배설 행동은 대상의 거절뿐만 아니라 정신적 내
용물과의 이별을 나타낸다[7] 따라서 강박증적 기술에서 우리는
유아적 의존에서의 취하기와 성숙한 의존에서의 주기 사이의 타

협을 발견한다. 그와 같은 타협적 태도는 편집증적 개인의 태도와는 전적으로 상반되는 것이다. 그들에게 있어서 배설 행동은 오직 거절만을 나타낸다.

히스테리는 리비도 발달의 특정 단계, 즉 남근기 고착의 결과로 인한 상태로서, 특별한 거절 기술을 사용하는 또 다른 예를 제공한다. 물론 아브라함의 이론적 틀에 따르면, 히스테리 상태는 남근기에 오이디푸스 상황에 대한 과도한 죄책감으로 인해 성기적 요소를 거절한 결과이다. 이런 견해는 나의 최근의 발견들과 일치하지 않는다. 나의 발견들은 그와 같은 견해가 (사회학적 현상과는 대조적으로) 심리학적 현상으로서의 오이디푸스 상황에 대한 오해를 포함하고 있음을 말해준다. 심리학적으로 말해서, 그 상황의 보다 깊은 의미는 그것이 양가감정 단계(후기 구강기)에서 본래 하나였던 대상이 두 대상, 즉 하나는 한쪽 부모와 동일시된 수용적 대상으로 그리고 다른 하나는 나머지 한쪽 부모와 동일시된 거절하는 대상으로 분화되는 것을 나타낸다는데 있는 것으로 보인다. 따라서 오이디푸스 상황에 대한 죄책감은 이런 상황이 삼각 관계라는 사실보다는 (1) 근친상간적 욕구는 대가없이 주는 것 같지 않은 부모의 사랑에 대한 요구를 나타내며, (2) 아이가 자신의 사랑이 나쁜 것이기 때문에 거절 받는 것으로 느낀다는 사실에서부터 온 것이다. 이것은 나의 한 여자 환자의 사례에서 쉽게 확인될 수 있다. 그녀는 아동기 동안에 심하게 근친상간적 환상을 자극하는 환경에서 살았다. 그녀의 부모는 불화로 인해 각기 따로 방을 썼는데, 그 방들 사이에는

---

7 이것은 비록 배설 기능들이 선천적으로 본래 거절하는 것이라 하더라도 그것들은 또한 어떤 의미로는 생산적이고 따라서 아이에게서는 창조적이고 '주기' 활동의 심리적 중요성을 부수적으로 획득한다는 사실과 일치한다.

서로 연결된 방이 하나 있었다; 환자의 엄마는 남편으로부터 딸을 보호하기 위해 그녀를 이 방에서 재웠다. 그녀는 어느 한쪽의 부모에게서도 애정의 표현을 받을 수 없었다. 아주 어렸을 때 그녀는 다리를 절게 되었고, 그로 인해 현실에서 보통의 아이보다 더 많이 다른 사람들에게 의존하게 되었다. 그녀의 엄마는 그녀의 장애를 집안의 수치로 여겼다. 그녀의 지도 원칙은 가능한 한 빨리 그녀를 독립적이 되도록 밀어 부치는 것이었다. 그녀의 아버지는 정서적으로 멀리 떨어져 있는 다가갈 수 없는 성격의 소유자였다; 그녀는 엄마보다 아버지와 정서적으로 접촉을 하는데 더 큰 어려움을 겪었다. 십대에 어머니를 잃은 후에 그녀는 아버지와 정서적 접촉을 형성하려고 필사적인 노력을 했지만 모두 허사였다. 그리고 나서 어느 날 갑자기 그녀의 마음속에 '내가 아빠에게 함께 자자고 하면 아빠 마음에 들지도 몰라!' 라는 생각이 떠올랐다. 이처럼 그녀의 근친상간적 소망은 대상과 정서적으로 접촉하려는 필사적인 시도를 그리고 자신이 사랑받을 수 있고 자신의 사랑이 받아들여질 수 있음을 확인하려는 시도를 나타내는 것이었다. 그와 같은 소망은 특정한 오이디푸스 상황에 달려 있는 것이 아니다. 나의 환자의 경우, 근친상간적 소망은 물론 포기되었다; 그리고 예상되듯이 강력한 죄책감이 뒤따랐다. 그러나 죄책감은 가능할 것 같지 않은 사랑을 엄마에게 요구한데 따른 죄책감이었다. 그리고 그런 사랑이 주어지지 않았다는 사실이 그녀 자신의 사랑이 나쁘다는 것을 증명하는 것으로 느껴졌다. 엄마와의 만족스럽지 않은 정서적 관계는 이미 구강 단계로의 퇴행을 발생시켰고, 따라서 젖가슴이 다시 대상이 되었으며, 그 결과 다른 사람들이 있을 때는 메스꺼워서 잘 먹지 못하는 증상이 발생했다. 따라서 아버지의 페니스에 대한 그녀의 거절 배후에는 엄마의 젖가슴에 대한 거절이 있었다; 그리고 젖가슴과 페니스가 동일시되고 있다는 명확한 증거가 관찰될 수 있었다.

이 사례는 히스테리 환자의 성기에 대한 거부가 오이디푸스 상황의 특정 성질에 의해서라기보다 히스테리 환자가 부분-대상으로서의 성기를 유아적 의존 단계의 본래적인 부분-대상인 젖가슴과 동일시한다는 사실에 의해서 결정된 것임을 보여준다. 따라서 히스테리 환자의 성기적 사랑에 대한 거절은 유아적 의존 태도를 성공적으로 포기하지 못한 결과이다. 이 점에서는 편집증 기술과 강박증 기술에서 드러나는 대상에 대한 거절도 마찬가지이다. 그러나 히스테리 기술은 거절된 대상을 외재화시키지 않는다. 히스테리 개인에게서 거절된 대상은 함입된 상태로 남는다. 따라서 히스테리성 해리의 의미는 궁극적으로 그것이 함입된 대상에 대한 거절을 나타내는데 있다. 동시에 히스테리 기술은 강박증 기술과 마찬가지로 부분적이지만 줄 수 있는 능력(성숙한 의존을 나타내는)을 지닌 태도를 나타낸다; 왜냐하면 히스테리 개인은 자신의 성적 기관들과 그 기관들이 의미하는 것을 제외한 모든 것을 자신이 사랑하는 대상에게 주고 싶어하기 때문이다. 사랑하는 대상에 대한 이상화를 포함하는 이러한 태도는 최소한 부분적으로는 보다 안심할 수 있는 기초 위에 의존을 형성하고자 하는 소망에 의해 동기화된 것이다.

편집증, 강박증 그리고 히스테리는 이제 그것들 각각이 특정한 기술을 사용한 결과를 나타내는 것으로 볼 수 있다; 그리고 공포증도 같은 맥락에서 보아야 한다. 이러한 다양한 기술들 각각은 이제 과도기 단계의 특징적 갈등을 해결하기 위한 시도라고 해석될 수 있다. 갈등은 (a) 대상에 대한 성숙한 의존으로 나아가고자 하는 발달적 충동과 (b) 대상에 대한 유아적 의존을 포기하고 싶지 않은 퇴행적 충동 사이에 존재한다.

앞에서 제시된 내용에 따르면, 대상관계 발달에 대한 기준은 다음과 같다.

I. 취하기 태도가 우세한 유아적 의존 단계

   (1) 초기 구강기—함입—빨기 또는 거절하기 (양가감정 이전 시기)

   (2) 후기 구강기—함입—빨기 또는 깨물기 (양가감정 시기)

II. 유아적 의존과 성숙한 의존 사이의 과도 단계 또는 준 의존 단계—함입된 대상의 이분법과 외재화

III. 주는 태도가 주된 특징이 되는 성숙한 의존 단계—수용된 대상과 거절된 대상의 외재화

이러한 기준의 특징은 그것이 대상관계의 성질에 기초해 있다는 것이며 리비도적 태도가 일차적인 위치에서 이차적인 위치로 격하된 것이라는 것이다. 내가 대상관계의 중요성에 대해 확신하게 된 것은 분열성 특성을 보이는 환자들의 분석을 통해서이다; 그것은 그런 개인들에게서 대상관계의 어려움이 가장 분명하게 드러나기 때문이다. 분석 과정에서 그런 개인은 유아적 의존을 포기하고 싶지 않은 소망과 그것을 포기하고 싶은 필사적인 갈망 사이에서 갈등하는 모습을 보인다; 마치 생쥐처럼 외부 대상 세계를 엿보기 위해 은신처에서 기어 나오다가 황급히 후퇴하기를 반복하고 있는 환자를 관찰하는 것은 흥미로우면서도 가슴 아픈 일이다. 그런 환자가 유아적 의존 상태에서 벗어나려고 끈질기게 시도하면서 편집증, 강박증, 히스테리 그리고 공포증이라는 네 가지 과도기적 기술 중 하나 또는 네 가지 모두에 교대로 의지하는 모습을 관찰하는 것은 많은 것을 깨닫게 해준다. 그런 사례의 분석에서 무엇보다 분명하게 떠오르는 것은 아이의 가장 큰 욕구는 (a) 자신이 부모에게서 진실로 사랑 받고 있다는 것과 (b) 자신의 사랑이 부모들에 의해 진실로 받아들여

지는 것이다. 그의 실제 대상들에게 안전하게 의존할 수 있다고 충분히 확신할 수 있을 때에만, 그는 차츰 유아적 의존을 포기할 수 있다. 그런 보장이 없을 때 그의 대상관계는 너무 심각한 분리 불안으로 채워지기 때문에 그는 유아적 의존을 포기할 수 없다; 왜냐하면 그의 관점에서 그와 같은 포기는 정서적 욕구의 만족에 대한 모든 희망을 앗아가는 것으로 느껴지기 때문이다. 인간으로서 사랑 받는 동시에 자신의 사랑이 수용되길 바라는 욕망의 좌절은 아이가 경험할 수 있는 가장 큰 외상이다; 이런 외상은 무엇보다도 유아 성욕의 다양한 고착을 만들어내며, 아이는 실패한 외부 대상과의 정서적 관계를 보상하기 위해 고착된 유아적 성욕에 의존하게 된다. 근본적으로 이 대리 만족들(즉 자위와 항문 성애)은 모두 내재화된 대상들과의 관계를 나타내며 외부 세계에서 대상과 만족스런 관계를 맺지 못하는 개인은 그런 내재화된 대상들과 관계를 맺도록 강요받는다. 외부 대상들과의 관계가 만족스럽지 않을 경우에, 우리는 또한 노출증, 동성애, 가학증과 같은 현상들이 나타나는 것을 발견하게 된다: 그리고 이런 현상들은 붕괴된 자연스런 정서적 관계를 건져보려는 시도들로 간주되어야 한다. 이런 '결핍에 의한 관계들'의 성질을 이해하는 것은 중요한 의미를 갖는다. 그러나 그보다 더 중요한 것은 자발적인 관계를 포기하고 타협하게 만드는 요소들을 인식하는 것이다. 이 요소들 중에서 가장 중요한 것은 분명히 그 개인이 자신의 중요한 대상이 자신을 사랑하지도 않고 자신의 사랑을 받아들이지 않는다고 경험했던 아동기 상황이다. 그런 상황이 발생할 때 대상을 향한 본래적인 리비도적 욕동은 비정상적인 관계 형성으로 인도하며, 그런 비정상적인 관계에 포함되는 다양한 리비도적 태도들로 인도한다.

앞에서 요약한 발달 기준은 대상에 대한 의존의 성질에 기초

한 것이다. 그것은 이 의존의 성질이 초기 관계에서 가장 중요한
요소이기 때문이다. 그러나 발달의 각 단계에 적합한 대상의 성
질에 대해 보다 명료하게 아는 것이 바람직하다. 그리고 여기에
서 자연스런 (생물학적) 대상과 내재화된 대상을 구별하는 것은
중요하다. 물론 대상은 부분-대상이거나 전체-대상일 수 있다; 그
리고 초기 아동기의 생물학적 역사를 고려할 때, 엄마의 젖가슴
이라는 하나의 자연스런 부분 대상이 존재하며 엄마라는 가장
중요한 전체 대상이 존재한다는 것이 분명하다. 그에 비해 아버
지는 두 번째 대상에 지나지 않는다. 이미 지적했듯이, 배설물은
자연적인 대상이 아니라 상징적인 대상이다; 성기도 그것이 남
근 대상 즉 부분-대상으로 취급되는 한 마찬가지로 상징적 대상
이다. 따라서 남성의 동성애에서 가장 중요하고 직접적인 요소
는 의심의 여지없이 아버지의 페니스에 대한 추구이지만, 이 추
구는 전체 대상을 부분-대상으로 대체하는 것을 포함하는 그리
고 최초의 부분-대상(젖가슴)과의 구강적 관계를 재현하는 퇴행
현상이다. 따라서 아버지의 페니스에 대한 동성애적 추구는, 말
하자면, 최초의 대상인 젖가슴의 추구로 환원될 수 있다. 집요하
게 부분-대상으로서의 젖가슴을 유지하는 모습은 성기에 항상
구강적 의미를 부여하는 히스테리 환자들에게서 두드러지게 드
러난다. 예컨대, 한 여자 히스테리 환자는 골반의 '고통'을 설명
하면서, '그것은 마치 내 안에 있는 무엇인가가 젖을 먹고 싶어
하는 것 같아요' 라고 말했다. 전쟁 경험에서 히스테리적인 군인
들이 빈번히 위통 증상을 호소했던 것도 같은 현상으로 볼 수
있다.

　이런 관점에서 볼 때, 다양한 발달 단계에 적합한 자연적인
대상들은 다음과 같다.

I. 유아적 의존 단계

   (1) 초기 구강기—엄마의 젖가슴—부분-대상

   (2) 후기 구강기—젖가슴을 가진 엄마—특히 부분-대상으로 취급되는 전체 대상

II. 준-의존(과도기적) 단계

   특히 신체적 배설물로 취급되는 전체 대상.

III. 성숙한 의존 단계

   성기를 가진 전체 대상[8]

유아적 의존과 성숙한 의존 사이에 존재하는 과도기와 그 기술들 및 그 정신병리

   앞의 목록에서 나는 과도기를 '준-의존' 단계로 서술했다; 여기에는 그만한 이유가 있다. 분열성 경향성을 지닌 개인들의 연구에서 분명히 드러나듯이, 유아적 의존 단계의 가장 두드러진 특성은 대상과의 일차적 동일시이다. 심리학적으로 말해서, 대상

---

8 이 목록은 리비도 발달을 평가할 수 있는 리비도 발달의 기준을 제시한 것이다; 그러나 이 표준과 정신병리적 사례의 분석에서 드러나는 실제 발달 과정을 구별하는 것이 중요하다. 따라서 초기 구강기 동안에 자연적인 대상은 젖가슴이 정신적으로 함입되고 내적 대상으로 형성되는 과정과는 전혀 상관없이 엄마의 실제 젖가슴으로 남아있고 또한 이 기간 동안에 개인은 내재화된 젖가슴에 대한 정서적 의존과는 별도로 실제로 외적 대상으로서의 젖가슴에 신체적 및 정신적으로 의존하고 있음이 명백히 인정되어야 한다. 또한 자연적인 대상인 젖가슴은 다른 것으로 대체된 상태로 후기 리비도 발달 단계 동안에 내적 대상으로서 지속될 수 있음도 인정되어야 한다.

과의 동일시와 유아적 의존은 동일한 현상의 두 측면이라고 말
한다고 해도 전혀 지나치지 않다. 다른 한편, 성숙한 의존은 독립
적인 두 개인들 사이의 관계를 포함하며, 서로 구별되는 성숙한
대상들로서의 상호성을 포함한다.[9] 두 종류의 의존 사이의 이런
구별은 프로이트가 자기애적 대상 선택과 의존적 대상 선택을
구별했던 것과도 맥을 같이 한다. 완전히 성숙한 의존 관계는 물
론 이론적으로만 가능하다. 그럼에도 불구하고 관계가 성숙할수
록 일차적 동일시의 특성이 줄어드는 것은 사실이다; 왜냐하면
그런 동일시는 본질적으로 대상을 구별하지 못하기 때문이다.
동일시가 지속적으로 구별을 희생시킬 때, 두드러지게 충동적인
요소가 대상에 대한 개인의 태도 안으로 들어온다. 이것은 분열
성 개인이 대상에게 강렬하게 집착하는 모습에서 찾아볼 수 있
다. 그것은 또한 전시에 어쩔 수 없이 가족과 떨어져 지내는 분
열성 또는 우울증 군인 환자들이 일반적으로 경험하는 거의 통
제불능일 정도로 강력한 집에 가고 싶은 충동에서 관찰될 수 있
다. 유아적 의존의 포기는 분화된 대상들과의 관계를 위해 일차
적 동일시에 기초한 관계의 포기를 포함한다. 꿈에서 분화의 과
정은 종종 만(gulf)이나 틈새(chasm)를 건너는 주제에서 반영된
다(건너는 주제는 퇴행적 방향에서 일어날 수도 있다). 이처럼
틈새를 건너는 과정 그 자체는 일반적으로 상당한 불안을 수반
한다; 그리고 이런 불안은 떨어지는 꿈, 고소 공포증 그리고 광장
공포증과 같은 증상에서 표현된다. 다른 한편 이 과정의 실패에
대한 불안은 밀실 공포증 증세에서 또는 감옥에 감금되거나 바
다에 빠지는 악몽에서 반영된다.

---

9 유아적 의존과 성숙한 의존의 차이에 대한 중요한 측면은 전자가 아직 포
　기되지 않은 상태인 반면, 후자는 이미 성취된 상태라는 것이다.

대상이 분화되는 과정은 유아적 의존이 동일시뿐만 아니라 구강적으로 함입하는 태도의 특징을 가지고 있음을 보여준다는 점에서 특별한 중요성을 갖는다. 그러한 특징 때문에 개인이 동일시하는 대상은 함입된 대상과 같은 것이 되거나 또는 좀더 흥미롭게 표현해서 개인을 함입한 대상은 다시 개인에게 함입된다. 이런 이상한 심리적 과정은 많은 수수께끼들을 푸는 열쇠로 드러난다. 사실 꿈에서 자신이 대상 안에 있으면서 동시에 자신 안에 대상을 가지고 있는 경우는 흔히 있는 일이다. 예컨대, 한 환자는 탑 안에 있는 꿈을 꾸었다; 그리고 그의 연상은 그 꿈의 주제가 엄마와의 동일시뿐 아니라 엄마의 젖가슴—그리고 아버지의 페니스—과의 함입을 나타낸다는 것을 분명히 보여주었다.

이런 상황에서 대상을 분화시키는 과제는 함입된 대상의 축출, 즉 신체 내용물을 축출하는 문제로 나타나는 경향이 있다. 아브라함이 말하는 '항문기'의 많은 부분들이 이것과 관련되어 있다; 우리가 과도기 동안에 그토록 중요한 역할을 하는 항문기적 기술들의 의미 또한 이런 맥락에서 찾아야 한다. 다른 곳에서와 마찬가지로 여기에서도 수레는 말 앞에 놓아두는 것이 아님을 확인하는 것이 중요하며, 또한 개인이 항문기적이기에 배설물의 처리에 몰두하는 것이 아니라 그가 이 단계에서 배설물의 처리에 몰두하기 때문에 항문기적임을 인정하는 것이 중요하다.

과도기 단계의 중심적인 갈등은 이제 대상과 동일시하고자 하는 유아적 태도를 포기하려는 발달적 충동과 그러한 태도를 유지하려는 퇴행적 충동 사이의 싸움으로 공식화될 수 있다. 따라서 이 시기 동안에 개인의 행동은 그의 편에서 자신을 대상으로부터 분리시키려는 필사적인 노력과 대상과의 재결합을 이루고자 하는 필사적인 노력— '감옥으로부터 탈출하려는' 필사적인 시도와 '집으로 돌아가려는' 필사적인 시도—모두의 특징을 갖게 된다. 비록 이런 태도들 중 하나에 더 큰 비중이 실릴 수는 있지만, 그것들 각각에 수반되는 불안 때문에 개인은 그 둘 사이를 끊임없이 왔다갔다 하게 된다. 분리에 수반되는 불안은 고립되는 것에 대한 공포로 드러나는 반면, 동일시에 수반되는 불안은 갇혀 있거나 삼켜지는 것에 대한 공포로 드러난다. 이런 불안은 본질적으로 공포증적 불안이다. 따라서 그 불안은 대상으로부터 분리하고자 하는 발달적 충동과 대상과의 동일시를 향한 퇴행적 유혹 사이의 갈등에서 오는 것이라고 추론할 수 있다.

일차적 동일시와 구강적 함입 사이에 밀접한 연결이 존재하기 때문에 그리고 그 결과 분리와 배설물의 축출 사이에 밀접한 연결이 존재하기 때문에 과도기의 갈등 또한 내용물을 축출하려는 충동과 보유하려는 충동 사이의 갈등으로 나타난다. 분리와 재결합 사이에서 그런 것처럼, 비록 축출과 보유 중 어느 하나가 우세하다 하더라도, 일반적으로는 이것들 사이를 끊임없이 왔다 갔다하는 경향이 있다. 이 두 가지 모두에는 불안이 수반된다. 축출에는 텅 비고 고갈되는 것에 대한 공포가 수반되며, 보유에는 너무 많이 축적되어 터져 버리는 것에 대한 공포가 수반된다(종종 암과 같은 질병에 대한 공포로 대치되기도 한다). 그런 불안은 본질적으로 강박증적 불안이다; 강박증 상태의 근저에는 대상을 보유하려는 충동과 축출하려는 충동 사이의 갈등이 존재한다.

따라서 공포증 기술과 강박증 기술은 동일한 기본적인 갈등을 다루는 두 가지 다른 방법을 나타내는 것으로 보인다; 그리고 이 두 가지 다른 방법은 대상에 대한 두 가지 다른 태도와 일치한다. 공포증적 관점에서, 갈등은 대상으로부터의 도피와 대상으로 되돌아감 사이에 있는 것으로 나타난다. 다른 한편 강박증적 관점에서, 갈등은 대상의 축출과 보유 사이에 있는 것으로 나타난다. 따라서 공포증 기술은 주로 수동적 태도와 일치한다. 반면에 강박증 기술은 주로 능동적 태도와 일치한다. 강박증 기술 또한 대상에 대한 훨씬 더 높은 수준의 공격성을 나타낸다; 왜냐하면 축출되던지 보유되던지 간에 어쨌든 그 대상은 강제적인 통제에 굴복하게 되기 때문이다. 다른 한편 공포증적 개인의 선택은 대상의 힘으로부터 도망치는 것과 그것에 복종하는 것 사이에 놓여있다. 다른 말로 하면 강박증 기술은 본래 주로 가학적인 반면에, 공포증 기술은 주로 피학적이다.

　히스테리 상태에서는 과도기의 기본적인 갈등을 다루는 또 하나의 기술이 사용된다. 이 경우에 갈등은 단순히 대상에 대한 수용과 거절 사이에 있는 것으로 보여진다. 대상에 대한 수용은 히스테리 개인의 전형적인 강렬한 애정 관계에서 분명히 드러난다; 그러나 이런 정서적 관계가 그처럼 과장되는 것 자체가 거절에 대한 과잉 보상을 나타내는 것은 아닌가라는 의문을 불러일으킨다. 이런 의문은 히스테리 개인이 보이는 해리적 성향에 의해 확인된다. 이 해리 현상이 성기에 대한 거절을 나타낸다는 것은 이미 알려진 사실이다; 그러나 앞에서 지적했듯이, 분석은 항상 유아적 의존 시기 동안에 발생한, 거절된 성기와 최초의 리비도적 대상인 젖가슴 사이의 동일시를 드러낸다. 따라서 히스테리 개인이 특징적으로 해리시키는 것은 그의 신체 기관이나 그 기능이라는 사실을 알 수 있다. 이것이 갖는 분명한 의미는, 거절된 대상은 개인이 상당한 정도로 동일시하고 있는 내재화된 대상이라는 것이다. 다른 한편, 실제 대상에 대한 히스테리 환자의 과대 평가는 그가 수용한 대상이 외재화된 대상이라는 사실을 보여준다. 따라서 히스테리 상태는 외재화된 대상에 대한 수용과 내재화된 대상에 대한 거절—달리 말하면, 수용된 대상의 외재화와 거절된 대상의 내재화—을 나타내는 것으로 보인다.

편집증과 히스테리 상태를 비교할 경우, 우리는 이 둘이 크게
대조적이라는 사실을 발견한다. 히스테리 개인이 외부 세계의
대상을 과대 평가하는 반면, 편집증적인 개인은 그들을 박해자
로 간주한다; 그리고 히스테리 개인의 자신에 대한 태도는 자기-
비하적 형태를 띠는 반면, 편집증적인 개인의 자신에 대한 태도
는 과대주의의 형태를 띤다. 편집증 상태는 따라서 외재화된 대
상에 대한 거절과 내재화된 대상에 대한 수용—달리 말하면, 거
절된 대상의 외재화와 수용된 대상의 내재화—을 나타내는 것으
로 간주되어야 한다.

방금 우리가 대상의 수용과 거절이라는 측면에서 히스테리
기술과 편집증 기술을 해석했듯이, 이제는 공포증 기술과 강박
증 기술에 대해서도 유사한 해석을 적용할 수 있다. 공포증 상태
에 포함된 갈등은 대상에로의 도피와 대상으로부터의 도피 사이
에 있는 것으로 단순화할 수 있다. 물론 전자의 경우에 대상은
수용되는 반면, 후자의 경우에 대상은 거절된다. 그러나 그 두 가
지 경우 모두에서 대상은 외적인 것으로 취급된다. 다른 한편 강
박증 상태에서 갈등은 배설물의 축출과 보유 사이에 있는 것으
로 나타난다. 이 경우, 수용된 대상과 거절된 대상은 모두 내적인
것으로 취급된다. 공포증 상태에서는 수용된 대상과 거절된 대
상 모두가 외적인 것으로 취급되고, 강박증 상태에서는 그것들
이 내적인 것으로 취급되는 반면, 히스테리 상태와 편집증 상태
에서는 이 대상들 중 하나는 외재화된 대상으로 취급되고 다른
하나는 내재화된 대상으로 취급된다. 히스테리 상태에서 외재화
되는 것은 수용된 대상인 반면, 편집증 상태에서 외재화되는 것
은 거절된 대상이다. 이러한 네 가지 기술들의 대상관계적 특성
은 다음과 같이 요약될 수 있다.

기 술	수용된 대상	거절된 대상
강박증	내재화	내재화
편집증	내재화	외재화
히스테리	외재화	내재화
공포증	외재화	외재화

유아적 의존과 성숙한 의존 사이에 위치한 과도기의 주된 특성은 다음과 같이 요약될 수 있다. 과도기는 동일시에 기초한 대상관계가 분화된 대상과의 관계에게 차츰 자리를 양보하는 과정으로 설명되어진다. 따라서 이 시기 동안의 만족스런 발달은 대상으로부터의 성공적인 분화에 달려 있다; 이것은 대상과의 분리—바라면서도 동시에 두려운 상황—에 따른 갈등을 어떻게 처리하느냐에 달려 있다. 이 갈등은 네 가지 특징적인 기술—강박증, 편집증, 히스테리, 공포증—중 하나 또는 모두를 사용하여 처리될 수 있다; 그리고 만일 대상관계가 만족스럽지 않다면, 이런 기술들은 후기 삶에서 특정한 정신병리적 발달의 기초를 형성하기 쉽다. 이러한 다양한 기술들은 리비도적 발달 단계라는 기준에 의해 분류될 수는 없다. 이와는 반대로 그것들은 서로에 대한 대안적인 기술들로서 그리고 모두가 대상관계 발달의 동일한 단계에 속한 것으로 간주되어야 한다. 어떤 기술이 사용되는가 또는 그 기술이 어느 정도로 사용되는가의 문제는 상당 부분 유아적 의존 단계 동안에 경험한 대상관계의 성질에 달려 있다. 특히 그것은 대상이 함입된 정도에 그리고 발달하는 자아와 내재화된 대상들 사이에 확립된 관계의 형태에 달려 있다.

유아적 의존 단계와 그 정신병리

　과도기의 성질과 특징적인 방어들에 대해 비교적 상세히 논의했으므로, 이제는 유아적 의존 시기에 발생하는 정신병리적 상태들로 관심을 돌려보겠다.

　유아적 의존의 두드러진 특성은 그것이 무조건적이라는 것이다. 유아는 자신의 존재와 신체적 안전감뿐만 아니라 심리적 욕구의 만족을 전적으로 대상에게 의존한다. 물론 성숙한 개인들도 마찬가지로 자신들의 신체적 욕구와 심리적 욕구를 만족시키기 위해 서로에게 의존한다. 그러나 성숙한 개인의 의존은 심리적인 측면에서 무조건적이지 않다. 대조적으로, 아이의 의존은 무조건적인데, 그것은 무엇보다도 아이의 무력함 때문이다. 우리는 또한 성인의 경우 대상관계의 폭이 상당히 넓은 반면, 유아의 경우 그것은 하나의 대상에게 집중되는 경향이 있음을 알고 있다. 따라서 유아에게 대상을 상실하는 것은 훨씬 더 심각한 것이 된다. 성숙한 개인이 아무리 중요한 대상을 상실한다 하더라도, 그에게는 여전히 다른 대상들이 남아있다. 그의 계란들은 한 개의 바구니 안에 모두 담겨있지 않다. 게다가 그는 대상을 선택할 수 있고 다른 대상을 위해 하나를 버릴 수도 있다. 이와는 달리 유아에게는 선택의 여지가 없다. 그에게는 대상을 수용하느냐 아니면 거절하느냐 외엔 다른 대안이 없다―대안이 있다면 그것은 삶과 죽음 사이의 선택일 것이다. 그의 심리적 의존은 대상관계의 성질에 의해 더욱 강조된다; 왜냐하면 유아의 대상관계는 본질적으로 동일시에 기초해 있기 때문이다. 의존의 가장 극단적인 형태는 자궁 안에 존재하는 태아의 상태이다; 심리적인 측면에서 이런 상태는 절대적인 동일시와 분화의 부재에 의해 특징지어진다고 추론할 수 있다. 따라서 동일시는 출생 이전에 존재하는 관계가 자궁 바깥의 삶에까지 지속되는 것이라고 간주할 수 있다. 동일시가 출생 후에도 계속된다는 점에서, 개인의 대상은 그의 세계뿐만 아니라 그 자신을 구성한다; 그리고 이미 지적했듯이, 바로 이런 사실 때문에 많은 분열성 개인과 우울증 개인이 대상을 향한 강박 충동적인 태도를 갖는다고 말할 수 있다.

정상적인 발달의 특성은 대상과의 점진적인 분화를 통해서 동일시가 차츰 감소하는 모습에서 찾을 수 있다. 그러나 유아적 의존이 지속되는 동안, 동일시는 대상과의 정서적 관계의 가장 특징적인 요소로 남는다. 유아적 의존은 구강기적 의존에 해당된다—유아가 본래 구강기적이라는 의미에서가 아니라 엄마의 젖가슴이 그의 최초의 대상이라는 의미에서 유아의 의존이 구강기적 의존임을 주목해야 한다. 따라서 구강기 동안에 동일시는 대상과의 정서적 관계의 가장 중요한 특성으로 남아있다. 이 기간 동안에 정서적 관계의 주된 특징인 동일시의 경향은 인지적 영역에도 마찬가지로 영향을 미친다. 그런 이유로 구강기적으로 고착된 어떤 개인들은 다른 사람들이 어떤 질병으로 고통 당한다는 이야기를 들으면서 마치 자신들이 고통 당하고 있는 것처럼 느낀다. 다른 한편, 동일시는 동적인 측면에서 구강을 통한 함입이라는 요소를 지니고 있다. 유아적 의존 단계의 가장 특징적인 요소는 정서적 동일시와 구강적 함입이 융합된다는 점이다. 이런 특징들은 유아가 엄마의 품속에 안겨 있는 상태에서 젖가슴의 내용물을 함입하는 것에서 온 것이라고 볼 수 있다.

유아적 의존의 두드러진 특성 중 하나인 자기애 현상은 대상과의 동일시에서 온 태도이다. 실제로 일차적 자기애는 대상과의 동일시 상태로 정의할 수 있는 반면, 이차적 자기애는 내재화된 대상과의 동일시 상태로 정의할 수 있다. 자기애가 초기 구강기와 후기 구강기 모두의 일반적인 특성이기는 하지만, 후기 구강기의 자기애는 대상의 성질이 변화한다는 점에서 전자와는 다르다. 초기 구강기에서 자연적인 대상은 엄마의 젖가슴이다; 그러나 후기 구강기에서 자연적인 대상은 젖가슴을 지닌 엄마이다. 따라서 한 단계에서 다른 단계로 옮겨가는 이동은 부분 대상이 전체 대상(또는 인간)으로 대체되는 것으로 나타난다; 동시에 그것은 깨무는 경향성이 출현하는 것으로 특징지어진다. 따라서 초기 구강기에서 빨기와 관련된 리비도적 태도가 지배적인 반면, 후기 구강기에서는 그것이 깨물기와 관련된 리비도적 태도와 경쟁하는 모습을 보인다. 후기 구강기에서 깨물기의 목적은 본질적으로 파괴적인 것이며, 실제로 모든 분화된 공격성의 원형으로 간주된다. 그 결과, 후기 구강기는 고도의 정서적인 양가성에 의해 특징지어진다. 초기 구강기는 아브라함이 말하는 '전-양가적'(pre-ambivalent)으로 서술될 수 있다; 물론 이것은 (후기 구강기의 특징인 공격적인 깨물기와 상관없는) 대상에 대한 단순한 거절이나 거부를 배제하는 것은 아니다. 그런 거절은 양가 감정을 의미하지 않는다; 함입을 추구하는 초기 구강기적 충동은 본질적으로 리비도적 충동에 해당되며, 좀더 분화된 직접적인 공격성과는 다른 것으로 보인다. 이런 사실에 대한 인식은 분열성 상태에 기초한 문제를 이해하는데 매우 중요하다. 함입 충동은 먹은 것이 사라진다는 의미에서 파괴 효과를 가질 수 있다. 그럼에도 불구하고 그 충동의 목적은 파괴적이지 않다. 아이가 케이크를 '좋아한다'고 말할 때, 그 말은 케이크를 먹음으로써 그것이 사라질 것이며, 따라서 먹는다는 사실 자체가 파괴를 의미한다는 것을 암시한다. 동시에 케이크를 파괴하는 것은 아이의 '사랑'이 지닌 목적이 아니다. 아이의 관점에서 본다면, 케이크의 사라짐은 아이의 '사랑'에 따른 어쩔 수 없는 결과이다.

그가 정말로 바라는 것은 케이크를 먹는 것과 가지는 것 모두이
다. 그러나 케이크가 '나쁜' 것으로 판명되면, 그는 그것을 뱉어
내거나 아니면 병이 날 것이다. 다른 말로, 그는 그것을 거부한
다; 그러나 그것이 나쁘다고 해서 그것을 깨물려고 들지는 않는
다. 이러한 행동 유형은 특히 초기 구강기의 특성에 속한다. 그
대상이 좋은 것으로 드러난다면, 그것은 함입될 것이고, 나쁜 것
으로 드러난다면, 그것은 거부될 것이다. 동시에 박탈이 경험되
는 상황에서는, 비록 의도적이지는 않을지라도, 대상 그 자체가
그것의 내용물과 함께 함입되지는 않을까 그리고 그 결과 파괴
되지는 않을까라는 불안이 발생한다.[10] 그러나 후기 구강기에서
상황은 달라진다; 왜냐하면 그때 대상이 나쁜 것으로 드러난다
면, 그는 그 대상에 의해 깨물리게 될 것이기 때문이다. 이것은
리비도와 공격성 모두가 분화된 형태로 대상을 향한다는 것을
의미한다. 여기에서 후기 구강기의 특징인 양가감정이 출현한다.

　이러한 견해에 따르면, 초기 구강기 동안에 대상관계와 관련
해서 발생하는 정서적 갈등은 '빨 것인가 아니면 빨지 않을 것
인가,' 곧 '사랑할 것인가 아니면 사랑하지 않을 것인가' 라는
대안적인 형태를 취한다. 이것이 바로 분열성 상태의 근저에 놓
여있는 갈등이다. 다른 한편, 후기 구강기의 특징적인 갈등은
'빨 것인가 아니면 깨물 것인가,' 곧 '사랑할 것인가 아니면 증
오할 것인가' 라는 대안적인 형태를 취한다. 이것이 바로 우울적
상태의 근저에 놓여있는 갈등이다. 따라서 분열성 개인의 중심
적인 문제는 어떻게 사랑에 의해 대상을 파괴하지 않고 사랑할
수 있는가인 반면, 우울적 개인의 중심적인 문제는 어떻게 증오

---

10 관련된 상황은 (이 책에도 포함된) "성격의 분열성 요소"라는 제목의 나
　의 이전 논문에서 상세히 고찰되었다.

에 의해 대상을 파괴하지 않고 사랑할 것인가이다. 이것은 아주
다른 두 가지 문제이다.

　　물론 분열성 상태의 근저에 놓여있는 갈등은 우울적 상태의
근저에 놓여있는 것보다 훨씬 더 심각한 것이다; 분열성 반응은
우울적 반응보다 더 초기 발달 단계에 그 뿌리를 두고 있기 때
문에, 분열성 개인은 우울적 개인보다 갈등을 다루는데 더 큰 어
려움을 겪는다. 이 두 가지 요소 때문에 분열증 환자에게서 발견
되는 성격 장애는 우울증 환자에게서 발견되는 것보다 훨씬 더
심각하다. 초기 구강기의 갈등이 지닌 파괴적인 성질은, 개인이
증오에 의해 그의 대상을 파괴하는 것이 끔찍스러운 것이라면,
그가 사랑에 의해 대상을 파괴하는 것은 훨씬 더 끔찍스러운 것
이라는 사실에서 분명히 드러난다. 분열성 개인의 비극은 그의
사랑이 파괴적인 것으로 보이는데 있다; 그는 자신의 사랑이 아
주 파괴적인 것으로 느껴지기 때문에 현실 세계 안에 있는 대상
들에게 리비도를 주지 못한다. 그는 사랑을 두려워한다; 따라서
그는 자신과 대상 사이에 장벽을 세운다. 그는 대상들로부터 거
리를 두거나 멀리 떨어지는 경향을 보인다. 그는 대상들을 거부
하며 동시에 그들에게서 리비도를 철수시킨다. 그리고 이와 같
은 리비도의 철수는 모든 영역으로 그 범위가 확대되어 마침내
다른 사람들과의 정서적 신체적 접촉이 완전히 포기되는 지점에
까지 이를 수도 있다. 따라서 외부 세계와의 모든 리비도적 연결
이 포기되고, 주변 세계에 대한 모든 관심이 시들며, 모든 것이
의미 없는 것으로 느껴질 수도 있다. 리비도는 외부 대상들로부
터 철수할수록 내재화된 대상들을 향하게 된다; 그리고 그 정도
에 따라 개인은 내향적이 된다. 이처럼 안으로 향하는 과정이 분
열성 상태의 시작을 나타낸다는 사실은 '내향적 성격'이 근본적
으로 분열성 특성을 갖는다는 결론으로 인도한다. 분열성 개인

은 본질적으로 내적 실제에서 가치를 발견한다. 그런 개인에게 있어서, 내재화된 대상 세계는 언제든지 외부의 대상 세계를 침해할 수 있다; 그리고 이런 일이 발생하는 정도에 따라 그의 실제 대상들은 상실된다.

실제 대상의 상실이 분열성 상태의 유일한 외상이라면, 분열성 개인의 위치는 그렇게 위태롭지 않을 것이다. 그러나 거기에는 대상의 상실에 수반되는 자아의 변형이 있다. 내재화된 대상에 대한 과도한 리비도 집중의 결과로 자기애의 문제가 발생한다는 사실은 이미 언급한 바 있다; 그와 같은 자기애는 특히 분열성 개인의 특징에 속한다. 자기애에서 우리는 한결같이 다양한 정도의 우월한 태도를 발견한다. 분열성 개인의 이러한 우월한 태도는 내재화된 대상과의 관계에 기초해 있는 반면, 외부 현실 세계 안의 대상에 대한 분열성 개인의 기본적인 태도는 본질적으로 열등한 것이다. 외부 대상에 대한 열등성은 내재화된 대상과의 피상적인 동일시에 기초한 우월성의 겉모습으로 위장된다. 그러나 그러한 위장에도 불구하고 열등성은 여전히 존재한다; 그것은 자아의 허약함을 나타내는 증거이다. 분열성 개인으로 하여금 자아의 통합을 방해하는 주된 요소는 대상에게 리비도를 주지 못하는 딜레마이다. 대상에게 리비도를 주지 못하는 문제는 대상을 상실하는 것과 동일한 효과를 발생시킨다. 분열성 개인의 관점에서 볼 때, 리비도 그 자체는 파괴적인 것으로 여겨지며, 그 리비도가 대상에게로 향할 때 그 대상은 상실된 것으로 간주된다. 따라서 그 딜레마가 심각해질 때, 그것은 자아를 전적으로 무기력한 상태에 빠뜨리는 결과를 가져온다. 그때 자아는 전혀 자체를 표현할 수 없게 된다; 따라서 자아의 존재 자체가 영향을 받는다. 이것은 나의 환자가 한 말에서 잘 드러난다: '나는 아무 말도 할 수 없어요. 할 말이 없다구요. 나는 텅 비어 있어요. 나라는 건 존재하지 않아요 … 나는 아무 데도 쓸모 없는 존재 같아요; 나는 해놓은 게 아무 것도 없어요. 나는 차갑고 마음은 굳어졌어요; 나는 아무 것도 느끼지 않아요 … 나는 나 자신을 표현할 수 없어요; 내게는 모든 것이 허망하다고 느껴져요.' 이러한 말들은 자아가 철저하게 무기력한 상태에 도달할 수 있음을 보여줄 뿐만 아니라 자아의 존재 자체가 분열성 딜레마에 의해 왜곡될 수 있음을 보여준다. 나의 환자에게서 인용한 말들은 분열성 상태가 지닌 특징적인 정서를 나타내 보여준다는 점에서 특별한 중요성을 갖는다; 분열성 상태의 특징적인 정서는 허망감이라는 사실이 분명하다.

다양한 분열성 현상 중에서 특별히 언급할만한 것들은 낭비되었다는 느낌, 비현실감, 다른 사람들이 자신을 보고 있는 것 같은 느낌과 그것에 대한 강렬한 자의식 등이다. 종합해보건대, 이런 다양한 현상들은 분명히 자아의 분열이 실제로 발생했음을 나타낸다. 이 자아의 분열은 이미 주목된 바 있는 자아의 무력함과 고갈보다 더 근본적인 것으로 간주되어야 한다. 그리고 외적 대상으로부터의 리비도 철수는 분열 과정의 시작뿐만 아니라 분열 과정의 실질적인 정도를 강화시키는 결과를 가져오는 것으로 보인다. 이런 사실은 특히 자아 통합의 정도가 대상관계의 질에 달려 있음을 말해주는 중요한 증거로 보여진다.

심각한 분열성 개인이 대상관계로부터 리비도를 철수시킬 때, 리비도는 의식(말하자면 대상과 가장 가까운 정신의 부분)의 영역에서 무의식의 영역으로 철수될 수 있다. 이런 일이 일어날 때, 그 효과는 마치 자아 자체가 무의식으로 철수하는 것과 같다; 즉, 자아의 의식적인 부분에서 리비도가 철수되고 리비도는 자아의 무의식적 부분에서만 작용하는 것처럼 보인다. 극단적인 경우에, 리비도는 마치 조발성 치매의 마지막 단계에 대한 크래

펠린(Kraepelin)의 설명에서처럼 사진만 표면에 남겨놓은 채 자아의 무의식적인 부분에서마저도 철수하는 것으로 보인다. 그와 같은 심각한 리비도 철수를 억압의 결과로 보는 것이 적절한가의 문제는 논쟁의 여지가 있다. 어쨌든 나는 이러한 심각한 리비도의 철수는 단순한 억압의 결과와는 다른 것이라고 확신하게 되었다. 그러나 자아의 의식적인 부분에서 발생하는 리비도의 철수는 정서적 긴장을 덜어주고, 폭력적인 행동으로 폭발할 수 있는 위험을 완화시키는 효과를 가지고 있음은 의심의 여지가 없다; 방금 언급한 환자의 경우, 리비도의 철수는 폭력적인 폭발 직후에 발생했다. 많은 분열성 개인의 불안은 실제로 그런 폭발이 일어날지도 모른다는 두려움을 나타낸다는 것 또한 의심의 여지가 없다. 이런 공포는 일반적으로 미치는 것 또는 임박한 재앙에 대한 공포로 나타난다. 따라서 심각한 리비도의 철수는 자아로 하여금 개인의 정서적 접촉을 추구하는 기본적인 리비도의 경향성을 억압함으로써 외적 대상과의 모든 정서적 관계를 회피하게 하는 결과를 가져온다. 물론 분열성 개인의 경우, 이런 경향성은 본질적으로 구강적이다. 이런 노력이 성공할 때 개인은 자신이 아무 것도 갖고 있지 않거나 또는 자신의 정체성을 잃어버리거나 또는 죽었거나 아니면 존재하기를 중단한 것처럼 느낀다고 말하게 된다. 리비도를 포기함으로써 자아는 그 자체를 유지시켜주는 에너지를 포기한다. 따라서 자아는 상실된다. 자아 상실은 분열성 개인이 리비도를 통제하는데 사용할 수 있는 모든 기술들 (과도기적 기술들을 포함한)을 동원해서 피해보려는 노력이 모두 실패할 때 도달하는 궁극적인 정신병리적 재앙이다. 따라서 분열성 상태는 본질적으로 방어가 아니다. 그것은 초기 구강기의 의존을 벗어나지 못한 개인에게 일어날 수 있는 재앙이다.

초기 구강기에서 개인이 직면하는 중심적인 문제가 어떻게 사랑으로 파괴하지 아니한 채 대상을 사랑할 것인가라면, 후기 구강기에서 개인이 직면하는 중심적인 문제는 어떻게 증오로 파괴하지 아니한 채 대상을 사랑할 것인가이다. 그러므로 우울적 반응이 후기 구강기에 근원을 두고 있다는 점에서 우울적 개인의 중심적인 문제는 사랑의 처리보다는 증오의 처리와 더 많이 관련되어 있다. 이런 어려움이 아무리 만만치 않을지라도, 어쨌든 우울적 개인은 자신의 사랑이 나쁘다고는 경험하지 않는다. 아무튼 그의 사랑이 좋은 것으로 여겨지기 때문에 그는 분열성 개인이 불가능하다고 느끼는 외부 대상과 리비도적 관계를 맺을 수 있다. 그런 관계를 유지할 때 그가 겪는 어려움은 그의 양가 감정에서 온 것이다. 바꿔 말하면, 이 양가감정은 후기 구강기에 대상에 대한 단순한 거절을 직접적인 공격성(깨물기)으로 대체하는 과제를 비교적 성공적으로 수행해낸 결과이다. 그러나 그것은 또한 그의 공격성이 분화되는 과정에서 좀더 진전된 발달을 성취하는데 어느 정도 실패했음을 말해준다. 이 진전된 단계를 성취할 경우, 그는 뚜렷이 거절된 대상을 향해 발산하는 것을 통해서 증오를 처리할 수 있었을 것이다; 그리고 그는 상대적으로 그의 수용된 대상에게 증오가 수반되지 않은 사랑을 보내는데 자유로웠을 것이다. 그와 같은 단계에 도달하는데 실패함으로써, 우울적 개인은 후기 구강기 동안에 특징적이었던 대상에 대한 태도, 즉 함입된 대상에 대한 양가적 태도를 갖게 된다. 이와 같은 내적 상황이 외부 적응에 미치는 부정적인 영향은 분열성 개인의 내적 상황이 가져오는 부정적인 영향보다 덜 심각한 것이다; 왜냐하면 우울증 개인의 경우 외부로 향하는 리비도의 흐름을 가로막는 엄청난 장애물은 존재하지 않기 때문이다. 그 결과, 우울한 개인은 타자들과 리비도적 접촉을 쉽게 형성할 수 있다; 그리고 그의 리비도적 접촉이 만족스럽다면, 그의 삶은 비교적 순조롭게 진행될 것이다. 그러나 그의 내적 상황은 여전히 그대로 존재하고 있다; 그리고 만일 그의 리비도적 관계가 방해받는다면, 그것은 쉽게 다시 활성화될 것이다. 어떤 장애도 그의 양가적 태도에 포함된 증오를 즉각적으로 작동시킨다; 그리고 그의 증오가 내재화된 대상을 향할 때, 우울증 반응이 두드러지게 나타난다. 물론 어떤 대상관계의 좌절도, 부분적이건 전체적이건 간에, 대상의 상실과 동일한 기능을 갖는다; 그리고 심각한 우울증은 실제적인 대상 상실(사랑하는 이의 죽음 등)에 따른 아주 일반적인 결과라는 점에서, 대상 상실은 우울적 상태를 불러일으키는 핵심적인 외상으로 간주되어야 한다.

언뜻 보기에, 위의 논의에서는 우울적 반응이 일반적으로 신체적 손상이나 질병에 이어 발생한다는 사실이 간과된 것처럼 보일 것이다. 신체적 손상이나 질병은 분명히 상실을 나타낸다. 그러나 실제로 잃어버린 것은 대상이 아니라 개인 자신의 일부일 뿐이다. 그런 상실, 예컨대 눈이나 팔다리의 상실이 상징적 거세를 나타낸다고 말하는 것은 별 도움이 되지 못한다; 왜냐하면 대상 상실에 의해서 촉발되는 특징적인 반응이 어째서 신체 일부의 상실에 의해서도 촉발되는지는 여전히 설명되지 않은 채로 남아있기 때문이다. 이 문제에 대한 진정한 설명은 우울적 개인이 여전히 상당한 정도로 대상과의 유아적 동일시 상태에 남아있다는 사실에서 찾을 수 있다. 그런 이유로 그 개인에게 신체적 상실은 대상의 상실과 같은 기능을 갖게 된다; 그리고 이런 동등시 현상은 내재화된 대상의 존재로 인해 강화된다. 내재화된 대상은 개인의 신체에 스며들어 있으며 그것에게 자기애적 가치를 부여해준다.

퇴행성 멜랑콜리아(involutional melancholia) 현상도 여전히 설

명되지 않은 채 남아있다. 물론 이런 상황이 '반응성 우울증'과
는 전혀 다른 원인에 의한 것으로 간주하는 사람들이 많이 있
다. 그럼에도 불구하고 이 두 가지 상황은 임상적 관점에서 볼
때 많은 다양한 현상들을 설명할 수 있는 기본적인 틀을 제공해
준다. 그리고 실제로 이 두 가지 상황과 관련된 수많은 현상들을
같은 원리를 사용하여 설명하는 것은 그리 어렵지 않다. 퇴행성
멜랑콜리아는 분명히 갱년기와 밀접히 연관되어 있다; 그리고
갱년기는 그 자체로서 리비도적 충동의 감소에 대한 뚜렷한 증
거로 보인다. 그러나 공격성도 마찬가지로 감소한다고는 말할
수 없다. 따라서 리비도적 충동과 공격적 충동 사이의 균형이 방
해받는다; 뿐만 아니라 양가적인 개인이 갖고 있는 증오가 대상
의 상실에 의해 활성화될 때 그 균형은 마찬가지로 방해받는다.
따라서 우울증 유형의 개인에게 있어서 갱년기는 실제 대상을
상실하는 것과 같은 효과를 갖는다; 그 결과는 우울 반응이다. 퇴
행성 멜랑콜리아의 경우에 반응성 우울증 경우보다 회복의 가능
성이 좋지 않은 것은 어렵지 않게 설명될 수 있다; 왜냐하면 후
자의 경우에 균형의 회복을 위해 리비도가 여전히 사용 가능한
반면에, 전자의 경우에는 그렇지 못하기 때문이다. 그러므로 퇴
행성 멜랑콜리아는 우울 상태의 일반적인 형태를 따르는 것으로
보인다; 그리고 그것은 우리가 이미 도달한 결론, 즉 대상 상실은
우울 상태의 근저에 놓여있는 기본적 외상이라는 생각을 수정하
도록 강요하지 않는다. 분열성 상태가 그러하듯이, 이 상태 또한
방어가 아니다. 정 반대로 그것은 개인이 방어 기술들(과도기적
기술들을 포함해서)을 사용해서 자신을 방어하지 않으면 안 되
는 상태이다. 그것은 후기 구강기의 유아적 의존에서 벗어나지
못한 개인에게 일어날 수 있는 주된 재앙을 나타낸다.
　　제안된 견해에 따라, 우리는 두 가지 기본적인 정신병리적 상

황과 직면하게 된다. 그것들은 각각 개인이 유아적 의존 시기 동
안에 만족스런 대상관계를 형성하지 못한 실패에서 유래한 것이
다. 이런 상황들 중 첫 번째 것, 즉 분열성 상태는 초기 구강기
동안의 불만족스러운 대상관계와 관련되어 있다; 그리고 두 번
째 것, 즉 우울적 상태는 후기 구강기 동안의 불만족스러운 대상
관계와 관련되어 있다. 분열성 개인과 우울적 개인의 분석에서
분명히 드러나듯이, 초기 구강기와 후기 구강기 단계 동안의 불
만족스러운 대상관계가 이후에 이어지는 초기 아동기 동안의 불
만족스런 대상관계와 만나게 되면서, 그것들 각각의 특징적인
정신병리를 발생시킨다. 따라서 분열성 상태와 우울적 상태는
초기 아동기 동안에 구강기에 발생했던 상황을 퇴행적으로 재활
성화한 것으로 간주되어야 한다. 어떤 경우에도 외상적 상황은
아이가 인간으로서 사랑 받지 못하며 자신의 사랑이 수용되지
않는다고 느끼는 상황이다. 만일 초기 구강기에 유아의 대상관
계가 아주 불만족스럽다면, 이런 외상으로 인해 아이는 자신의
사랑이 나쁘고 파괴적이라서 자신이 사랑 받지 못한다는 생각을
갖게 된다; 그리고 이런 반응은 이후에 분열성 경향을 발달시키
기 위한 토대를 제공한다. 다른 한편, 후기 구강기에 유아의 대상
관계가 특히 불만족스럽다면, 아이는 자신의 증오가 지닌 나쁨
과 파괴성 때문에 자신이 사랑 받지 못한다는 생각을 갖게 된
다; 그리고 이런 반응은 이후에 우울적 경향을 발달시키기 위한
토대를 제공한다. 분열성 또는 우울적 경향이 실제적으로 분열
성 상태나 우울적 상태를 일으킬 것인가의 문제는 물론 부분적
으로 개인의 후기 삶에서 만나게 되는 상황에 달려있다; 그러나
가장 중요한 결정 요인은 구강기 동안에 대상들이 어느 정도로
함입되었는가이다. 과도기의 특징인 다양한 방어적 기술들(즉 강
박증적, 편집증적, 히스테리적 그리고 공포증적 기술들)은 모두

함입된 대상들의 작용에 따른 대상관계의 어려움과 갈등을 다루려는 시도를 나타낸다. 이런 방어적 기술은 근저의 분열성 경향 또는 우울적 경향을 통제함으로써 분열성 상태나 우울적 상태의 출현을 막으려는 방법으로 보여진다. 분열성 경향이 있을 경우, 과도기적인 방어 기술들은 자아의 상실로 이끄는 궁극적인 정신병리적 재앙을 피하기 위해 고안된 방법을 나타내며; 우울적 경향이 있을 경우, 과도기적 방어 기술들은 대상의 상실로 이끄는 궁극적인 정신병리적 재앙을 피하기 위한 고안된 방법을 나타낸다.

물론, 이 세상에 태어난 어떤 개인도 유아적 의존 시기와 그 이후에 이어지는 과도기 동안에 완벽한 대상관계를 경험할 수는 없다. 따라서 그 누구도 유아적 의존 상태 또는 구강적 고착으로부터 완전히 자유로울 수는 없다; 그리고 초기 대상들을 함입하지 않은 사람도 없다. 결론적으로, 모든 개인들은 초기 구강기에 대상관계적 어려움을 겪었는가 아니면 후기 구강기에 겪었는가에 따라 분열성 경향이나 우울적 경향 중 하나를 갖고 있다고 추론할 수 있다. 그러므로 나는 모든 개인은 두 가지 기본적인 심리적 유형, 즉 분열성과 우울증 중 하나에 속해 있다고 생각한다. 물론 우리는 이 두 유형들이 현상학적인 의미보다 더 많은 의미를 가지고 있다고 볼 필요는 없다. 그럼에도 불구하고, 이 두 유형들을 결정하는 요인들 중에는 유전적 요소—즉 빨기와 깨물기의 타고난 힘의 차이—가 포함되어 있다는 사실을 간과할 수는 없다.

여기서 우리는 심리 유형에 대한 융의 이원론적 이론을 생각하게 된다. 물론 융에 따르면, '내향성'과 '외향성'은 근본적인 유형을 나타내는 타고난 요소로서, 정신병리적 요소와는 직접적인 관련이 없다. 기본 유형에 대한 나의 생각은 내가 그것을 각각 '분열성'과 '우울적'으로 서술하고 있을 뿐만 아니라, 그 안에 정신병리적 요소가 포함되어 있다고 본다는 점에서 융의 생각과 다르다. 융의 생각보다는 나의 생각에 훨씬 더 일치하는 이 원론적인 심리적 유형의 개념이 있는데, 그것은「체질과 성격」그리고「천재 남자들의 심리학」이라는 제목의 두 책에서 설명된 크레취머(Kretschmer)의 개념이다. 그 개념에 따르면, 두 가지 기본적인 심리 유형은 '분열 유형'(schizothymic)과 '순환 유형'(cyclothymic)이다. 이 용어들이 의미하듯이, 분열 유형 개인은 정신분열증의 경향이 있는 것으로 간주되고, 순환 유형 개인은 조-울증적 정신병의 경향이 있는 것으로 간주된다. 따라서 크레취머의 결론과 나의 발견들 사이에는 뚜렷한 일치가 있다. 이 두 견해들 사이의 유일한 불일치는 크레취머가 유형들 사이의 차이는 본질적으로 기질적 요소에 기초해 있는 것으로 간주하면서 정신병리적 성향을 이런 기질적 차이의 탓으로 돌리는 반면에, 나는 기질적 차이 외에도 유아적 의존기 동안에 후천적으로 발생하는 정신병리적 요소들이 중요한 역할을 하는 것으로 보는데 있다. 그러나 분열성 상태와 우울적 상태는 두 가지 근본적인 정신병리적 상태를 나타내며, 그것과 관련해서 다른 정신병리적 발달은 이차적인 것이라는 나의 결론과 크레취머의 견해 사이에는 충분한 일치가 존재한다. 크레취머의 견해는 또한 정신병리적 성향과 관련해서 개인들은 분열성과 우울적 경향 사이의 타고난 힘이라는 관점에서 분류될 수 있다는 결론을 지지해준다.

  기본적 유형에 관한 이론은 언제나 불가피하게 '혼합된 유형들'의 문제와 만나게 된다. 크레취머는 혼합된 유형들의 존재를 인정한다; 그는 하나의 유형은 일반적으로 균형을 이루고 있는 두 가지 상반되는 생물학적 요소(그리고 아마도 호르몬 작용)에 의해 결정된다고 설명한다. 여기서 제시되는 견해에 따르면, 혼합된 유형들은 발달 단계의 고착에 따른 힘에 의해서뿐만 아니라 상반된 요소의 균형에 의해서 결정된다. 대상관계의 어려움이 현저히 초기 구강기에 발생한다면 분열성 경향이 형성되고, 그 어려움이 현저히 후기 구강기에 발생한다면, 우울적 경향이 형성된다. 그러나 그런 어려움이 두 단계 모두에서 고르게 발생할 경우, 거기에는 초기 구강기 고착에 덧씌워진 후기 구강기의 고착이 존재할 것이다. 그리고 보다 깊은 분열성 경향 위에 우울적 경향이 덧씌워지게 될 것이다. 이런 현상이 누구에게나 일어날 수 있다는 사실은 심지어 매우 '정상적인' 사람마저도 가장 깊은 수준에서는 분열성 성향을 가지고 있음을 말해준다. 또한 가장 '정상적인' 사람조차도 어떤 상황에서 우울해지는 것과 마찬가지로, 분열성 개인들은 우울증으로부터 전적으로 자유롭지 못하다; 그리고 우울한 개인들은 때때로 분열성 특성들을 보여주는 것으로 드러난다. 어떤 특정 상황에서 우울적 상태와 분열성 상태 중에 어떤 것이 나타날 것인가의 문제는 부분적으로 환경이 실제 대상 상실의 형태를 취하는지 아니면 다른 형태를 취하는지에 달려있다; 초기 구강기 고착과 후기 구강기 고착 사이의 균형이 결정적인 요소이다. 그럼에도 불구하고 가장 중요한 요소는 언제나 퇴행이 어느 정도로 발생하느냐의 문제이다; 그리고 이것은 일차적으로 고착이 얼마나 강력하게 형성되어 있는가에 의해 결정된다. 결국 퇴행의 정도는 개인의 주된 문제가 자신의 사랑과 관련된 것인가 아니면 증오와 관련된 것인가에 달려 있다; 그리고 사랑과 증오 모두와 관련해서 똑같이 어려움을 겪는 개인들 또한 존재한다.

제 3 장

억압과 나쁜 대상의 재출현
— '전쟁 신경증' 과 관련해서 —[1]
(1943)

1. 대상관계의 중요성

프로이트는 정신분석적 사고의 초기 단계에서 주로 충동의 성질과 운명—리비도 이론—에 대해 관심을 가졌다. 따라서 정신병리는 본질적으로 충동 심리학에 근거하게 되었다; 그리고 프로이트의 리비도 이론은, 비록 아브라함에 의해 수정되었음에도 불구하고, 정신분석적 사고 체계의 초석으로 남아있다. 그러나 모든 정신병리의 문제들을 충동 심리학으로 해결할 수 있다

---

1 본래 영국 의료 심리학 저널 65권, 3부와 4부에 게재되었으며, 본 논문은
  약간의 수정을 거쳤음.

는 생각은 처음부터 프로이트의 의도와는 거리가 먼 것이었다; 그의 사고의 후기 단계—「자아와 원본능」의 출판 이후—에 그의 관심은 주로 자아의 성장과 변천에 모아졌다. 자아 심리학은 기존의 충동 심리학 위에 덧씌워졌으며, 따라서 자아 심리학이 많은 발달을 이룩했음에도 불구하고, 근저의 리비도 이론은 상대적으로 문제시되지 않은 채로 남게 되었다. 이것이 바로 내가 최근에 가장 유감스러운 것으로 여기게 된 상황이다. 나는 이 글에서 내가 왜 이러한 결론에 도달하게 되었는지 그 이유를 설명하려고 하지 않을 것이다; 다만 이런 생각에 도달한 것이 이론적 고찰에 의해서뿐만 아니라 임상적인 고찰에 의해서 영향을 받았다고 말하는 것으로 충분하다. 나의 관점은 한마디로 다음과 같이 진술될 수 있다: 지금까지 정신병리에 관한 연구는 먼저 충동에 그리고 나중에 자아에 초점을 맞추었지만, 이제는 충동이 지향하는 대상에 초점을 맞추어야 할 때가 왔다. 보다 정확하게 표현하자면, 이제는 대상관계 심리학의 때가 왔다는 것이다. 이러한 사고의 발달을 위한 토대는 이미 멜라니 클라인의 작업에 의해 마련되었다; 대상관계 이론의 연구가 정신병리를 위한 어떤 중요한 결과를 산출할 수 있기 위해서는 내재화된 대상의 개념을 받아들여야만 한다. 나의 관점에서 볼 때, 심리학은 결국 개인이 대상과 갖는 관계에 대한 연구이며, 마찬가지로 정신병리학은 보다 구체적으로 자아가 내재화된 대상과 갖는 관계에 대한 연구이다. 이런 관점은 '정신병과 정신신경증에 대한 새로운 정신병리학'이라는 제목의 논문에서 최초로 표현되었다.

위에서 언급된 논문에서 도달한 결론들 중에서 가장 중요한 두 가지는 다음과 같다: (1) 리비도의 '목표'는 대상관계와 비교할 때 이차적인 중요성을 갖는다. 그리고 (2) 리비도가 추구하는 궁극적인 목표는 충동의 만족이 아니라 대상과의 관계이다. 이

결론들은 고전적인 리비도 이론의 전적인 개정을 요구한다; 나
는 이 논문에서 이 작업을 수행하고자 한다. 나의 과제는 리비도
가 본질적으로 대상을 지향한다는 사실이 억압에 대한 고전적
이론에 대해 어떤 함축을 갖는지를 살펴보는 것이다. 이 과제의
중요성은 아무리 강조해도 충분치 않을 만큼 크다; 왜냐하면 프
로이트가 1914년에 말했듯이, '억압의 이론은 정신분석의 전체
구조를 떠받쳐주는 초석'[2]이기 때문이다.

2. 억압된 내용의 성질

프로이트는 그의 사고 초기에 충동의 성질과 운명에 관한 문
제에 주로 주의를 기울이면서 본질적으로 억압에 대해 관심을
가졌다. 다른 한편 그가 자아와 원본능에서 자아의 성질과 성숙
에 대한 문제로 주의를 돌렸을 때, 그의 관심은 억압에서 억압의
행위자(agency)에게로 옮겨졌다. 그러나 만일 리비도가 (그리고
사실상 일반적으로 '충동'이) 본질적으로 대상을 지향하는 것이
사실이라면, 우리는 억압된 것의 성질에 대해 다시 한번 주의를
기울여 볼만하다; 만약 1923년에 프로이트가 수행했던 '병리에
관한 연구가 너무나 억압에만 관심을 집중시켰다'[3]는 주장이 정
당한 것으로 인정된다면, 그 이후에 우리의 관심이 너무나 자아
의 억압하는 기능에 집중되었다고 말하는 것도 똑같이 정당한

---

2 논문집(1924) 1권 297쪽.
3. 「자아와 원본능」 (1927), 19쪽.

것으로 인정된다.

「자아와 원본능」에서 자아의 억압적 기능에 대해 논의하면서, 프로이트는 다음과 같이 진술했다: '우리는 기본적으로 자아가 초자아의 명령에 따라 억압을 수행하는 것으로 알고 있다.'[4] 만일 대상관계가 내가 생각하는 것만큼 중요한 것이라면, 이 진술은 특별한 중요성을 갖는다; 왜냐하면, 프로이트가 말한 대로, 만일 초자아가 '원본능이 최초의 대상-선택을 위해 사용하고 남은 잔여물을 나타낸다면, 심리내적 구조는 본질적으로 자아가 관계하는 내재화된 대상으로 간주되어야 하기 때문이다. 이것은 프로이트가 바르게 지적한 대로 동일시 과정에 기초해 있다. 자아의 초자아와의 동일시는 물론 결코 완전하게 이루어지는 것이 아니다; 그러나 억압이란, 그것이 존재하는 한, 자아가 좋은 것으로 받아들인 내재화된 대상과 갖는 관계의 기능으로 간주되어야 한다. 이 지점에서 내가 앞에서 인용한 프로이트의 말은 나의 논지를 입증하기 위해 고의적으로 문장의 전체 맥락에서 떼어낸 문구였음을 고백해야 할 것 같다. 문맥에서 떼어낸 인용문은 얼마든지 잘못 읽혀질 수 있다; 이런 나의 행동은 그 목적을 달성했으므로 이제는 내가 인용했던 문구를 수정해야겠다. 본래의 전체 문장은 다음과 같다: 초자아는 원본능이 최초로 대상을 선택한 후에 남은 잔여물에 **지나지 않으며**; 그것은 또한 **그런 선택에 대한 강력한 반동 형성**을 나타낸다(강조체는 저자가 표시한 것임). 전체 인용문을 살펴본다면, 자아가 내재화된 대상과 갖는 관계가 자아와 초자아 사이의 관계라는 측면에서 충분히 서술될 수 있는 것인지 의심스러워진다. 동일시가 강해서 자아가 초자아의 호소에 굴복하건, 아니면 동일시가 약해서 초자아의 호소가 자

---

4. 같은 책, 75쪽

아에 의해 거부되건 간에, 초자아는 자아에게 '좋은' 대상으로 남아있다는 사실을 관찰할 수 있다. 그렇다면, 자아가 다양한 정도로 동일시한 나쁜 내재화된 대상 또한 존재하지 않겠는가? 라고 물을 수 있다. 정신 안에서 그러한 '나쁜' 대상들이 발견된다는 사실은 멜라니 클라인의 작업에서 확인된 바 있다. 따라서 대상관계에 기초한 심리학의 관점에서 볼 때, 만약 억압의 행위자에 대한 실마리가 자아가 내재화된 좋은 대상과의 관계에 놓여있다면, 억압된 것의 성질에 대한 실마리는 자아가 내재화된 '나쁜' 대상들과 갖는 관계에 놓여있다고 추론할 수 있다.

　프로이트는 억압 개념에 대한 자신의 본래 이론에서 억압된 것들은 용납될 수 없는 기억들로 이루어져 있으며, 그것들이 야기하는 불쾌감을 방어하기 위해서 자아는 억압을 사용한다고 서술했다. 이런 방어를 필요로 하는 핵심 기억들은 사실상 리비도적인 것으로 간주되었다; 그리고 본질적으로 유쾌한 리비도적 기억들이 왜 고통스럽게 되었는지에 대해 그는 억압된 기억들이 죄스럽게 느껴지기 때문이라고 생각했다. 그리고 리비도적 기억들이 죄스럽게 느껴지는 이유를 설명하기 위해 그는 다시금 오이디푸스 상황의 개념에 의지했다. 그후 초자아 개념을 형성했을 때, 그는 초자아를 오이디푸스 상황을 억압하는 수단으로 서술했으며, 초자아의 발생 기원을 자아가 근친상간적 충동에 대해서 내적 방어를 형성해야 하는 상황에서 찾았다. 이러한 사실들을 고려할 때, 억압된 것의 본성에 대한 프로이트의 초기 생각이 더 옳은 것이 아니었을까? 그리고 충동의 억압이 기억의 억압보다 더 이차적인 것이 아니라 더 근원적인 것이 아닐까? 라는 질문이 제기된다. 이제 나는 일차적으로 억압된 것은 용납될 수 없는 죄책감이나 불쾌한 기억들이 아니라, 용납될 수 없을 정도로 나쁘게 내재화된 대상들이라고 주장하고자 한다. 따라서 기억이 억압된다면, 이것은 그 기억과 관련된 대상들이 내재화된 나쁜 대상들과 동일시되어 있기 때문이다; 그리고 충동이 억압된다면, 이것은 그런 충동이나 관련된 대상들이 자아의 기준에서 볼 때 나쁜 대상들이기 때문이다. 실제로, 충동의 억압에 관한 견해는 다음과 같이 요약할 수 있다. 충동이 나쁜 대상들을 향해 있다면, 그것은 나쁜 것이 된다. 만일 그런 나쁜 대상들이 내재화된다면, 그때 그것들을 향했던 충동 또한 내재화된다; 따라서 내재화된 나쁜 대상들의 억압은 부수적인 현상으로서 충동의 억압을 수반한다. 그러나 일차적으로 억압된 것은 내재화된 나쁜 대상들이라는 사실이 강조되어야 한다.

3. 억압된 대상들

일단 억압이 일차적으로 나쁜 대상들을 겨냥한다는 사실을 인식하게 되면, 이 사실은 아주 빈번하게 놓친 그리고 종종 발견하기가 매우 어려운 현상들 중 하나를 추정할 수 있게 한다. 한때 나는 문제 아동들에 관해 연구한 적이 있다; 그때 성적 폭행의 희생자가 되었던 아이들은 자신들이 겪은 외상적 경험에 대해 어떤 설명도 하기 싫어한다는 인상을 받았다. 나를 가장 당황하게 했던 점은 희생자가 순진하면 할수록 그런 경험을 회상하는데 더 심하게 저항했다는 사실이다. 나는 성적 공격을 저지른 개인을 조사할 때, 그런 비슷한 어려움을 경험한 적이 결코 없다. 당시에 나는 이런 현상을, 성폭행의 희생자는 (외상적 기억을 되살리는 것에 저항함으로써 자아에 의해 포기되고 억압된) 예상 밖의 리비도적 만족에 대해 죄책감을 느끼는 반면, 성적 공격을 수행한 가해자는 전혀 죄책감도 없으며, 따라서 아무런 억압도 발생하지 않는다는 가정 위에서만 설명할 수 있다고 생각했다. 나는 이런 설명에 대해 늘 의심스러웠지만, 당시에는 다른 대안이 없었다. 그러나 나의 현재의 관점에서 볼 때, 그러한 설명은 분명히 부적절한 것이다. 성폭행의 피해자가 외상적 기억을 되살리는 것에 저항하는 일차적인 이유는 이 기억이 나쁜 대상과의 관계에 대한 기록이기 때문이라는 것이 나의 견해이다. 피학적인 사람이 아니라면, 폭행 당한 경험이 커다란 만족을 줄 수 있다는 주장은 이해하기 어렵다. 평범한 개인의 경우, 그런 경험은 죄책감의 경험이 아니라 단순히 '나쁜' 것일 뿐이다. 그런 경험은 억압된 충동을 만족시키는 것이 아니라, 아이가 집안에 낯선 사람이 들어올 때 종종 공포 반응을 보이는 것과 같은 이유로 용납될 수 없는 것이다. 나쁜 대상이 항상 용납될 수 없으며, 나쁜 대상과의 관계는 결코 평안하게 바라볼 수 없는 것이라는 점에서, 그런 경험은 용납될 수 없다.

나쁜 대상과의 관계는 아이에게는 용납될 수 없는 것일 뿐만 아니라 수치스러운 것으로 느껴진다는 사실은 흥미롭다. 따라서 아이가 그의 부모를 수치스러워 한다면(사례에서 빈번하게 발견하듯이), 그의 부모는 그에게 나쁜 대상이며, 성폭행의 희생자가 폭행 당한 것에 대해 수치스럽게 느낀다는 사실도 같은 원리에 따라 설명할 수 있다. 나쁜 대상과의 관계가 수치스럽다는 것은 초기 아동기에 모든 대상관계들이 동일시에 기초해 있다는 가정에 입각해서만 만족스럽게 설명될 수 있다.[5] 만약 아이의 대상이

5. 프로이트는 모든 대상관계들은 본래 동일시에 기초해 있다는 사실을 알고 있었다: '개인 존재의 원초적인 시기인 구강기에 대상에 대한 리비도 집중

그에게 나쁜 것으로 여겨진다면, 그는 자신을 나쁘다고 느낄 것
이다; 아이가 자신을 나쁘다고 느낀다면, 그것은 그가 나쁜 대상
을 가지고 있다는 것을 의미한다. 그가 나쁘게 행동하는 것에도
동일한 생각이 적용된다; 그리고 문제 아동의 배후에 항상 나쁜
부모가 있다는 (어쨌든 아이의 관점에서) 사실도 이러한 견해를
뒷받침한다. 이 지점에서 우리는 거의 알려져 있지 않은 또 하나
의 명백한 현상과 부딪치게 된다. 한때 나는 나쁜 가정—예컨대
알코올 중독, 부부싸움 그리고 신체적 폭력 등—의 문제 아동들
을 연구한 적이 있다. 그때 나는 가장 드문 경우(자아가 전적으
로 혼란 상태에 있거나 쇠약한)에서만 아이가 자신의 부모를 나
쁜 대상이라고 마지못해 인정하는 모습을 보았다. 따라서 이런
경우에 그 아이의 나쁜 대상들은 내재화되고 억압된 것이 명백
하다. 문제 아동에게 적용되는 이런 사실은 문제 어른에게도 그
리고 문제 어른뿐 아니라 정신신경증 환자와 정신병 환자에게도
마찬가지로 적용되는 것으로 보인다. 그것은 또한 '정상적인' 사
람에게도 적용된다. 누구라도 내재화되고 억압된 나쁜 대상이
없는 상태로 유년기를 보내는 것은 불가능하기 때문이다.[6] 따라
서 내재화된 나쁜 대상들은 보다 깊은 수준에서 우리 모두의 마
음속에 존재하고 있다. 어떤 개인이 비행을 저지르게 되는지, 신

과 동일시는 구별이 거의 어렵다' (자아와 원본능(1927), 35쪽). 이 주제는
'정신병과 정신신경증에 대한 새로운 정신병리학'이라는 나의 논문에서
자세하게 다루어졌으며, 사실 정신병리에 대한 나의 견해의 기초를 이루고
있다.

6. 이것은 초기 유년기에 경험한 사건들을 대부분 기억하지 못하는 고전적인
현상에 대한 실제적인 이유로 보이는데, 자아의 해체를 겪고 있는 개인(예
를 들어, 이 장에서 인용된 사례가 보여주듯이, 초기 유년기의 외상적 사건
들을 기억하는데 아주 탁월한 능력을 종종 보여주는 초기 정신분열증 환
자)은 그러한 초기 유년기 사건을 기억하지 못하는 것으로 드러난다.

경증적이 되는지, 정신병적이 되는지, '정상적'이 되는지는 주로
아래의 세 가지 요인에 달려있는 것으로 보인다: (1) 얼마나 많은
나쁜 대상이 그리고 얼마나 심하게 나쁜 대상이 무의식에 쌓여
있는가? (2) 자아가 내재화된 나쁜 대상들과 얼마나 동일시되어
있는가? 그리고 (3) 이런 대상들에게서 자아를 보호하는 방어는
어떤 성질을 가지고 있으며, 그 방어는 얼마나 강력한 것인가?.

4. 나쁜 대상에 대한 도덕적 방어

문제 아동은 자신의 부모가 나쁜 대상이라고 인정하기를 원
치 않는 반면에, 자신이 나쁘다고 인정하는 것은 주저하지 않는
것으로 보인다. 따라서 그 아이는 나쁜 대상을 가지고 있다기보
다는 자기 자신이 나쁘다고 생각한다는 것이 분명하다. 따라서
우리는 자신이 나쁘게 되는 동기들 중 하나는 그의 대상을 '좋
은' 것으로 유지하려는 것이라고 추측할 수 있는 몇 가지 근거
를 갖게 된다. 그 자신이 나쁘게 됨으로써 그는 자신의 대상이
갖고 있는 나쁨의 요소를 자신이 대신 떠맡는다. 이렇게 해서 그
는 대상에서 나쁨을 제거하고자 한다; 그리고 그렇게 하는데
성공하는 만큼 그는 좋은 대상의 환경이 제공하는 안전감으로
보상받는다. 아이가 자신의 대상에게 있는 나쁨의 요소를 스스
로 떠맡는 것은 물론 그가 나쁜 대상들을 내재화하는 것과 같은
것이다. 그러나 이런 내재화 과정에서 생긴 외적 안전감은 그의
내면에 내재화된 나쁜 대상들이 존재함으로써만 얻어지는 것이
며, 따라서 외적 안전은 내적 안전을 희생한 대가로 얻게 되는

것이다. 그리고 이제부터 그의 자아는 내적 파괴자 또는 박해자의 수중에 들어가게 되는데, 이것에 대한 방어는 처음에는 대충 형성되지만 나중에는 세밀하게 다듬어지고 확고해진다.

발달하는 자아가 내재화된 나쁜 대상을 다루려는 필사적인 시도에서 사용하는 가장 초기 형태의 방어는 가장 단순하고 쉽게 사용할 수 있는 억압이다. 이때 나쁜 대상은 단순히 무의식으로 쫓겨난다.[7] 억압이 내재화된 나쁜 대상에 대한 적절한 방어를 제공하지 못하고 자아를 위협하기 시작할 때에만, 네 가지 고전적인 정신병리적 방어들 즉 공포증, 강박증, 히스테리, 그리고 편집증 방어가 작동한다.[8] 그러나 억압의 작용과 항상 관련되어 있는 특별히 연구를 필요로 하는 또 다른 형태의 방어가 있다. 나는 이것을 '초자아 방어,' '죄책감 방어,' 또는 '도덕적 방어'라고 부른다.

나는 '자신의 대상에게 있는 나쁨의 요소를 자신이 대신 짊어지는' 아이에 대해 이미 말했다; 그리고 그때 나는 이 과정을 나쁜 대상의 내재화와 같은 것이라고 말했다. 그 나쁨에는 두 종류가 있는데, 나는 그것을 '무조건적인' 나쁨과 '조건적인' 나쁨으로 묘사했다. 나는 내가 대상을 '무조건적으로 나쁘다'고 말할 때, 그것은 '리비도적 관점에서 나쁜' 것을 뜻하며, 대상을 '조건적으로 나쁘다'고 말할 때, 그것은 '도덕적 관점에서 나쁜' 것을 뜻하는 것임을 밝힌다. 아이가 내재화한 나쁜 대상들은 무조건

---

7 나는 환자에게 억압의 과정을 설명하면서, 환자가 집안의 비밀을 드러내는 것 또는 지하실에 나오는 귀신을 보는 것을 두려워하기 때문에 문을 굳게 닫아 놓은 마음의 지하실에 이미 나쁜 대상들이 살고 있다고 말하는 것이 유용하다는 것을 알았다.

8 이 방어들의 상호 관계와 성질과 의미는 '정신병과 정신신경증에 대한 새로운 정신병리학'이라는 제목의 논문에서 묘사되었다.

적으로 나쁘다; 왜냐하면 그것들은 박해자이기 때문이다. 아이가 그런 내적 박해자들과 동일시되어 있는 한, 또는 (유아적 관계가 동일시에 기초해 있기 때문에) 그의 자아가 그것들과 관계하는 한, 그 자신 역시 무조건적으로 나쁘다고 여겨진다. 이런 상태의 무조건적인 나쁨을 바로잡기 위해 그는 실제로 아주 명백한 조치를 취한다. 즉, 그는 자신의 좋은 대상을 내재화한다. 그렇게 내재화된 좋은 대상은 초자아의 역할을 맡는다. 일단 이런 상황이 형성되면, 우리는 조건적인 나쁨과 조건적인 좋음의 현상을 만난다. 아이가 자신의 내재화된 나쁜 대상들에게 기우는 한, 그는 그의 좋은 대상(즉 그의 초자아)과 비교하여 조건적으로 (즉 도덕적으로) 나쁘게 된다; 그리고 그가 자신의 내재화된 나쁜 대상들의 호소에 저항하는 한, 그는 그의 초자아의 관점에서 볼 때 조건적으로 (즉 도덕적으로) 좋게 된다. 조건적으로 나쁜 것보다는 조건적으로 좋은 것이 분명히 더 좋다; 그러나 조건적인 좋음이 없을 경우, 무조건적으로 나쁜 것보다는 조건적으로 나쁜 것이 좋다. 만일 조건적 나쁨이 어떻게 무조건적 나쁨보다 좋을 수 있는가 라는 질문을 제기한다면, 그 대답은 종교적인 용어로 가장 설득력 있게 대답될 수 있을 것이다; 왜냐하면 그런 용어들이야말로 성인의 정신 안에서 방금 제시된 것과 같은 상황이 발생할 때 그것에 대한 가장 좋은 표상을 제공해주기 때문이다. 그 대답은 사탄에 의해 통치되는 세계에서 의인으로 사는 것보다는 신에 의해 통치되는 세계에서 죄인으로서 사는 것이 더 낫다는 말에서 찾을 수 있다. 신에 의해 통치되는 세계에서 죄인은 나쁜 존재일 것이다; 그러나 그를 둘러싼 세계는 선하다—'신은 그의 천국에 있다—따라서 그곳에서는 만사가 잘 되어 간다!'는 안전감이 있다; 그리고 언제나 구원받을 수 있다는 희망이 있다. 대조적으로 사탄에 의해 통치되는 세계에서 개인은 나쁜 죄인이 되는 것을 피할 수 있을 것이다; 그러나 그 주변의 세계가 나쁘기 때문에 결국에는 그 자신도 나쁠 수밖에 없다. 더욱이 그는 어떤 안전감도 구원의 희망도 가질 수 없다. 다만 죽음과 파괴 중 하나를 기대할 수 있을 뿐이다.[9]

5. 나쁜 대상이 끼치는 영향의 역동성

이 시점에서 나쁜 대상들이 개인에게 발휘하는 힘의 원천을 생각하는 것은 가치있는 일일 것이다. 아이의 대상들이 나쁠 때, 그는 그것들을 어떻게 내재화하는가? 왜 그는 '나쁜' 옥수수 푸딩이나 '나쁜' 피마자유를 거절하듯이, 그것들을 거절하지 못하는가? 사실, 아이는 대체로 피마자유를 거절하는데 상당한 어려움을 겪는다. 그렇게 할 수만 있다면, 그는 그것을 거절할 것이다; 그러나 그에게는 그렇게 할 수 있는 기회가 허용되지 않는다. 그의 나쁜 대상들에게도 동일한 원리가 적용된다. 그가 아무리 그것들을 거절하고 싶어도 그는 그것들을 거절할 수 없다. 그것들은 강제성을 띤다; 그것들은 그를 지배하기 때문에 그는 그것들에게 저항할 수 없다. 따라서 그는 그것들을 통제하기 위해서 그것들을 내재화할 수밖에 없다. 이처럼 통제 시도의 일환으로써 그는 외적 세계의 대상들을 내재화한다; 그리고 이 대상들

---

9 여기서 깊은 분석에서 저항이 약해지고 무의식에서부터 나쁜 대상들이 풀려나는 상황에 직면한 환자들이 일반적으로 죽음에 대해 말하는 것을 주목하는 것은 흥미로운 일이다. 환자의 관점에서, 저항의 유지는 (말 그대로) 삶과 죽음의 문제로 떠오른다는 것을 치료자는 항상 명심할 필요가 있다.

은 내적 세계에서도 그를 지배하는 힘을 유지한다. 한마디로 그
는 악령에 의해 사로잡히듯이 그것들에 의해 '점유된다'. 그러나
이것이 전부는 아니다. 아이가 그의 나쁜 대상들을 내재화하는
것은 그것들이 강요하거나 그가 그것들을 통제하고 싶어서만이
아니라, 무엇보다도 그가 그것들을 필요로 하기 때문이다. 아이
의 부모가 나쁜 대상들이라 하더라도 그는 그들을 거절할 수 없
다. 왜냐하면 그는 그들 없이는 견딜 수 없기 때문이다. 그들이
그를 소홀히 대할지라도 그는 그들을 소홀히 할 수 없다; 그들이
그를 소홀히 하면 그들을 필요로 하는 그의 욕구는 증가하기 때
문이다. 나의 남자 환자 하나가 아이의 중심적인 딜레마를 적절
히 보여주는 꿈을 꾸었다. 이 꿈에서 그는 자기 앞의 탁자에 쵸
콜릿 푸딩이 담긴 그릇을 가지고 엄마 곁에 서 있었다. 그는 몹
시 배가 고팠다. 그러나 그는 그 푸딩에 치명적인 독이 들어있다
는 것을 알고 있다. 그는 만일 자신이 푸딩을 먹는다면 독 때문
에 죽을 것이고, 그가 그 푸딩을 먹지 않는다면 굶어죽을 것이라
고 느꼈다. 어떻게 했을까? 그는 푸딩을 먹었다. 그는 너무나 배
가 고팠기에 독이 든 젖을 먹은 것이다. 심장 쇠약을 앓고 있던
이 환자는 그의 질병이 심장에 해를 끼치는 창자의 독소 때문이
라는 공포를 이 꿈에서 표현하고 있다. 그의 심장과 관련된 것은
또 다른 꿈에서 뚜렷하게 드러난다. 그 꿈에서 그는 그의 심장이
접시 위에 놓여있었고 엄마가 그것을 숟가락으로 퍼 올리는 것
(즉 그것을 먹는 행위)을 보았다. 따라서 그가 자신의 심장이 치
명적인 해를 입었다고 느낀 것은 그의 어머니를 나쁜 대상으로
내재화했기 때문이었다; 그리고 비록 그녀가 그에게는 나쁜 대
상이었을지라도, 아이였던 그는 그녀를 필요로 했기 때문에 그
녀를 내재화할 수밖에 없었다. 그의 부모들이 아무리 나쁠지라
도 아이는 자신의 필요 때문에 나쁜 대상들을 내재화할 수밖에

없다; 그리고 이런 필요는 무의식 속에서 그 대상들에게 매인 상
태로 남아있기 때문에 그는 그들과 헤어질 수 없다. 그들에게 자
신을 지배하는 실제적인 힘을 부여하는 것은 그가 그들을 필요
로 하기 때문이다.

6. 나쁜 대상들이 풀려나는 것에 대한 방어로서의 죄책감

　이제 도덕적 방어에 관해 주의를 기울여보자. 이 방어의 본질
적인 목표는 아이가 나쁜 대상들에게 둘러싸여 있는 상황을 대
상들은 좋고 자신은 나쁜 새로운 상황으로 바꾸는 것이다. 이렇
게 해서 생긴 도덕적 상황은 물론 최초의 상황보다 더 높은 수
준의 정신 발달에 속한다; 그리고 이 수준은 '문명화된' 수준에
해당된다. 초자아는 이 수준에서 작용하며, 자아와 초자아 사이
의 상호작용도 이 수준에 속한다. 죄책감 및 오이디푸스 상황과
관련된 분석적 해석은 이 수준에서 타당성을 갖는다. 그러나 심
리치료를 이 수준에만 전적으로 적용하는 것은 바람직하지 않
다; 왜냐하면 앞의 논의에서 분명히 드러났듯이, 죄책감의 현상
(물론 엄격한 정신병리적 관점에서)은 방어의 성질을 띠는 것으
로 간주되어야 하기 때문이다. 한 마디로 말해서, 죄책감은 심리
치료에서 저항으로 작용한다. 따라서 죄책감의 측면에서 행해지
는 해석은 실제로 환자의 저항을 야기할 수 있다. 보다 강압적이
고 도덕적인 형태의 심리치료가 이런 결과를 야기한다는 것은
분명하다; 왜냐하면 강압적이고 도덕적인 심리치료자는 불가피

하게 그 환자에게 나쁜 대상이 되거나 아니면 초자아 상이 되기 때문이다. 치료자가 환자에게 나쁜 대상이 된다면, 환자의 증상은 아마도 더 심해질 것이다. 만일 치료자가 환자에게 초자아 상이 된다면, 그는 환자 자신의 초자아를 지원함으로써 그리고 억압을 강화함으로써 일시적인 증상의 호전을 가져올 것이다. 다른 한편 분석적인 경향이 강한 심리치료가는 환자의 초자아의 가혹함을 완화시키고, 따라서 죄책감과 불안을 감소시키는 것을 목표로 삼는다. 그런 노력은 자주 훌륭한 치료 결과로 보상을 받기도 한다. 그럼에도 불구하고 나는 그런 결과들이 최소한 부분적으로는 전이 상황에서 환자가 현실적으로 아주 좋은 대상을 제공받고 그로 인해 내재화된 나쁜 대상들을 무의식에서 풀려나게 하고—그가 분석가와의 '좋은' 관계를 나쁜 대상들이 풀려나는 위험을 방어하는데 이용하고자 함에도 불구하고—따라서 이런 대상들에 집중된 리비도가 용해될 수 있는 조건을 제공하는 데서 비롯된다고 생각한다. 그러나 전적으로 죄책감이나 초자아 수준에서 행해지는 분석은 쉽사리 부정적인 치료적 반응을 야기하는 결과를 가져온다; 왜냐하면 환자가 사용하는 죄책감의 방어를 제거하는 것은 또 다른 억압을 수반할 수 있으며, 그때 그 억압은 완고한 저항을 만들어내기 때문이다. 저항의 가장 깊은 근원은 무의식에서 나쁜 대상들이 풀려나는 것에 대한 공포이다; 그 까닭은 그런 나쁜 대상들이 풀려날 때 환자의 세계는 그가 직면하기에는 너무 무서운 사탄이 거주하는 곳이 되기 때문이다. 분석을 받는 환자가 아주 민감해지고 극단적으로 반응하는 것은 주로 이런 사실 때문이다. 또한 우리가 '전이 신경증'에 대한 설명을 중요하게 취급해야 하는 것도 이런 이유 때문이다. 동시에 나는 무의식에서 나쁜 대상들이 풀려나도록 하는 것이 심리치료자가 심각한 '전이 신경증'을 무릅쓰면서까지 성취하려고 노력하는 주된 목표라고 생각한다; 왜냐하면 내재화된 나쁜 대상들이 무의식에서 풀려나올 때만 나쁜 대상들에게 집중된 리비도가 용해될 수 있기 때문이다. 분석가가 환자에 의해 충분히 좋은 대상으로서 확립된다면, 나쁜 대상들은 안전하게 풀려날 수 있다. 그렇지 않다면 환자는 엄청난 불안 상태에 직면할 것이다. 만족스런 전이 상황에서 죄책감이나 초자아 수준의 해석이 조심스럽게 이루어질 때에만, 나쁜 대상들이 치료적으로 가장 적절하게 풀려나도록 촉진될 수 있다. 그런 해석이 죄책감을 누그러뜨릴 수 있지만, 그것은 실제로 내재화된 나쁜 대상들의 억압을 강화하고 따라서 이런 대상들의 리비도적 집중을 해결되지 않은 채로 남겨놓을 수도 있다.[10] 확신하건대, 모든 정신병리적 발달은 초자아 영역에서보다는 오히려 이런 나쁜 대상들의 영역에서 그 기원을 찾을 수 있다; 정신신경증 환자들과 정신병 환자들에 대한 치료적 접근을 비교한다면, 일반적인 미사(True Mass)가 성단에서 거행되는 반면, 암흑의 미사(Black Mass)는 납골당에서 거행되는 것과 같다고 말할 수 있다. 내 생각에 심리치료가는 귀신축출자의 후예이며 그는 '죄의 용서' 뿐 아니라 '사탄을 쫓아내는 것' 과도 관련되어 있다.

---

10. 죄책감의 경감이 억압의 강화를 수반할 수 있다는 사실은 초자아의 방어와 억압은 서로 다른 방어들이라는 결론에 의해 만족스럽게 설명될 수 있다.

7. 사탄과의 동맹

이 시점에서 나는 귀신들림과 귀신축출이라는 비밀스런 영역에 대한 연구에 착수하려는 유혹에 저항해야 한다. 만일 내재화된 좋은 대상들의 영역(즉 초자아의 영역)보다는 오히려 내재화된 나쁜 대상들의 영역에서 정신병리의 기초를 찾아야 한다는 생각이 정당하다면, 그런 연구는 흥미로울 뿐 아니라 유익한 것으로 밝혀질 것이다. 불행히도 여기에서는 그 문제를 다루기에 적합치 않다; 다만 나는 프로이트가 쓴 '17세기의 귀신들림의 신경증' 이라는 제목의 논문에 관해 간단히 언급해보겠다.[11] 이 논문에서 우리는 아버지의 죽음 때문에 침울한 상태에 빠지면서 사탄과 동맹을 맺는 크리스토프 하이쯔만이라는 한 불쌍한 예술가의 이야기를 발견한다. 대상관계에 기초한 정신병리학의 관점에서 볼 때, 이러한 동맹의 신호는 정신신경증 환자 또는 정신병 환자가 나쁜 대상들을 떠나보낼 때 겪는 어려움을 훌륭하게 설명해준다; 왜냐하면 프로이트가 우리를 확신시켜 주는 바, 그가 동맹을 맺은 사탄은 크리스토프의 아버지와 밀접히 관련되어 있다. 크리스토프의 증상들이 그가 좋은 대상의 도움을 불러내고, 마리아젤 성당에 있는 성모 마리아의 손에서 네 조각 난 나쁜 대상들을 수용할 수 있었을 때 완화되었다는 사실은 매우 흥미롭다. 그러나 그가 종교 공동체 안에 받아들여지고 따라서 사탄과의 동맹을 신께 예배드리겠다는 진지한 맹세로 대체하기 전까지 그의 병세는 거듭 재발되곤 했다. 이것은 아마도 도덕적 방어에 관한 승리일 것이다; 그러나 프로이트의 논평(그 화가는 내재

---

11 논문집 Ⅳ권, pp. 436-72.

화된 나쁜 대상들에게 '사로잡혀' 있다)은 치료 과정을 설명
하는데 실패했다. 프로이트가 그 논문의 서론에서 했던 다음의
언급은 의문의 여지없이 옳은 것이었다: '과학적 시대의 신체에
대한 이데올로기에도 불구하고, 암흑 시대의 귀신론이 결국 정
당화되고 있다. 귀신들림은 현재의 신경증에 상응한다.' 그러나
프로이트가 한 말은 그가 '당시에 우리에게 악령으로 생각되던
것들은 천박하고 악한 소망, 거절되고 억압되었던 충동의 파생
물이다' 라는 말을 함으로써 틀린 말이 되고 말았다. 이런 언급은
리비도가 일차적으로 쾌락을 추구한다는 고전적 개념을 반영하
는데, 이 개념은 옳지 않다; 왜냐하면 사탄과의 동맹의 주안점은
그것이 나쁜 대상과의 관계를 포함한다는 사실에 있기 때문이
다. 사실, 이것은 크리스토프가 사탄과 맺고 있는 유대라는 측면
에서 아주 명백하게 드러나고 있다; 왜냐하면 그가 깊은 우울증
상태에서 사탄에게서 얻고자 했던 것은 포도주, 여자 그리고 노
래를 즐길 수 있는 능력이 아니라 동맹 관계를 의미하는 용어인
"그와 유대를 맺은 아들"이라는 말을 사용할 수 있는 능력이었
다. 따라서 그가 자신의 영혼을 팔면서까지 얻으려고 했던 것은
만족이 아니라 바로 아버지였다. 바로 그 아버지가 유년기에 그
에게 나쁜 대상이었던 존재였지만 그는 아버지를 버릴 수 없었
다. 그의 실제 아버지가 살아있는 동안 그는 유년기에 내재화했
던 나쁜 아버지 상의 영향을 어느 정도 교정할 수 있었다; 그러
나 아버지가 사망한 후에 그는 내재화된 나쁜 아버지 상에게 맡
겨졌는데, 그는 내재화된 나쁜 아버지를 끌어안던지 아니면 대
상없이 버림받은 상태에 처하던지 둘 중의 하나를 선택해야만
했다.[12]

_____

12. 그것은 크리스토프가 가졌던 아버지를 향한 공격적 소망에 대한 죄책감

8. 억압의 원천으로서의 나쁜 대상에 대한 리비도 집중

리비도 이론을 재구성하려는 나의 시도에 대해서는 이미 언급한 바 있다. 이론을 임상적 현실과 일치하도록 재구성하는 작업은 내 견해로는 꼭 필요한 것이다; 왜냐하면 비록 리비도 이론이 역사적이고 교육적인 측면에서 매우 유익하다 할지라도, 현재 그 이론은 정신병리적 사고의 진전을 가져오기는커녕 그 유용성마저 고갈시키고 있기 때문이다. 그것은 실제로 정신분석의 발전을 가로막는 브레이크로 작용하고 있다. 본래부터 그 이론은 많은 잘못된 의미를 가지고 있었던 것으로 여겨진다; 크리스토프 하이쯔만의 사례는 고전적인 억압의 개념이 잘못된 것임을 보여준다. 리비도 이론의 고전적 형태는 의심할 나위 없이, 리비도를 신체의 영역과 관련된 목표에 의해 결정된 활동에서 표현되는 것으로 인식한다. 그리고 리비도가 항상 그 목적을 이루는 것은 아닌데, 그것은 금지의 형태로 그리고 결국에는 억압으로 인해 가로막히기 때문이라고 본다. 이런 견해에 따르면, 억압된 리비도는 위장된 형태로 아니면 증상이나 승화 중의 하나로, 혹은 성격 병리로만 (즉 승화와 증상 사이의 절충적인 방식으로) 자체를 드러낸다. 나아가 이런 표현이 취하는 형태는 최초의 신체 지대가 지닌 목표의 성질에 의해 결정된다. 그러나 만일 리비도가 일차적으로 대상을 추구한다면, 그것은 신체 지대에 의해 일차적으로 결정되는 것이 아니라, 어떤 경로이든 가장 쉬운 경

이 그의 우울증에 아무런 역할도 하지 않았다는 점을 암시하려는 나의 의도와는 거리가 멀지만, 그러나 그 죄책감이 원인론적 측면에서 그의 우울증에 이차적인 영향을 미쳤음을 보여준다.

로를 통해 대상을 추구할 것이다. 이런 견해에서 본다면, 신체 지
대의 중요성은 리비도가 대상을 추구하는 유용한 경로를 나타내
는 것이 된다. 마찬가지로 리비도적 표현의 장애는 결국 대상 추
구에 대한 장애가 된다. 이처럼 대상이 내재화되고 억압될 때, 이
상한 상황이 발생한다; 즉 리비도가 억압된 대상을 추구하는 상
황이 발생한다. 이 사실이 자기애의 개념에 대해 갖는 중요성은
여기서 따로 강조할 필요가 없다. 내가 직접적으로 주의를 기울
이는 현상은 그러한 상황에서 리비도가 실제적으로 억압과 같은
방향으로 작용한다는 것이다; 리비도는 억압된 대상에 사로잡히
며, 그리고 억압된 대상에 이끌리기 때문에 대상을 추구하는 바
로 그 추진력에 의해 억압 상태로 내몰리게 된다. 따라서 대상
이 억압된 대상일 때, 그 대상에게 집중된 리비도는 저항으로
작용하며; 따라서 분석 치료에서 만나는 저항은 억압의 행위자
에 의해서뿐만 아니라 리비도 자체의 역동적 성질에 의해서 유
지된다.

이 마지막 부분은 프로이트의 다음과 같은 진술과는 정면으
로 반대되는 것이다: '무의식, 즉 "억압된" 자료는 어떠한 치료적
노력에 대해서도 저항을 하지 않는다; 실제로 그것은 그것을 압
박하는 압력을 떠밀고 나가 의식으로 들어가거나, 아니면 실제
적인 행동으로 방출하는 것 외에는 다른 목표를 갖고 있지 않
다.'[13] 그러나 나의 결론은 리비도는 일차적으로 대상을 추구한다
는 것이다; 이러한 생각은 부정적인 치료 반응의 성질에 대해 추
가적인 설명을 제공할 수 있는 특별한 이점을 가지고 있다. 부정
적인 치료 반응의 의미는 대상이 억압된 대상인 한, 리비도적 목
표는 치료 목표와 상충한다는 사실에서 기인하는 것으로 보인

---

13 「쾌락 원리를 넘어서」 (1922), p. 19.

다. 한 마디로 말해, 부정적 치료 반응은 리비도 쪽에서 억압된 대상들을 포기하는 것을 거절하는 것을 포함한다; 그리고 부정적 치료 반응이 없을 때조차도, 같은 방향에서 우리는 저항의 극단적인 완고성에 대한 이유를 발견한다. 따라서 억압의 실제적인 극복은 환자가 자신의 억압된 대상에 대한 헌신—즉 이런 대상들이 나쁘며 그는 그것들이 무의식에서 풀려 나오는 것을 두려워하기 때문에 극복하기가 훨씬 더 어려운—을 극복해야 하는 결코 쉽지 않은 치료 과제로 보인다. 따라서 우리는 크리스토프의 분석 치료는 20세기 상담에 엄청난 도전이 될 것이라고 짐작한다. 확신하건대, 사탄과의 동맹을 푸는 일은 쉬운 일이 아니다; 그리고 그런 경우 완강한 부정적 치료 반응을 관찰하는 것은 어려운 일이 아니다. 결국 성모 마리아의 개입조차도 크리스토프의 치료를 위한 확고한 기초를 세우는 데는 충분하지 못했다. 사탄과의 동맹이 신과의 동맹으로 대체된 후에야 마침내 그는 증상에서 자유로울 수 있었다. 좋은 대상의 호소는 내재화된 나쁜 대상에 집중된 리비도의 해소를 촉진시키는데 없어서는 안될 요소이며, 전이 상황의 중요성은 부분적으로 이런 사실에 기인한다.[14]

---

14 흥미롭게도 이 논문이 발표된 이후로 사탄과의 동맹이라는 주제는 몇몇 내 환자의 사례에서 아주 명백하게 그리고 자발적으로 나타났다.

9. 나쁜 대상들에 대한 리비도 집중의 해소

분석 기술의 여러 목표들 중에는 (1) 내재화되고 억압된 '묻혀 있는' 나쁜 대상들을 무의식에서 풀려나게 하는 것과 (2) 환자가 나쁜 대상들에게 부착시킨 리비도적 결속을 용해시키는 것, 이 두 가지가 포함되어 있다. 분석 기술과 관련해서 기억해야 할 원칙은 다음의 것들을 포함한다: (1) 환자의 상황은 욕구 충족과 관련해서가 아니라 대상관계(물론 내재화된 대상과의 관계를 포함해서)와 관련해서 해석되어야 한다; (2) 리비도 집중은 궁극적으로 환자를 대상-사랑으로 이끌고, 따라서 기본적으로 '좋은' 것으로 인식된다; (3) 리비도적 '나쁨'은 나쁜 대상들에 대한 리비도 집중과 관련되어 있다('죄'는 히브리적인 개념에서는 이방신을 찾는 것으로 그리고 기독교적 개념에서는 사탄에게 굴복하는 것으로 간주된다); (4) '죄책감'은 '나쁜 대상' 상황과 관련해서 해석되어야 한다; (5) 분석 기술에 대한 특별한 어려움을 제기하는 우울증 환자를 제외하고는 공격성의 측면에서 해석할 때 특별히 주의해야 한다.[15]

---

15 공격성의 측면에서 행해지는 해석은 환자가 분석가는 자신을 '나쁘게' 생각한다고 느끼게 하는 바람직하지 않은 효과를 가져오기 쉽다. 어쨌든 그것은 억압된 대상들이 풀려나는 것과 비교할 때 덜 필수적인 것이다; 왜냐하면 억압된 대상들이 풀려나는 상황에서 환자의 공격성은 명백하게 드러나기 때문이다. 그때 그러한 공격성 뒤에 놓여있는 리비도적 요소를 지적하는 것이 분석가의 과제이다.

10. 나쁜 대상들의 회귀

역설적으로, 억압된 나쁜 대상들을 무의식에서 풀려나도록 촉진하는 것이 분석 기술의 목표라면, 그런 풀려남에 대한 공포야말로 환자로 하여금 분석적 도움을 찾게 하는 첫 번째 이유가 된다. 그는 의식적으로 그의 증상이 제거되기를 바란다. 그리고 병리적 증상의 상당한 비율이 본질적으로 '억압된 것이 되돌아 오는 것'(즉 억압된 대상들이 되돌아옴)에 대한 방어로 이루어져 있다는 것도 사실이다. 그럼에도 불구하고, 대체로 그의 방어들이 닳아서 얇아지고 억압된 대상들이 풀려나는 것에 대한 불안으로부터 그를 지켜 주지 못할 때, 그는 분석적 도움을 찾게된다. 따라서 환자의 견해에서 분석 치료의 효과는 그가 도망치고자 하는 바로 그 상황을 촉진시키는 것에 있다.[16] 따라서 부분적으로는 억압된 나쁜 대상들이 풀려나는 것에 대한 방어로 이루어진 전이 신경증과 부분적으로는 그것에 대한 반응으로 이루어진 전이 신경증의 현상이 있다. 그러나 분석 치료에서 성취하는 그런 대상들의 풀려남은 분석 치료가 치료 목표를 가지고 있다는 점에서, 그리고 그것이 분석가에 의해 통제되고 전이 상황에 의해 안전이 보장된 풀려남이기 때문에 궁극적으로 치료적인

---

16 이것은 나의 여자 환자의 꿈에서 잘 드러나고 있다. 이 꿈에서 그녀는 토탄질의 땅에서 땅을 파고 있는, 아버지의 친구 한 분을 보았다. 그녀가 잘린 표면을 흘끗 보았을 때, 푸석푸석하고 섬유질이 많은 토양의 성질이 그녀의 주의를 끌었다. 그리고 나서 그녀가 더 가까이 가서 보았을 때 그녀는 뿌리와 섬유소 사이의 틈에서 기어 나오는 쥐의 무리를 보고 놀랐다. 이 꿈은 분명히 분석 치료의 효과를 나타내는 것이다. 토탄질의 땅을 파고 있는 남자는 그녀의 무의식을 파내는 나 자신이었고, 쥐들은 내가 파내어 풀어놓은 억압된 나쁜 대상들이었다.

효과를 가지고 있다는 점에서, 치료 상황 바깥에서 그런 대상들
이 자발적으로 풀려나는 것과는 다르다. 그럼에도 불구하고 환
자가 그 차이를 인식하기란 거의 어렵다; 그러나 그는 자신을 문
개의 꼬리에서 나온 털로 치료되고 있다는 것을 깨닫는데 오래
걸리지 않는다. 풀려난 나쁜 대상들이 그에게 더 이상 공포로 느
껴지지 않게 될 때에만, 그는 실제로 치료의 힘을 인식하기 시작
한다. 여기서 내가 말하는 억압된 대상들의 풀려남은 결코 편집
증 기술의 특징인[17] 내재화된 나쁜 대상의 적극적인 외부 표현과
같은 것이 아니다. 내가 언급하는 현상은 억압에 의해 강요된 속
박으로부터 나쁜 대상이 도망치는 것이다. 그런 나쁜 대상이 도
망칠 때, 환자는 자신이 지금까지 의식하지 못했던 무서운 상황
에 직면한다. 그때 외적 상황은 나쁜 대상들과의 관계를 포함하
는 억압된 상황의 의미를 획득한다. 따라서 이런 현상은 투사가
아니라 '전이' 현상으로 보아야 한다.

11. 나쁜 대상의 외상적인 풀려남
─전쟁 상황과 관련해서

억압된 대상의 병리적인 풀려남(치료적으로 유도되는 것과 대
비되는)은 전쟁 기간에 군인 환자들에게서 특별히 명백히 드러
난다. 여기서 나는 내가 억압된 대상들의 '자발적인' 풀려남에

---

17 편집증적 기술은 억압된 충동의 투사로 이루어져 있는 것이 아니라 일반
   적으로 가정되듯이, 박해자의 형태로 억압된 대상들의 투사로 이루어져
   있다.

대해 말할 때, 현실에서 그런 현상을 촉발시킨 요소를 배제하는 것은 아니라는 점을 밝히고 싶다. 그와는 달리, 그런 요소들의 영향은 지극히 중요한 것으로 드러난다. 내재화된 나쁜 대상들을 포함하는 무의식적 상황은 그러한 상황과 일치하는 외부 현실에 의해 활성화되기 쉬운 것으로 드러난다. 외부 현실의 그런 촉발적 상황은 외상적 상황의 빛에서 고려되어야 한다. 외적 상황을 외상적이 되게 한 정서의 강도와 특성은 물론 심리내적 상태가 지닌 경제적 및 역동적 요소에 따라 다르다. 군인의 경우, 외상적 상황이 포탄의 폭발 또는 자동차 사고에 의해 발생하는 일은 흔히 있는 일이다. 그것들은 뇌 손상과는 전혀 상관없이 다음과 같은 상황에서 흔히 발견된다: 폭파된 군대 수송선의 선실에 갇히거나, 피난민들이 전투기에 의해 사격 당하는 모습 또는 사람이 밀집되어 있는 시장이 폭격되는 모습을 목격하거나, 포로가 되지 않으려고 적의 보초의 목을 조르거나, 상관 때문에 절망하거나, 동성애자에게 시달리거나, 그리고 아내의 해산 때문에 신청했던 특별 휴가가 거절되는 것 등. 많은 경우 전시의 군대 생활은 그 자체가 외상적 상황에 가까우며, 군대 생활에서의 아주 작은 사건도 외상이 될 수 있다. 전시의 정신신경증 및 정신병 군인 환자들 사이에서 '나는 소리치는 것을 참을 수 없어요,' '나는 군대 음식을 먹을 수 없어요' 라는 불평들('나는 아내가 요리해 준 음식을 먹고 싶어요' 라는 말이 흔히 뒤따라오는)이 얼마나 흔한 것인지는 잘 알려져 있다. 무의식에서 나쁜 대상들이 풀려나면서 그런 외상적 경험들의 효과는 군인 환자의 전쟁 꿈에서 잘 드러난다. 예상할 수 있듯이, 가장 전형적인 것으로 적에게 추격 당하거나 총에 맞는 꿈 그리고 (종종 '커다란 검은 비행기'로 묘사되는) 적의 비행기에 의해 공격받는 악몽을 들 수 있다. 그 외에도 나쁜 대상들의 풀려남은 다른 방식으로 예컨대 엄청난 무게에 짓눌리는 꿈, 누군가에 의해 목을 졸리는 꿈, 선사시대의 동물에게 쫓기는 꿈, 유령이 나타나는 꿈 그리고 상사가 고함을 지르는 꿈 등으로 나타날 수 있다. 이런 꿈의 출현은 때때로 유년기의 억압된 기억들을 되살려내기도 한다. 내가 경험한 이런 종류의 가장 두드러진 사례는 반사회적 병사의 것인데, 그는 징집된 후 곧 분열성 상태가 되었고, 선사시대의 괴물과 형태 없는 것들 그리고 그를 태워버리는 응시하는 눈을 꿈에서 보기 시작했다. 그는 아주 유치한 행동을 하기 시작했고; 동시에 그의 의식은 잊었던 유년기의 수많은 기억들로 넘쳐나기 시작했다. 그 중에서 그는 특히 어느 역의 승강장에서 유모차에 앉아 있으면서 그의 엄마가 형과 함께 기차 안으로 들어가는 것을 보고 있던 기억에 집착했다. 실제로 그의 엄마는 그의 형을 배웅하고 있었다; 그러나 그가 받은 인상은 엄마도 역시 기차를 타고 그를 버려 둔 채 가버리는 것이었다. 이러한 유기하는 엄마에 대한 억압된 기억이 되살아나는 것은 물론 무의식에서 나쁜 대상이 풀려나고 있음을 나타낸다. 그가 이 기억에 대해 말하고 나서 며칠이 지난 후에 그의 상점이 폭탄으로 피해를 입었다; 그리고 그는 그 사건에서 비롯된 일을 처리하기 위해 24시간 동안의 외출을 허락 받았다. 그가 파손된 상점을 보았을 때, 그는 분열성 상태를 경험했으며; 그날 밤에 집에서 잠자리에 들었을 때, 그는 질식할 것 같았고, 집을 부수고 아내와 아이들을 죽이고 싶은 강렬한 충동을 경험했다. 그의 나쁜 대상들이 보복하기 위해 되돌아온 것이다.

12. 반복 강박에 대한 성찰

전시 군인들의 정신병리적 상태를 촉발시키는 외상적 상황의 역할에 대한 언급은 프로이트가 「쾌락의 원리를 넘어서」에서 외상적 신경증에 대해 언급한 말을 생각나게 한다. 그러나 이 논문에서 표현된 견해가 충분한 근거를 갖는 것이라면, 구태여 「쾌락의 원리를 넘어서」를 언급할 필요도 없을 것이다. 그리고 외상적 상황이 개인 안에서 계속 유지되는 것을 설명하기 위해 '반복 강박'을 가정할 필요도 없다. 만일 리비도가 쾌락을 추구하는 것이 아니라 대상을 추구하는 것이 사실이라면, 넘어가야 할 쾌락 원리도 없다. 외상적 장면의 반복을 설명하기 위해 반복 강박이란 개념도 필요하지 않다. 정 반대로, 외상적 상황이 무의식에서 나쁜 대상들을 풀려나게 하는 것이라면, 환자가 겪는 어려움은 그가 이 나쁜 대상들에게서 도망치기 위한 방법일 것이다.[18] 그는 그것들에 의해 시달리며, 그것들이 외상적 사건에 의해 발생하는 것이라는 점에서 그는 그 외상적 상황에 의해서도 시달린다. 나쁜 대상에 대한 리비도 집중을 치료적으로 해소하지 못했을 때, 그는 나쁜 대상들을 다시 한번 억압시킴으로써만 이 시달림에서 자유로워질 수 있다. 이것이 유령이 영계로 되돌아가는 방식이라는 것은 외상적 기억들이 (비록 꿈속에서는 아니라 하더라도) 일상 생활에서 사라진 군인들의 태도에서 분명히 드러난다. 내가 만났던 군인 중의 하나는 다음과 같이 말했다: '나는 이런 것에 대해 말하고 싶지 않아요. 나는 집에 가서 그

---

18 프로이트가 반복 강박의 표현을 본능적인 특성으로서 뿐만 아니라 '귀신들림'의 특성을 지닌 것으로 묘사한 것은 우연의 일치가 아니다(쾌락 원리를 넘어서 (1922), p. 43.).

모든 것을 잊고 싶어요.'

13. 죽음 본능에 대한 성찰

반복 강박에 대한 프로이트의 개념에 적용시킨 논리는 그의 죽음 본능 개념에도 마찬가지로 적용된다. 리비도가 실제로 대상을 추구한다면, 이 개념은 불필요한 것으로 간주된다. 우리는 리비도가 좋은 대상뿐만 아니라 나쁜 대상(크리스토프의 사탄과의 동맹에서 보듯이)에게 부착되는 것을 보아왔다. 우리는 또한 리비도가 내재화되고 억압된 나쁜 대상들에게 집착하는 것을 보아왔다. 이제 나쁜 대상과의 관계는 가학적이거나 피학적인 성질 중의 하나를 선택할 수밖에 없다. 프로이트가 '죽음 본능'의 범주 아래 묘사한 것은 대부분 내재화된 나쁜 대상과의 피학적 관계를 나타내는 것으로 보인다. 내재화된 나쁜 대상과의 가학적 관계는 죽음 본능의 출현을 나타내는 것으로 볼 수 있다. 사실 그런 관계들은 대부분 피학적으로 기운 가피학적 성질을 갖는다; 그러나 어쨌든 그것들은 본질적으로 리비도의 표현을 나타낸다. 이것은 페니스의 형태로 나쁜 대상에게 시달려온 나의 환자의 사례를 통해 설명될 수 있다. 시간이 흐르면서 젖가슴은 나쁜 대상의 역할에서 페니스와 경쟁하기 시작했다. 나중에 나쁜 대상들은 분명히 젖가슴과 페니스를 닮은 사람의 형태를 띤 기괴한 상들이 되었다. 그리고 좀더 나중에 기괴한 상들은 악마적인 형태로 대체되었다. 이것들 다음에는 부모적 특성을 지닌 수많은 상들이 이어졌다; 그리고 결국 이런 상들은 인식할 수 있는 그녀의 부모 이미지에 의해 대체되었다. '그 부모 이미지들은' 죽음의 공포 때문에 어떤 느낌도 표현하지 못하게 하는 요인으로 보였다; 그녀는 끊임없이 '만일 내가 나의 감정을 입밖에 낸다면, 그들은 나를 죽일 거예요'라고 말했다. 따라서 전이 상황이 발달함에 따라, 그녀가 자신을 죽여달라고 내게 간청하기 시작했다는 사실은 흥미롭다. '만일 나를 조금이라도 생각해준다면, 나를 죽여주세요'라고 외치면서 '선생님이 나를 죽이지 않는다면, 그것은 나를 전혀 돌보지 않는다는 것을 의미해요'라고 덧붙였다. 이런 현상은, 비록 리비도가 그녀의 본래의 (나쁜) 대상들과의 피학적인 관계를 유지했다 하더라도, 죽음 본능의 작용에서 기인한 것이 아니라 리비도의 전이에서 기인한 것으로 가장 잘 해석될 수 있다.

14. 전쟁 신경증과 정신병

나는 본 논문을 전시의 정신신경증과 정신병에 대한 최종적인 언급과 함께 끝맺을 것이다. 군인 환자들을 치료한 나의 경험을 토대로 나는 병사들(선원이나 비행사를 포함한)의 붕괴를 결정하는 주된 요소는 그들의 대상에 대한 유아적 의존이라는 생각에 도달했다.[19] 동시에 나의 경험을 통해 군인 붕괴의 가장 중

---

19 사실 이것은 전시의 군인뿐만 아니라 평화시의 민간인 사례에도 적용된다; 그리고 실제로 모든 정신병리적 발달은 궁극적으로 유아적 의존 태도에 기초해있다는 것은 '정신병과 정신신경증에 대한 새로운 정신병리학'이라는 논문에서 내가 말하고자 했던 주된 내용이다. 나는 많은 군인들의 사례들을

요한 특성이 분리 불안임을 의심하지 않게 되었다. 분리 불안은 전시에 민주주의에 관한 특별한 문제를 야기한다; 왜냐하면 민주주의 체제 안에서 의존적인 개인은 군대 상황 하에서 익숙했던 전제적 대상들의 대체물을 찾을 수 없기 때문이다. 전체주의 체제는 유아기 의존을 이용하여 병사의 분리 불안을 조장하는 경향이 있다. 개인으로 하여금 가족 대상들에 의존하는 대신에 체제에 의존하게 하는 것이 전체주의가 개인을 다루는 기술의 일부이기 때문이다. 가족 대상에 대한 의존은 전체주의적 시각에서 본다면, '민주주의의 폐해'에 속한다. 그러나 전체주의적 기술은 취약성을 갖고 있다. 그것은 국가의 성공에 의존한다; 국가가 성공할 경우에만 그 체제는 개인에게 좋은 대상으로 남을 수 있기 때문이다. 실패하는 상황에서 그 체제는 나쁜 대상이 된다; 그리고 그때 분리 불안은 사회의 해체를 가져오는 효과를 갖기 시작한다. 다른 한편, 민주주의 체제는 실패와 패배의 시기에 더 큰 이점을 가지고 있다; 왜냐하면 민주주의 체제에서 개인은 국가에 덜 의존적이며, 따라서 좋은 대상으로서의 국가에 대한 환멸에 덜 지배받기 때문이다. 동시에 패배에 따르는 가족 대상에 대한 위협은 개인으로 하여금 국가를 위해 노력하게 하는 동기를 제공하는데, 그것은 전체주의 체제 하에서는 찾아볼 수 없는 것이다. 따라서 집단심리학의 관점에서 볼 때, 전체주의 국가에서 사기의 큰 시험은 실패의 시기에 오는 반면, 민주주의 국가에서 국민들의 사기에 대한 큰 시험은 국가가 성공을 거두는 시기

통해서 보다 확실하게 이런 결론에 도달했다; 나의 결론은 많은 사례들을 통해서 확인된 셈이다. 군인 환자의 사례들은 특히 두 가지 이유에서 특별한 의미를 갖는다: (1) 그런 사례에서 분석적 현미경의 렌즈로 탐지되는 현상은 아마 넓은 지역에서도 관찰될 것이고, (2) 전시의 군인 상황에서 많은 수의 개인들은 그들의 대상들과 인위적인 분리를 겪는 일종의 '실험' 상태에 처할 것이다.

에 온다.[20]

만일 분리 불안이 병사들 사이에서 발생하는 붕괴의 가장 두드러진 특징이라면, 그런 붕괴들은 국가적 관점에서 볼 때 결코 중요성이 덜하지 않은 또 다른 특징을 갖고 있는데, 그것은 도덕적 방어의 성질에 관한 언급의 빛에서만 적절히 이해될 수 있다. 프로이트의 「집단심리학과 자아의 분석」을 읽은 사람이라면 누구도 집단의 사기를 결정하는 요소로서 초자아의 중요성에 관해 의심하지 않을 것이다. 따라서 초자아가 나쁜 대상들에 대한 방어 기능 외에도 다른 기능들을 갖는다는 것은 명백하다. 개인을 집단 안에 묶어두고 유지하는 것은 무엇보다도 초자아의 권위를 통해서이다. 동시에 초자아는 나쁜 대상에 대한 방어의 수단으로서 작용한다. 나쁜 대상의 회귀는 그 자체로서 억압이라는 방어가 실패했음을 의미한다; 그것은 마찬가지로 도덕적 방어의 실패와 초자아 권위의 붕괴를 의미한다. 전시에 붕괴를 겪는 병사는 따라서 분리 불안뿐만 아니라 초자아의 호소, 즉 그에게 무장을 하고 자신의 국가에 복무하라고 명령하는 초자아의 호소가 기능하지 못하고 그것이 심각한 불안으로 대체되는 현상에 의해 특징지어진다. 따라서 실제적인 관점에서 그에게 군대는 초자아 기능을 수행하기를 중단하고, 나쁜 대상의 지위를 갖게 된다. 이런 이유 때문에 정신신경증 또는 정신병적인 병사는 자신의 상사가 큰소리로 말하는 것을 참지 못하며 군대 음식을 먹지 못한다. 그의 눈에는 모든 명령은 악의적인 아버지의 폭행과 같은 것이 되고, 취사실에서 요리되는 '기름기 많은' 스튜는 악의적인 엄마의 젖에서 나오는 독과 같은 것이 된다. '전쟁 신

---

20 이러한 결론은 세계대전 이전과 이후의 사건들을 통해서 현재(1951)는 정당한 것으로 인정되고 있다.

경증'이 완강한 특성을 지니는 것은 당연하다! 그리고 정신신경
증적 및 정신병적 군인들의 경험을 통해서 내가 도달한 결론은
아마도 '이런 사람들에게 필요한 것은 심리치료가가 아니라 복
음 전도자이다'라는 말이 될 것이다; 왜냐하면 국가적 관점에서
'전쟁 신경증'의 문제는 심리치료의 문제라기보다는 오히려 집
단적 사기(士氣)의 문제이기 때문이다.

제 4 장

대상관계 관점에서 본
심리내적 구조[1]
(1944)

대상의 내재화 과정에 대한 이론으로서의
대상관계 심리학

    이전 논문(1941)에서 나는 리비도 이론을 새롭게 공식화하고
자 했으며, 이런 재-이론화에 기초해서 정신병리의 일반적 특성
을 체계적으로 요약하고자 했다. 그때 내가 제안했고 지금까지
도 고수하고 있는 기본적인 개념은 리비도는 (고전적 이론에서
생각하는 것처럼 쾌락을 추구하는 것이 아니라) 일차적으로 대
상을 추구한다는 것이다. 그리고 모든 정신병리의 궁극적 기원

---

1 본래 정신분석 국제지 25권 1부와 2부에 실림.

을 발달하는 자아가 겪는 대상관계의 장애에서 찾아야 한다는
것이다. 이 개념은 내 생각에 프로이트의 본래 리비도 이론에서
구체화된 것보다 심리적 사실과 임상 자료에 더 가깝게 일치할
뿐만 아니라, 정신분석 이론의 필수적인 진전을 나타내는 것으
로 보인다. 특히 그것은 프로이트의 초자아 이론(그는 이 심리내
적 구조가 대상의 내재화에서 유래한다고 보았음)의 뿌리를 추
적한 멜라니 클라인에 의해 제안된 내재화된 대상에 대한 개념
을 내포하고 있는 것으로 보인다.

　나의 논문에서 제시된 고찰들이나 다른 다양한 고찰들과는
별도로, 대상의 심리적 내사 특히 내적 실재 안에 내재화된 대상
이 자리를 잡는 것은 리비도가 본래 대상을 추구하기 때문에 발
생하는 과정이라고 주장할 수 있다; 왜냐하면 단순히 구강적 충
동이 현존한다는 사실만으로는 대상에 대한 집착을 설명하기에
불충분하기 때문이다. 무의식 안에 오이디푸스 상황이 자리를
잡을 수 있다는 가능성도 같은 함의를 지니고 있다; 왜냐하면 대
상에 대한 끝없는 헌신이 이 상황의 핵심을 이루고 있기 때문이
다. 그럼에도 불구하고 내재화된 대상이라는 개념은 리비도 이
론에 대한 별다른 수정을 거치지 않은 채 발달되어 왔다. 프로이
트는 그가 초자아 이론을 도입한 이후에도 결코 자신의 최초의
리비도 이론에 대한 체계적인 재-이론화를 시도하지 않았다. 그
러나 그의 논문들에는 리비도가 대상을 추구한다는 사실을 당연
시 여기는 것으로 보이는 많은 구절들이 존재한다. 예컨대, 그는
단순히 '사랑은 대상을 추구한다'[2]고 말했는데(1929), 이 말속에
는 리비도가 대상을 추구한다는 의미가 포함되어 있다. 이 진술
은 그의 최초의 본능 이론을 언급하는 구절에 포함되어 있다:

---

2 「문명과 그 불만」 (런던, 1930), p. 95.

'따라서 무엇보다도 자아 본능과 대상 본능 사이의 대비가 발생한다. 나는 후자의 본능 에너지를 위해서만 리비도라는 용어를 사용하였다; 여기에서 자아 본능과 대상을 지향하는 리비도적 본능 사이의 대비가 형성된다.' 프로이트가 지적했듯이, 이 두 본능 집단 사이의 차이는 그가 '자기애의 개념, 즉 리비도가 자아 그 자체에 집중된다는 개념을 도입'함으로써 포기되었다; 그러나 위의 인용문에 비추어 볼 때, 리비도가 일차적으로 대상을 추구한다고 주장하는 것은 결코 혁명적인 것이 아니다. 특히 내가 이전 논문에서 제안했듯이, 자기애는 자아가 대상과 동일시하고 있는 상태로 간주할 수 있다.[3]

정신분석적 연구가 대상관계 문제에 점점 더 관심을 집중하고 있음에도 불구하고, 리비도가 일차적으로 쾌락을 추구한다는 최초의 이론과 '정신 과정의 경로는 "쾌락 원리"에 의해 자동적으로 조절된다는 초기 개념은 수정되지 않은 채로 남아있다(Freud, 1920).[4] 이런 견해가 수정되지 않은 채 지속되고 있기 때문에 더 일찍 해결되었어야 할 다양한 문제들이 그대로 남아있게 되었다. 이 문제들 중에서 두드러진 것은 프로이트가 「쾌락원리를 넘어서」(1920)에서 설명하고자 시도했던 바, 신경증 환자들이 고통스러운 경험에 집요하게 매달리는 문제이다. 쾌락 원리로 이 현상을 만족스럽게 설명할 수 없었던 프로이트는 '반복 충동'의 개념으로 물러섰다. 그러나 만일 리비도가 일차적으로 대상을 추구한다고 간주한다면, 이런 구차한 설명에 의지할 필

---

3 이런 제안과는 별도로, 리비도는 일차적으로 대상을 추구한다는 견해와 자아에 집중되는 리비도 개념이 반드시 서로 모순되는 것은 아니다. 왜냐하면 항상 자아 구조의 한 부분이 대상으로서의 또 다른 부분을 다루고 있을 가능성이 존재하기 때문이다.
4 「쾌락 원리를 넘어서」(London, 1922) p.1.

요가 없다; 최근의 논문(1943)에서 나는 고통스런 경험에 집착하는 경향성이 나쁜 대상과의 관계로 설명될 수 있음을 보여주었다. 그 논문에서 나는 또한 나쁜 대상들과의 리비도적 관계가 지닌 모든 함축들을 고려할 때, '죽음 본능' 개념에 포함된 어려움을 피해갈 수 있음을 보여주었다.

충동 심리학과 그 한계

실제로 지금 채용한 '대상관계적' 관점은 분열성 경향을 보이는 환자들, 즉 대상관계에 특별한 어려움이 있는 부류의 개인들을 이해하기 위한 노력의 결과였다; 여기서 나는 감히 최근의 정신분석적 연구가 우울증에 지나치게 집착함으로써 손해를 보고 있다고 주장하고 싶다. 사실 나는 그러한 결론에 도달하기에 앞서 일반적으로 '충동 심리학'이 지닌 한계에 강한 인상을 받았다. 그리고 본능이 존재 그 자체로서 취급되는 본능 이론이 지닌 설명적 가치에 상당한 회의를 갖게 되었다. 충동 심리학의 한계는 치료 영역에서 더욱 뚜렷이 느껴진다; 힘든 분석을 통해서 환자에게 '충동'의 성질을 드러내는 것과 그 충동을 어떻게 할 것인지를 깨닫게 하는 것은 별개의 문제이기 때문이다. 개인이 자신의 충동을 어떻게 다룰 것인가의 문제는 명백히 대상관계의 문제이며 또한 그의 성격의 문제이다; 그리고 (기질적 요소와는 별도로) 성격의 문제는 자아가 내재화된 대상들과 갖는 관계와 뗄 수 없이 연결되어 있다—또는 곧 설명하게 될 몇 가지 이유들로 인해 내가 선호하듯이, 자아의 다양한 부분들이 내재화된 대상들과 맺는 관계와 밀접하게 관련되어 있다. 한마디로 '충동'은 심리내적 구조와 그리고 이런 구조를 형성하게 하는 대상관계와 떼어놓고 생각할 수 없다; '본능'은 그런 심리내적 구조의 역동성을 이루고 있는 에너지 형태에 지나지 않는다.

실제적인 심리치료적 관점에서 볼 때, 충동을 구조와는 별개의 것으로 간주하는 분석은 빈약한 치료 효과만을 산출한다는 사실이 확인된다. 이 점은 분열성 경향이 두드러진 환자들의 경우에 특히 그러하다. 비교적 '충동' 심리학의 관점에 근거한 해석만을 사용할 경우, 연상의 홍수(예컨대 구강기-가학적 환상들)를 불러일으키는 것은 때때로 아주 쉬울 수 있다. 그것은 매우 인상적인 무의식의 표현일 수 있다. 그러나 그것은 통합을 향한 어떤 실질적인 움직임 없이 그리고 의미 있는 치료적 발달 없이 끝없이 유지될 수 있다. 이런 현상은 자아(또는 내가 선호하는 용어인 중심적 자아)는 환상을 기록하는 행위자일 뿐 서술된 환상에는 참여하지 않는다는 사실을 말해준다. 그런 상황이 발생할 때, 중심적 자아는 소위 특별석에 편히 앉아서 내적 실재의 무대 위에서 연출되는 드라마를 구경하는 역할을 한다. 동시에 중심적 자아는 놀라운 사건들에 대한 기록자라는 점에서 그리고 자신은 단순히 관찰할 뿐만 아니라 관찰을 위해 자료를 제공한다는 점에서, 단순 관찰자인 분석가보다 우월감을 느끼는 것을 통해서 상당한 자기애적 만족을 얻는다. 이것이야말로 방어 기술의 작품이다―분열성 개인들은 이 방어 기술의 사용을 위해 호시탐탐 기회를 노리고 있으며, 특히 분석가의 해석이 '충동' 심리학의 입장에서 이루어질 때 그러한 기술의 사용은 그들에게 거의 저항할 수 없는 유혹이 된다. 그런 기술은 환자가 치료의 중심적인 문제, 즉 현실 상황에서 '충동'으로 알려진 역동적인 에너지의 방출이라는 문제를 피해갈 수 있는 가장 좋은 방법을 제공한다. 이 문제는 분명히 대상관계적인 것이다.

충동 심리학의 부적절성에 대한 나의 견해는 내가 경험한 수많은 사례들 중의 하나를 언급하는 것을 통해서 제시될 수 있다. 이 환자는 겉으로 드러난 일반화된 불안 증세와 뚜렷한 공포증 및 히스테리 증상들 근저에 분열성 특성들을 갖고 있는 미혼 여성이었다. 그녀는 방출되지 못한 리비도적 긴장을 심하게 억압하고 있었다. 이런 리비도적 긴장이 회기 중에 발생했을 때 그녀는 자주 메스꺼움을 느낀다고 호소하곤 했다. 이런 메스꺼운 느낌은 분명히 내재화된 대상으로서의 아버지와 그의 페니스와 연결된 엄마 및 엄마의 젖가슴에 대한 그녀의 태도에 기초한 전이 현상이었다; 그리고 그녀의 연상이 처음부터 많은 양의 구강기 자료로 채워졌다는 점에서 그 현상은 구강기 충동이라는 측면에서 해석되기 쉬운 것이었다. 그럼에도 불구하고 그녀의 메스꺼움의 주된 의미는 그녀의 반응이 지닌 구강적 성질에 있다기보다는 다음의 두 가지 요인과 관련되어 있었다: (1) 엄마의 젖가슴에 대한 리비도 고착과 (2) 리비도적 대상에 대한 거절. 물론 그녀의 반응이 지닌 구강적 성질은 그녀의 성기적 성욕이 심각하게 억압되어 있는 것과 관련되어 있다; 그리고 그녀가 여러 번 자신은 불감증을 갖고 있다고 한 말은 사실이었던 것 같다. 동시에 그녀가 성기적 태도를 성취하지 못한 것은 구강기 고착 때문이 아니라 오히려 아버지의 페니스에 대한 거절 때문이라고 이해해야 한다. 그리고 이때 아버지의 페니스에 대한 거절은 부분적으로는 아버지의 페니스가 나쁜 젖가슴과의 동일시되어 있기 때문이고, 부분적으로는 그녀가 젖가슴 대상에 고착되어 있기 때문이며, 또 부분적으로는 전체 대상으로서의 아버지에 대한 '나쁜' 감정을 갖고 있기 때문이다. 그리고 구강적 태도가 대상에게 엄청난 힘을 부여하는 반면에 그 대상에게 더 적게 헌신하는 사실로 인해 성기적 태도로 가는 길은 더욱 더 멀어지고 말았다. 이 환자가 회기 중에 '화장실에 가고 싶어요'라고 말하는 것은 흔히 있는 일이었다. 이 말의 의미는 우선 문자 그대로의 의미를 갖고 있다; 그러나 나중에 분석에서 그것은 점점 그녀가 전이 상황에 의해 활성화된 리비도적 감정을 표출하고 싶은 욕망을 의미하는 것으로 드러났다. 여기서 다시 이 현상의 주된 의미는 소변 단계와 항문 단계의 측면에서 고려되는 '충동'의 성질에 있지 않고, 그 현상에 포함되는 대상관계의 성질에 있다. '메스꺼워지는 것'과 마찬가지로 '화장실에 가고 싶은 것'은 확실히 신체 내용물로 표현되는 리비도적 대상에 대한 거절을 의미한다. 그럼에도 불구하고 '몸이 아픈 것'과 비교할 때, 그것은 거절의 정도가 더 경미하다는 것을 말해준다; 왜냐하면 비록 이 두 사례 모두에서 리비도 긴장의 방출이 포함된다 하더라도, '화장실에 가기'는 신체 안에 동화된 내용물의 방출을 나타내며, 이는 외부 대상 앞에서 리비도적 감정을 표현하는데 있어서 더 큰 자발성(willingness)을 갖고 있음을 말해주기 때문이다. 이 자발성은 성기적 태도가 지닌 특징 중의 하나이다.

물론 심리학 이론의 과학적 타당성은 심리치료적 성공이나 실패의 관점에서만 평가될 수는 없다; 왜냐하면 치료 결과의 과학적 중요성은 이런 결과들이 어떻게 얻어졌는지를 정확하게 알 수 있을 때에만 평가될 수 있기 때문이다. 충동 심리학이라고 해서 예외일 수는 없다; 그러나 정신분석의 경우, 치료 결과는 전이 현상, 즉 환자가 분석가와 형성하는 특별한 종류의 대상관계와 밀접히 관련되어 있다는 것이 일반적으로 인정되고 있다. 다른 한편, 분석가는 자기를 드러내지 말아야 한다는 것이 정신분석 기술의 일부로 수용되고 있다. 우리가 알고 있듯이, 그런 태도를 채용하는데는 아주 그럴듯한 이유들이 있다; 그러나 그것은 불가피하게 환자와 분석가 사이의 대상관계를 일방적인 것이 되게 하며, 따라서 저항을 가져온다. 물론, 환자와 분석가 사이의 관계는 일종의 일방성을 내포하고 있다; 그러나 자기를 감추는 분석가의 태도가 충동 심리학에 기초한 해석과 결합될 때, 그것은 만족스런 대상관계를 형성하는 환자의 능력(그가 환자라는 사실때문에 이미 문제를 지닌 것으로 여겨지는)에 상당한 제약이 된다. 동시에 그 환자는 치료자와의 관계에서 여러 방어들 중에서이미 언급된 기술, 즉 중심적 자아의 의미있는 참여 없이 상황을묘사하는 기술을 사용하려는 유혹을 받게 된다. 이런 기술의 명수였던 나의 한 환자는 어느 날 자신이 처한 충동-긴장의 상태를 매우 지적인 방식으로 서술한 후에, '그런데 선생님은 그것에대해 어떻게 하실 건데요?' 라고 말했다. 나는 그 대답으로 그 자신이 그것을 어떻게 할 것인가가 실제적인 문제라고 말했다. 이대답은 실제로 그에게 아주 당혹스런 것이었다. 왜냐하면 그것은 그로 하여금 분석 과정과 그의 삶에서 겪고 있는 실제적인문제와 갑작스레 직면하게 했기 때문이다. 개인이 충동-긴장을어떻게 처리하는가의 문제는 이미 언급했듯이 분명히 대상관계의 문제이다. 그러나 대상관계는 반드시 대상뿐만 아니라 주체를 포함하고 있기 때문에 그것은 또한 성격의 문제이기도 하다.따라서 '충동'이 외적 및 내적 대상과 따로 떼어서 생각할 수없는 것이라면, 그 충동을 자아 구조와 따로 떼어서 생각하는 것도 마찬가지로 불가능하다는 결론에 도달한다. 실제로 자아 구조만이 대상과의 관계를 추구할 수 있다는 점에서, 충동은 자아구조와 따로 떼어서 생각할 수가 없다. 따라서 우리는 '충동'은다만 심리내적 구조의 역동적인 측면일 뿐이며, 그런 구조가 아무리 미숙한 것으로 밝혀진다 하더라도, 그것이 없다면 충동은존재할 수 없다는 이미 언급된 결론에 도달한다. 궁극적으로 '충동'은 단순히 자아 구조의 활동적인 측면으로 간주되어야 한다.

구조 심리학과 구조의 억압[5]

일단 내가 제안하는 기본적인 입장이 받아들여진다면, 정신 기구에 대한 이론을 새롭게 검토해야 하는 책임이 뒤따른다. 특히 정신구조를 원본능, 자아 그리고 초자아의 삼중 구조로 이루어진 것으로 서술한 프로이트의 이론이 그대로 유지될 수 있는 가의 문제가 제기된다. 이 문제와 관련해서 첫 번째로 의심스러운 것은 분명히 원본능의 위치에 관한 것이다; 왜냐하면 '충동'이 자아 구조 안에 존재하는 것으로 생각된다면, 원본능과 자아가 별도의 구조일 가능성은 더 이상 없기 때문이다. 따라서 자아를 현실과의 관계에서 원본능-충동을 조절하기 위한 목적으로 정신의 표면에 발달한 구조로 보았던 프로이트의 개념은 자아를 처음부터 충동-긴장의 근원으로 보는 개념으로 대체되어야 한다. 물론 이처럼 자아 안에 원본능을 포함시키는 것은 자아의 기능을 외부 현실의 상황에 맞추기 위해 충동-긴장의 방출을 조절하는 것으로 보는 프로이트의 견해와 본질적으로 상충되는 것이 아니다. 그러나 그것은 '충동'이 현실을 지향하고 있으며, 따라서 처음부터 어느 정도 '현실 원리'에 의해 결정된다는 견해를 포

---

5 돌이켜 보면, 앞에서와 마찬가지로 여기에 기록된 어떤 결론 즉 본 논문의 이 부분은 '비정상적인 신체 성기를 가진 환자의 분석 특징들'이라는 내 논문에서 이미 예시되었다는 것은 이제 분명하다. 그것은 1931년에 쓰여진 것으로서 이 책에도 포함되어 있다.

함하고 있다. 그러므로 예컨대 아이의 최초의 구강 행동은 처음부터 젖가슴을 지향하는 것으로 간주될 것이다. 이런 관점에 따른다면, 쾌락 원리는 더 이상 행동의 일차적 원리가 아니라 대상 관계의 불만족에 따른 행동의 부차적 원리로 간주되어야 한다. 다시 말해서, 그것은 자아의 미숙성 때문이든 자아 발달의 실패 때문이든 간에 현실 원리가 실패하는 정도에 비례하여 작동하는 행동의 부차적인 원리이다. 그때 현실 원리가 쾌락 원리를 어느 정도나 대신하는가에 관한 물음은 미숙한 현실 원리가 어느 정도까지 성숙을 향해 나아가는가에 관한 물음으로 대치되어야 할 것이다; 그리고 현실에 봉사하기 위해 원본능-충동을 조절하는 자아의 능력에 관한 질문은 충동-긴장을 자체 안에 갖고 있는 자아 구조가 어느 정도로 현실 원리에 따라 조직화되어 있는가 또는 그러한 조직화의 실패로 인해 어느 정도로 쾌락 원리에 의지하고 있는가에 관한 질문으로 대치되어야 할 것이다.

만일 '충동'을 처음부터 자아 구조와 뗄 수 없이 연결된 것으로 생각한다면, 원본능에서 생기는 충동을 다룰 때 자아가 억압이라는 실행 기능을 사용한다는 프로이트의 개념을 어떻게 이해할 것인가? 나는 이미 다른 곳(1943)에서 억압 개념에 대한 대상 관계적 이해를 제시했다. 거기서 나는 억압이 일차적으로 고통스럽거나 '나쁜' 것으로 나타나는 충동(프로이트의 최종 견해에서처럼) 또는 심지어 고통스런 기억(프로이트의 초기 이론에서처럼)에 대해서가 아니라 나쁜 것으로 여겨지는 내재화된 대상에 대해서 행해지는 것이라는 입장을 밝혔다. 나는 나의 이런 견해가 옳다고 생각한다; 그러나 어떤 점에서 억압에 관한 나의 견해는 변화를 겪었다. 특히 나는 억압을 (자아 구조는 아닐지라도 심리내적 구조로서 간주해야 하는) 내재화된 대상에 대해서 뿐만 아니라 이런 내적 대상들과 관계를 추구하는 '자아'의 부분

들에 대해서도 행해진 것이라는 생각에 도달하게 되었다. 여기
서 독자는 억압이 '자아' 기능이라는 점에서 이런 견해는 스스
로를 억압하는 자아라는 개념에 도달한다는 비판을 제기할 수도
있을 것이다. 자아가 어떻게 억압하는 자아일 수 있는가? 라는
질문이 제기될 수 있다. 이 물음에 대해서 나는 전체로서의 자아
가 스스로를 억압하는 것은 불가능하겠지만, 역동적으로 충전된
'자아'의 한 부분이 역동적으로 충전된 '자아'의 또 다른 부분
을 억압하는 것은 가능하다라고 대답할 것이다. 이것은 물론 한
덩어리의 충동이 또 다른 덩어리의 충동을 억압한다는 생각으로
서, 프로이트가 정신 기구에 대한 이론을 형성할 때 거부했던 개
념이다. 억압을 설명하기 위해 프로이트는 억압을 유발시키는
구조, 즉 초자아의 존재를 가정했다. 그러므로 억압되는 구조가
존재한다고 말하는 것은 프로이트가 생각했던 방향으로 한 걸음
더 나간 것일 뿐이다. 이미 제안된 이론적 이유들과는 별도로, 그
런 가정을 할 수 있는 충분한 임상적 이유들이 있다. 그것들 중
에서 두드러진 것은 리비도적 '충동'의 '승화'와 관련된 것이다.
우리가 충동을 자아 구조 자체가 지닌 에너지의 형태로 간주할
경우, 충동의 승화가 그렇게 어려운 것에 대한 설명은 충동 자체
가 지닌 완고성만으로는 적절하게 설명될 수 없다. 그것은 억압
된 '충동'은 뚜렷한 패턴을 지닌 자아 구조들과 뗄 수 없이 연
결되어 있다는 가정 위에서만 만족스럽게 설명될 수 있다. 이 가
정이 옳다는 것은 다중 성격 현상에 의해 확인된다. 다중 성격에
서 억압된 '충동'이 표면에 드러나지 않은 자아 구조와 연결되
어 있다는 것은 의심할 여지가 없다; 그러나 그런 연결은 또한
히스테리 개인에게서 특징적으로 드러나는 경미한 해리의 광범
위한 형태에서도 탐지된다. 억압을 설명함에 있어서 우리는 자
아의 다중성을 가정할 필요가 있다. 이것은 실제로 분열성 환자

의 문제들에 친숙한 사람에게는 특별히 어려운 개념이 아니다.
그러나 최근의 정신분석 이론의 발달에서 우울증 현상에 지나치
게 몰두함으로써 이런 방향의 연구가 제한 받은 것은 아쉬운 일
이다.

분열성 자리

우울증에 대한 고전적 설명을 담고 있는 자아와 원본능(1923)
을 읽은 독자라면 누구나 프로이트의 정신구조 이론은 그것 자
체가 우울증 현상에 대한 고찰에 크게 기초해 있다는 사실을 알
고 있을 것이다; 그리고 우리는 그의 사고의 마지막 연결을 '애
도와 우울증'(1917)[6]이라는 제목의 논문에서 발견한다. 마찬가지
로 '우울적 자리'는 멜라니 클라인과 그녀의 동료들의 견해에서
중심적인 위치를 차지하고 있다. 여기서 나는 우울적 자리에 그
런 중심적 위치를 부여하는 것은 나의 임상 경험과 조화를 이루
지 않는다는 점을 밝힌다. 물론 우울증이나 우울적 유형의 성격
으로 인해 고통 당하는 개인들에게 우울적 자리가 갖는 중요성
을 부인하는 것은 어리석은 일일 것이다. 그러나 나의 경험에 의
하면, 이런 개인들은 정신의학 분야의 실제에서는 일반적이라
할지라도 내담자들의 커다란 비중을 차지하고 있지는 않다. 불
안 상태, 정신신경증 그리고 성격 장애로 고통받는 환자들의 일
반적인 추세를 고려할 때, 정신분석 치료를 받는 대다수 사람들

---

6 논문집 (런던 1926), 4권 pp. 152f)

의 중심적 자리는 우울증보다는 오히려 분열성으로 보인다.

이 점에서 나는 '우울증'의 주된 정서인 '우울감'과 분열성의 주된 정서인 '허망감' 사이의 차이에 대한 나의 언급(1941)을 반복할 필요가 있다고 생각한다. 관찰자의 관점에서 볼 때, 분열성 개인들이 아주 일반적으로 자신이 '우울하다'고 말한다는 점에서 이 두 정서의 차이를 이끌어내기가 쉽지 않다; 사실 '우울하다'라는 친숙한 용어는 임상 실제에서 허망감으로 고통받는 환자들에게 적용되어야 하는 경우가 대부분이다. 이처럼 정신신경증 증상을 지닌 많은 환자들이 실제로는 분열성 유형에 속하면서도 우울적 유형에 속한 것으로 분류되는 일이 흔히 일어난다. 그러나 이런 근본적인 문제 외에도, 정신신경증적 방어들이 갖는 강력한 힘 때문에 그리고 임상 상황에서 정신신경증(예를 들면 히스테리) 증상이 두드러지게 나타나는 현상 때문에 '정신신경증적 환자들의 근저에 분열성 자리가 놓여있음을 알아차리지 못하는 경우가 빈번하다. 그러나 자네(Janet)가 임상적 실체로서 히스테리 개념을 이론화할 때 인용했던 사례들 중 많은 경우가 뚜렷이 분열성 성격에 속한 것이라는 결론을 피하기는 어렵다; 현대 정신의학의 임상적 관점에서 바라본다면, 그들 중 상당한 비율은 실제로 명백한 정신분열증으로 진단될 것이다. 나는 히스테리 증상을 지닌 환자들에 대한 조사에서 '히스테리' 환자가 보이는 모든 해리 현상이 '분열성' 환자에서 발견되는 것과 똑 같은 자아 분열을 포함한다는 사실을 확인했다.

'히스테리에 대한 관심에로 돌아가자'

이 지점에서 정신병리에 관한 프로이트의 최초의 실험 연구들은 거의 전적으로 (우울증 현상이 아니라) 히스테리 현상에 관한 것이었으며, 따라서 이런 현상의 기초 위에서 초기 정신분석 이론과 실제가 확립되었다는 사실을 기억하는 것이 적절한 것 같다. 만약 히스테리 현상이 프로이트의 연구에서 그랬던 것처럼 계속해서 중심적 위치를 유지했더라면, 정신분석 이론이 어떻게 발달했을까하고 추측하는 것은 쓸데 없는 일일 것이다; 그러나 최소한 우울적 자리가 차지한 중요성의 상당 부분을 분열성 자리가 차지했을 것임은 분명하다. 프로이트가 억압된 내용에 대한 연구에서 억압의 행위자에 대한 연구로 방향을 바꿈으로써, 히스테리 문제는 정신분석 연구의 중심적인 자리를 우울증 문제에 내어주게 되었다. 이 사실은 다음의 두 가지 점에서 어렵지 않게 이해될 수 있다: (a) 한편으로 죄책감과 억압 사이에 밀접한 연관성이 존재하는 것으로 보인다는 점, (b) 다른 한편으로 죄책감은 우울적 상태의 두드러진 특징이라는 점. 그렇다 하더라도 프로이트의 초자아 이론은 확실히 죄책감의 발생과 억압의 발생을 추적하려는 시도의 산물이었음이 분명하다. 이 사실은 억압의 기원 및 리비도 발달 단계에 관한 프로이트의 이론 안에서 심각한 모순을 발생시킨다. 왜냐하면 프로이트는 오이디푸스 상황을 본질적으로 성기적 상황으로 생각했던 반면, (그가 억압의 촉발자로 간주했던) 초자아의 기원에 대한 그의 설명은 구강기적 상황에서 이루어졌기 때문이다. 물론 멜라니 클라인은 오이디푸스 상황이 전에 가정되었던 것보다 아주 훨씬 더 초기 단계에서 비롯되는 것으로 생각했다. 즉, 그녀는 '단계' 이론의 확장을 통해서 이 문제를 해결한 것으로 보인다. 이 이론에 대해서 나는 이미 비판적인 검토를 제시한 바 있다(1941). 이와는 달리, 나는 억압의 원인을 성기적 단계 이전뿐만 아니라 오이디푸스 상황 이전 단계에서 그리고 심지어 초자아가 확립되는 시기 이전 단계에서 찾게 되었다. 따라서 나는 다른 곳에서(1943) 억압은 (성기적 의미에서건 아니건, 근친상간적 충동에 대한 방어로서가 아니라) 일차적으로 '나쁜' 내재화된 대상들에 대한 방어로서 시작되며, 죄책감은 나쁜 내재화된 대상들을 포함하는 상황에 대한 부가적인 방어로서 시작된다는 것을 보여주고자 했다. 이 견해에 따르면, 죄책감은 아이가 자신의 부모가 무조건적으로 (즉 리비도적으로) 나쁘다고 생각하는 것보다는 자신이 조건적으로 (즉 도덕적으로) 나쁘다고 생각하는 것이 더 견디기 쉽다는 원리에서 비롯된다. 전자의 태도에서 후자의 태도로의 변화 과정을 서술하기 위해 나는 '도덕적 방어'라는 용어를 도입했다; 그리고 나의 견해에 따르면, '도덕적 방어'를 통해서만 초자아가 생겨난다.[7] 따라서 초자아 형성은 새로운 수준의 구조적 조직화를 나타낸다. 그리고 그 아래에는 이전 수준의 것이 지속된다. 따라서 나의 견해로는, 중심적 자아가 도덕적 의미를 지닌

---

7 나는 나의 견해에서 만족을 주고 '좋은' 대상들의 내재화를 위한 어떤 적절한 동기를 발견하기 어렵기 때문에 제일 먼저 내재화되는 것은 항상 나쁜 대상임을 덧붙여야 한다. 따라서 엄마의 젖가슴을 내재화하는 것은 유아 쪽에서 무의미한 절차이다. 그는 이미 그런 내재화가 부재할 때 엄마와의 완벽한 관계를 가졌으며 엄마의 젖은 그의 함입적 욕구들을 만족시켜주기에 충분한 것이었다. 이런 사고의 흐름을 따라서 엄마의 젖가슴이 유아의 신체적 정서적 욕구를 만족시키지 못하고, 따라서 나쁜 대상이 되는 한에서만 유아는 엄마의 젖가슴을 내재화시키는 것이 필요하다. 나중에 가서야 좋은 대상은 이미 내재화된 나쁜 대상에게서 아이의 자아를 방어하기 위해 내재화된다; 그리고 초자아는 이런 성질의 '좋은 대상'이다.

내적 대상으로서의 초자아와 관계하는 수준 근저의 영역에는 자
아의 부분들이 내적 대상들과 직면하는 수준이 놓여 있다. 이때
이 내적 대상은 단순히 도덕적 의미를 갖지 않은 어떤 것이 아
니라 흥분시키는 대상의 역할에서건 거절하는 대상의 역할에서
건 간에 중심적 자아의 (리비도적) 관점에서 볼 때 무조건적으로
나쁜 내적 대상들(내적 박해자들)로 간주된다. 따라서 우울증의
주된 현상은 초자아 수준에서의 설명으로 만족할 수 있는 반면
에, 이와 관련된 몇몇 현상들은 그렇게 쉽게 설명되지 않는다. 따
라서 우울증에서 빈번히 나타나는 편집증적 경향과 건강염려증
적 경향은 결코 좋지 않은 무조건적으로(즉 리비도적으로) 나쁜
내적 대상과의 관계를 나타낸다. 우울증의 초기 단계에 속한 개
인에게서 특징적으로 드러나는 강박증적 특성에 대해서도 같은
말을 할 수 있다; 왜냐하면 강박증적 방어는 일차적으로 도덕적
인 것이 아니기 때문이다. 정 반대로 이런 방어는 본래 '불운'에
대한 방어, 즉 무조건적으로 나쁜 (내적) 대상들과의 관계에 대한
방어이다. 히스테리의 증상을 초자아 수준에서 만족스럽게 설명
하는 것 또한 마찬가지로 어렵다. 그것은 무엇보다도 '히스테리'
에서 발생하는 리비도의 억제는 그런 개인에게 존재하는 죄책감
의 정도와 전혀 비례하지 않기 때문이다. 따라서 정신분석이 히
스테리 현상을 설명하려는 프로이트의 노력으로부터 시작되었
다는 점에서, '히스테리로 돌아가자'라는 표어를 내걸고 이런 자
료에 대한 고찰로 되돌아가는 것은 결코 헛된 노력이 아닐 것이
다.

자아의 다중성

프로이트가 억압된 내용은 본래 충동으로 이루어져 있다고 서술한 이후에 억압을 수행하는 요소에 대한 설명이 필요하자 구조적 개념들(자아와 초자아)에 의존했다는 사실은 이미 지적한 바 있다. 억압에 대한 프로이트의 생각을 가장 단순하게 말한다면, 그것은 다음과 같다: (a) 억압의 행위자는 자아이고, (b) 억압은 초자아 (내재화된 부모상)의 압력에 의해 유발되고 유지되며, (c) 억압된 내용은 본래 리비도적 충동으로 구성되어 있으며, (d) 억압은 오이디푸스 상황에 포함된 충동을 방어하기 위한 수단으로서 발생하며 자아는 초자아의 압력 때문에 그러한 충동에 대해 '죄책감'을 느낀다. 억압의 행위자와 촉발자 모두는 구조로서 간주되는 반면, 억압된 내용은 충동으로 이루어져 있다는 이러한 프로이트의 생각은, 비록 지금까지 사람들의 관심을 끌지는 못했지만, 일종의 모순을 포함하고 있다. 이 모순은 억압의 촉발자로 간주되는 초자아가 대체로 무의식적이라는 사실에서 뚜렷이 드러난다; 이것은 다시 초자아 또한 억압되는 것이 아닌가라는 어려운 문제를 발생시킨다. 프로이트 자신은 이 문제에 대해 결코 모르고 있지 않았다; 그는 초자아가 어느 정도 억압될 수 있는 가능성에 대해 분명히 알고 있었다. 물론 초자아의 억압은 정신구조의 억압을 나타낸다. 따라서 프로이트는 정신구조의 억압에 대한 가능성을 알고 있었던 것으로 보인다; 그리고 앞에서 제시한 고찰에 비추어볼 때, 억압된 것이 항상 그리고 본래적으로 구조적인 것은 아닌가라는 질문은 정당한 것이다. 억압된 것을 구조적인 것으로 볼 때에, 앞에서 제기한 모순은 해결될 수 있다.

억압된 내용이 본질상 구조라는 생각은 억압이 일차적으로 나쁜 것으로 취급된 내재화된 대상을 향해 있다고 제안했던 나의 이전 논문(1943)에 이미 암시되어 있다; 내재화된 대상들이 구조를 구성하는 것이 아니라면, 그런 대상들의 존재에 대한 생각은 전적으로 무의미한 것이다. 내가 앞의 논문을 발표한 이후의 경험에 비추어 볼 때, 억압은 일차적으로 나쁜 내재화된 대상을 지향한다는 나의 견해는 궁극적으로 정신구조 개념을 개정할 것을 요구하는 방향으로 나아갔다. 내가 이 방향으로 커다란 발걸음을 내딛을 수 있었던 것은 나의 환자 중 한 사람이 보고한 꿈의 분석 덕이었다. 기혼 여성인 그 환자는 본래 불감증 문제로 분석을 받으러 왔다. 그녀의 불감증은 의심할 여지없이 히스테리성 해리 현상(질의 히스테리적인 마비와 결합된 성적 무감각증)으로 인한 것이었다; 그러나 다른 모든 현상이 그렇듯이 그것은 일반적인 성격 문제의 일부만을 나타내는 것이었다. 꿈 자체는 아주 단순한 것이었다; 그러나 그것은 과학의 역사에서 종종 그렇듯이 근본적인 진실을 담고 있었고, 그 점에서 내게 충격으로 다가왔다.

이 꿈의 (드러난) 내용은 간단한 장면으로 이루어져 있다. 꿈속에서 그녀는 집안 대대로 내려온 유서 깊은 건물에서 유명한 여배우에게 심하게 공격받고 있었다. 그녀의 남편이 그 모습을 보고 있었지만, 그는 너무 무기력해서 그녀를 전혀 보호해줄 수 없었다. 그 여배우는 공격을 가한 후에 돌아서서 무대에서 그녀가 맡은 역을 계속해서 연기했다. 그녀의 공격은 공연 중의 막간에 일어난 것이었다. 그때 나의 환자는 바닥에 피를 흘리며 누워 있는 자신의 모습을 바라보고 있는 자신을 발견했다; 그러나 그녀가 바라보고 있는 동안 그 모습은 갑자기 남자의 모습으로 변했다. 그때부터 그 인물은 자신과 남자 사이를 오가며 바뀌었고,

결국 그녀는 극심한 불안 상태로 잠에서 깨었다.

그녀는 그 꿈속의 남자는 그녀의 남편이 최근에 구입한 것과 아주 비슷한 양복을 입고 있었는데, 그가 그녀의 부추김 때문에 이 양복을 샀지만 가봉을 할 때에는 '그의 금발머리 여직원'을 데리고 갔다고 내게 말해주었다. 이것은 전혀 놀랄 일이 아니었다. 꿈속에서 그가 무기력한 방관자였다는 점을 고려할 때, 이 사실은 그 공격이 그녀 못지 않게 그에게로 향해져 있다는 자연스런 생각을 확인해준다. 나는 추후 연상을 통해 이 생각을 충분히 확인할 수 있었다. 또한 공격을 가한 여배우는 공격받은 그녀 자신만큼이나 그녀 자신의 인격의 일부를 나타낸다는 생각도 이어지는 연상을 통해 확인할 수 있었다. 실질적으로 꿈에 등장한 여배우는 그녀의 어떤 면을 나타내고 있었다; 그녀는 본래 타인들을 향해 자신의 진정한 감정을 거의 드러내지 않는 내성적이고 철수된 성격이었지만, 겉으로는 전혀 다른 모습을 보였고 마치 그러한 겉모습이 진짜인 것처럼 행동함으로써 상당한 인기를 얻고 있었다. 그녀가 아동기 이후로부터 경험해온 리비도적 정동은 주로 피학적인 양상을 띤 비밀스런 환상의 삶에서 주로 표현되고 있었다; 그러나 외부 현실의 삶에서 그녀는 대체로 역할, 예컨대 좋은 아내, 좋은 엄마, 좋은 여주인 그리고 좋은 여류 사업가의 역할을 수행하는데 전념했다. 이런 사실을 고려할 때 꿈에서 남편에게 전가된 무기력은 부가적인 중요성을 갖게 된다; 설령 그녀가 아주 성공적으로 좋은 아내의 역할을 했다 하더라도, 그녀의 실제 인격은 그에게 전혀 다가갈 수 없었고, 그가 알고 있는 좋은 아내는 사실상 연기를 잘하는 배우의 모습에 지나지 않았다. 이것은 정서적 관계에서뿐만 아니라 부부 관계에서도 사실로 확인되었다; 그녀는 불감증을 갖고 있으면서도 성교 중에 마치 자신이 성적 흥분과 만족을 느낀다는 인상을 주었다.

게다가 분석에서 드러났듯이, 그녀의 불감증은 의심할 나위 없
이 자신 안에 있는 리비도적 요소에 대한 공격일 뿐만 아니라
리비도적 대상으로서의 남편에 대한 적대적 태도를 나타내는 것
이었다. 따라서 그녀가 이 꿈에서 여배우의 역할을 맡고 있다는
사실은 그녀가 남편에 대해 숨겨진 공격성을 갖고 있음을 말해
준다. 이 꿈에서 또한 분명해지는 것은 그녀가 공격 대상으로서
의 남편과 동일시되고 있다는 사실이다. 이 지점에서 그녀가 이
꿈을 꾸었을 때 그녀의 남편은 전투 요원 중의 일원이었고 휴가
를 받아 곧 집에 돌아올 예정이었다는 것을 언급할 필요가 있
다. 그가 돌아오기 전날 밤 그 꿈을 꾸기 직전에 그녀는 갑자기
인후염을 앓았다. 이것은 과거에도 그랬듯이 우연의 일치가 아
니었으며, 따라서 그녀가 공격 대상으로서의 남편과 동일시되었
음을 확인해주는 것이었다. 이 꿈속의 상황은 그녀가 한편으로
그녀 자신에게 직접적으로 공격성을 발산하는 동시에 다른 한편
으로 리비도적 대상으로서의 남편에게 간접적으로 공격성을 발
산하고 있음을 보여준다. 물론 피상적인 수준에서 이 상황은 꿈
꾼 이가 우울적 패턴에 따라 자신의 공격성에 대해 죄책감을 느
끼는 순간에 자신의 양가적 태도 안에 포함되어 있던 공격적 요
소를 남편으로부터 자신에게로 돌린 결과로 해석되기 쉽다. 그
럼에도 불구하고 그 꿈이 보고된 실제 회기에서 이 해석은 피상
적인 수준에서조차도 충분한 설명이 될 수 없었다.

분명코 꿈에서 제시된 상황은 방금 언급된 것보다 더 깊은 해
석을 요한다. 그 상황은 꿈꾼 이가 리비도적 능력을 지닌 자신에
게 직접적인 공격성을 발산하는 동시에 리비도적 대상으로서의
남편에게 간접적인 공격성을 발산한 것으로 서술되고 있다. 이
서술은 물론 그녀의 공격성 표현 능력에 대해서 언급하지 않고
있다는 점에서 불완전한 것이다; 그리고 구체적으로 설명되지

않고 있는 이 능력의 성질을 고려할 때, 이 꿈의 심층적 의미는 곧 드러나게 된다. 꿈의 드러난 내용에 따르면, 그녀는 여배우로 서 자신을 공격했다; 그리고 우리는 이미 그 여배우의 상이 리비 도적 관계에 대해 적대적인 그녀 자신의 측면을 나타낸다는 사 실을 확인했다. 그러나 분석 과정에서 이미 그 여배우의 상이 최 소한 꿈꾼 이의 엄마를 나타낸다는 사실을 말해주는 풍부한 연 상들이 출현했다. 그녀의 엄마는 자녀들에게 자연스럽고 자발적 인 애정을 보이지 않았고, 그녀를 향한 자녀들의 감정 표현을 반 기지도 않았으며, 무대 위에서 연기하듯 삶을 살아가는 인위적 인 여자였다. 따라서 꿈속의 여배우는 꿈꾼 이의 억압된 엄마 상 이라고 볼 수 있다. 그녀가 자신의 엄마를 명백한 '초자아' 상으 로 꿈의 드라마에 끌어들인 사실을 고려할 때, 이 꿈의 심층적 해석은 오이디푸스 상황의 측면에서 행해져야 되지 않겠는가 라 는 질문이 제기될 수 있다; 그리고 그녀의 아버지의 요소도 포함 된 것이 아닌가 라고 자연스럽게 묻게 된다. 실제로 그녀의 아버 지는 1914-18년의 전쟁 중에 전투에서 죽었는데, 그때 그녀는 겨 우 여섯 살이었다; 그리고 분석에서 그녀는 흥분시키고 거절하 는 리비도적 대상으로서의 아버지를 향한 상당한 분노를 가지고 있음이 드러났다. 그 꿈에서 그녀의 아버지 상을 찾는다면, 그것 은 분명히 공격을 받는 그녀 자신의 상과 번갈아 나타났던 남자 밖에 없다. 물론 그 남자는 그녀의 남편을 나타낸다; 그러나 분석 중 전이에서 그녀의 남편과 그녀의 아버지가 밀접하게 동일시되 어 있음이 확인되었다. 이 점에서 그 남자는 해석의 더 깊은 수 준에서 그녀의 아버지를 나타낸다고 추론해도 무방하다. 따라서 이 수준에서 그 꿈은 그녀와 아버지가 근친상간적 관계로 인한 죄책감 때문에 엄마에게 죽임을 당하는 환상적 내용이라고 해석 될 수 있다. 동시에 그 꿈은 정신구조의 측면에서 해석될 수 있는데, 그 해석은 (엄마에 의해 형태지어진 초자아에 의해 촉발된) 아버지와의 근친상간적 리비도 애착에 대한 죄책감으로 인해 발생한 리비도의 억압을 나타내는 것이 될 것이다. 그러나 비록 구조적 해석이 효과적인 접근을 제공하는 것처럼 보인다 해도, 이 해석들 중 어느 것도 제시된 자료를 제대로 설명해주지는 못하고 있는 것으로 보인다.

　이 지점에서 나는 환상 특히 꿈에 관한 내 자신의 견해가 어떤 발달을 거쳤는지를 언급할 필요를 느낀다. 여러 해 전에 나는 꿈을 매우 많이 꾸는 아주 특별한 여성을 분석할 기회를 가졌다.[8] 이 여성이 보고한 꿈들 중에는 '소망-충족' 이론을 적용하려는 모든 노력을 거부하는 꿈이 많았다. 그리고 그녀는 자발적으로 그 꿈들을 실제로 존재하는 심리내적 상황을 나타내는 꿈으로 묘사했다. 이것은 내게 깊은 인상을 남겼다. 어쨌든 프로이트의 정신구조 이론과 친숙해진 후에, 멜라니 클라인이 정교화한 심리적 실재와 내적 대상들의 개념의 중요성을 이해하고 난 후에 그리고 내가 분열성 현상의 의미에 대해 깨닫게 된 후에, 나는 꿈에서 나타나는 모든 상들은 꿈꾼 이 자신의 성격의 부분들(자아, 초자아, 원본능으로 불리는)이거나 아니면 자아가 동일시한 것들을 나타낸다는 견해를 공식화했다. 이 견해를 좀더 끌고 간다면, 꿈은 본래 소망-충족이 아니라 내적 실재에 존재하는 상황의 극화 또는 '단편들'(마치 단편 영화처럼)이라는 생각으로

---

8 이 사례는 (이 책에 포함된) '신체적 성기가 비정상적인 환자의 분석 특성'이란 제목의 내 논문에 어느 정도 서술되었다. 그것은 또한 (이 책에 역시 포함된) 왕의 죽음이 분석 중에 있는 환자들에게 미친 영향에서 서술된 세 번째 사례이다. 비록 문제의 그 환자가 주로 조-울적 성질을 지닌 증상을 보였지만 나는 회고하건대 그녀는 기본적으로 분열성 인격이었다고 생각한다.

인도할 것이다. 나는 꿈이 본래 내적 실재에 존재하는 상황의 '단편'들이라는 견해를 지금도 고수하고 있다; 그러나 꿈에서 나타나는 인물들에 관해서, 나는 그런 인물들이 '자아'의 부분들이나 내재화된 대상들을 나타낸다는 것으로 나의 견해를 수정하였다. 따라서 나의 현재의 견해에 따르면, 꿈에서 묘사된 상황은 심리내적 구조들 간의 관계를 나타낸다; 그리고 동일한 생각이 깨어 있는 상태에서 경험하는 환상에도 마찬가지로 적용된다. 이것은 내적 대상이 심리내적 구조로 간주되어야 한다는 피할 수 없는 인식과 함께 나의 대상관계 이론으로부터 도출된 자연스런 결론이다.

이제 나는 다시 꿈에 대한 논의로 돌아가서 이론적인 문제를 해결하기 위한 노력 끝에 내가 도달한 결론에 관해 좀더 언급해보겠다. 이미 언급했듯이, 구조적인 관점에서의 해석이 가장 유익한 결과를 가져온다는 주장에도 불구하고, 내게는 그러한 해석들 중 어느 것도 전적으로 만족스럽지 못하다는 것을 발견했다. 물론 독자는 정신구조에 관해 내가 이미 말했던 것을 기억할 것이다; 그리고 모든 정신병리적 발달은 초자아가 발달하기 이전 단계에서 비롯되며, 초자아가 작용하는 수준보다 더 아래 수준에서 작용한다는 나의 견해를 회상할 것이다. 따라서 이어지는 나의 논의에서 설명적 개념으로서의 초자아나 원본능에 의존할 생각은 없다. 그보다는 구조적 접근의 입장에서 꿈이 제공하는 자료에 담긴 의미를 탐구해보겠다.

이 꿈의 드러난 내용에서 실제 드라마는 네 가지 인물을 포함한다: (1) 공격당하는 꿈꾼 이 자신 (2) 이 인물이 변형되어 나타나는 남자 (3) 공격하는 여배우 그리고 (4) 무기력한 방관자로서의 남편. 그러나 우리는 이 드라마 안에서 일어나는 것을 바라보고 있는 유일한 목격자인 꿈꾸는 사람 자신, 즉 관찰하는 자아의 존재를 잊어서는 안 된다. 따라서 이 꿈에서 다루어져야 할 인물은 목격자를 포함해서 다섯이다. 만일 꿈이 몇 초 전에 끝났더라면, 꿈속의 '나'를 포함해서 단지 네 명의 인물만이 있었을 것이다; 왜냐하면 이 꿈은 다섯 번째 막에 이르러서야 방관자였던 남자가 공격 대상으로서의 꿈꾼 이로 바뀌기 시작했기 때문이다. 이것은 매우 흥미로운 현상이다. 그리고 우리는 이 남자가 출현하기 전까지 공격 대상이 합성된 인물(a composite figure)이었다고 결론을 내릴 수 있다. 이 두 번째 인물을 합성된 것으로 간주할 수 있는 충분한 이유가 있다는 점에서, 이 현상은 특별한 흥미를 불러일으킨다; 왜냐하면 공격하는 여배우는 의심할 나위 없이 꿈꾼 이의 또 다른 측면과 꿈꾼 이의 엄마 모두를 나타내기 때문이다. 따라서 나는 감히 한 걸음 더 나아가 꿈이 몇 초간 더 지속되었더라면 다섯 명의 인물대신에 여섯 명의 인물이 등장했을 것이라고 제안할 수 있다. 이 꿈의 잠재적 내용 안에는 여섯 명의 인물이 들어있다고 추론하는 것은 안전하다; 그리고 이것은 이 꿈의 해석을 위해 중요한 의미를 갖는다. 꿈에서 여섯 명의 인물이 나타났다고 가정하고, 이 인물들의 성질을 생각해보자. 여기에서 우리가 제일 먼저 발견하는 것은 그 인물들이 두 부류, 즉 자아 구조와 대상 구조로 분류된다는 것이다. 흥미롭게도 각 부류에는 세 구성원이 있다. 자아 구조에는 (1) 관찰하는 자아 또는 '나' (2) 공격받는 자아 그리고 (3) 공격하는 자아가 포함되어 있으며, 대상 구조에는 (1) 관찰하는 대상으로서의 꿈꾼 이의 남편 (2) 공격받는 대상 그리고 (3) 공격하는 대상이 포함되어 있다. 여기에서 우리는 자아 구조들은 대상 구조들과 서로 짝을 이룬다는 두 번째 사실을 발견한다. 서로 짝을 이루는 쌍은 세 가지이다: (1) 관찰하는 자아와 역시 관찰자로 묘사되는 그녀의 남편 (2) 공격하는 자아와 그녀의 엄마를 나타내는 공격하는 대상 그리고 (3) 공격받는 자아와 그녀의 아버지를 나타내는 공격받는 대상.

이런 관찰을 염두에 두면서, 이제 보다 만족스런 꿈의 해석을 위해 내가 도달한 결론을 살펴보자. 그것은 다음과 같다. 꿈에서 독립적으로 나타난 세 가지 자아 인물은 실제로 꿈꾼 이의 마음 속에 있는 독립된 자아 구조를 나타낸다. 따라서 꿈꾼 이의 자아는 분열성 자리와 유사하게 세 개의 독립된 자아들, 즉 중심적 자아와 중심적 자아에서 떨어져 나온 다른 두 개의 부차적 자아들로 분열된다. 그리고 이 두 부차적 자아들 중의 하나는 다른 하나에 의해 공격을 받는 대상이 된다. 공격받은 자아가 꿈꾼 이의 아버지(전이에서는 남편)와 밀접히 관련되어 있기 때문에, 이 자아는 리비도를 아주 많이 가지고 있다고 추론해도 좋다; 따라서 그것은 '리비도적 자아'로 적절히 서술될 수 있다. 공격하는 자아는 억압적 인물로서의 꿈꾼 이의 엄마와 밀접히 관련되어 있기 때문에, 그것의 역할은 전통적인 오이디푸스 상황에서의 초자아의 역할과 유사하다. 그러나 그것의 공격이 도덕적이라기 보다는 징벌적인 요소를 담고 있고 또한 죄책감이 아니라 명백한 불안을 일으킨다는 점에서, 공격하는 자아와 초자아를 동등시하는 것은 정당화되기 어렵다. 어쨌든 내가 이미 지적했듯이, 정신병리의 원인과 관련된 중요성을 초자아가 기능하는 수준보다 더 아래 수준에 두는데는 그만한 이유가 있다. 동시에 꿈이 발생한 상황에서 볼 수 있듯이, 꿈꾼 이와 남편 사이의 리비도적 관계가 심각하게 손상되었음을 알 수 있다; 그리고 이 꿈에서 우리는 공격하는 자아의 작용을 그러한 손상을 가져오는 요인으로 볼 필요가 있다. 결과적으로 공격하는 자아는 내적 파괴자(internal saboteur)로 가장 적절하게 묘사될 수 있다. 따라서 이 꿈이 나타내는 의미를 발견하고 그것의 구조적 의미를 결정하기

위해서 나는 자아, 원본능, 초자아라는 고전적 분류를 포기하고
세 개의 독립된 자아—(1) 중심적 자아('나') (2) 리비도적 자아
그리고 (3) 내가 내적 파괴자로 부른 공격적이고 박해적인 자
아—로 분열된 새로운 분류를 도입하게 되었다. 그리고 그후에
계속된 경험을 통해 나는 이 분류가 보편적인 타당성을 갖는 것
으로 믿게 되었다.

중심적 자아와 부차적 자아들의 대상관계

꿈에서 나타난 자아 구조들과 관련된 나의 결론을 제시했으
므로, 이제는 이런 자아 구조들의 대상관계에 관한 나의 결론으
로 넘어가 보겠다. 이미 지적했듯이, 세 자아들 각각은 자연스럽
게 특별한 대상과 짝을 이룬다. 중심적 자아의 특별한 대상은 꿈
꾼 이의 남편이었다; 그리고 꿈꾼 이의 중심적 자아에 의해 채용
된 남편을 향한 태도의 성질에 대한 고려로부터 시작하는 것이
좋을 것이다. 중심적 자아는 꿈을 관찰하고 묘사하는 깨어있는
'나'라는 점에서 많은 부분이 전 의식적인 내용으로 구성되어
있다고 추론할 수 있다. 이런 추론은 꿈꾼 이의 남편이 외부 현
실에서 가장 중요한 대상이며, 꿈꾸기 전날 밤에 꿈꾼 이의 의식
적인 사고를 크게 차지하고 있었다는 사실에 의해 지지 받는다.
비록 꿈속에서 그를 나타내는 인물이 내재화된 대상으로 간주될
지라도, 명백히 이 대상은 정신 내에서 꿈에 등장한 다른 대상들
(아동기에 내재화된 부모 대상들)보다 훨씬 더 표면적인 위치에
있다; 그리고 외부 현실에서의 대상과 비교적 가깝게 일치할 것

이다. 따라서 외적 대상으로서의 남편에 대한 꿈꾼 이의 태도는 상당히 중요한 의미를 갖는다. 이런 태도는 본질적으로 양가적인 것이며 특히 부부 관계라는 측면에서 그러하다. 그러나 그를 향한 공격성이 적극적으로 표현되지 않고 있음이 분명하다. 마찬가지로 그를 향한 그녀의 리비도적 애착은 심각하게 억압되어 있는 것으로 나타나고 있다; 꿈에 대한 연상에서 그녀는 그에게 깊은 감정을 갖지 못하고, 그녀 자신을 그에게 주지 못하는데 대해서 자신을 책망하고 있었다. 그리고 이런 결핍을 교정하기 위한 그녀의 의식적인 능력은 단지 '좋은 아내' 역할을 수행하는 것으로 제한되어 있었다. 따라서 그에 대한 그녀의 숨겨진 공격성과 숨겨진 리비도적 욕구는 꿈에서 직접적으로 드러나지 못하고 간접적으로 드러나고 있는 것은 아닌가라는 질문이 제기된다. 이 질문은 곧 바로 리비도적 자아를 나타내는 인물이 내적 파괴자에게 공격당한 후에 다른 모습으로 바뀌었다는 사실을 생각나게 한다. 리비도적 자아는 깊은 수준에서 꿈꾼 이의 아버지를 나타내면서 동시에 그녀의 남편과 밀접하게 연관되어 있는 남자의 모습으로 바뀌었고, 그 다음에는 공격받는 그녀 자신과 그 남자로 번갈아 가며 나타났다. 따라서 그녀의 공격성의 상당한 정도가 외적 대상으로서의 남편에게로 향하는 대신에 그녀의 리비도적 자아뿐만 아니라 리비도적 자아와 밀접히 연결된 내적 대상을 향하고 있음이 분명하다. 마찬가지로 분명한 사실은 이러한 양의 공격성이 중심적 자아가 아닌 내적 파괴자에 의해 사용되고 있다는 것이다. 그때 그녀의 양가감정 안에 있는 리비도적 요소는 어떻게 되는가? 우리가 확인했듯이, 남편에 대한 그녀의 리비도적 태도는 의식 수준에서는 좋은 의도를 가지고 있음에도 불구하고 상당한 정도로 황폐화되어 있음을 보여준다. 따라서 그녀의 공격성이 그렇듯이 그녀의 리비도 또한 상당한 정도로 중심적 자아의 지배에서 벗어나 있다. 이런 정도의 리비도가 중심적 자아에 의해 사용되었다면, 그 대상은 모호한 상태로 남아있지 않았을 것이다. 꿈에서 리비도적 대상은 틀림없이 공격 대상과 리비도적 자기의 모습으로 번갈아 나타났던 그 남자로 추측된다. 그러나 공격성과는 달리 리비도는 내적 파괴자의 지배를 받지 않는다. 정 반대로 그것은 리비도적 자아의 지배를 받는다. 바로 이런 이유로 나는 '리비도적 자아'란 용어를 선택했다. 이쯤해서 아마도 독자들의 마음속에서 고개를 들기 시작한 의문에 대해 언급할 필요가 있을 것이다. 그것은 비록 꿈에서는 다른 방식으로 나타났지만, 내적 파괴자에 의한 공격이 단지 이차적으로 리비도적 자아에게로 향하고 있으며, 일차적으로는 이 자아와 번갈아 나타나는 리비도적 대상에게로 향하고 있다는 사실에 관한 것이다. 이것이 사실이라고 가정한다면, 우리는 리비도적 자아가 겪는 고통을 리비도적 자아 편에서 공격받는 대상과 전적으로 동일시한 증거로서 그리고 그 대상에 강한 리비도적 애착을 형성한 증거로서 간주해야 할 것이다. 이러한 동일시와 애착 때문에 리비도적 자아는 대상에게 헌신하게 되고, 따라서 고통을 기꺼이 견딜 수 있게 된다. 꿈에서 깨어나면서 꿈꾼이가 경험한 불안 또한 비슷한 방식으로 설명될 수 있을 것이다; 실제로 나는 이 불안이 리비도적 자아가 겪는 고통이 의식으로 분출되어 나타난 것이라고 감히 제안한다. 여기서 우리는 신경증적 불안을 고통으로 전환된 리비도로 간주했던 프로이트의 초기 개념을 생각하게 된다. 이것은 한때 내게 커다란 이론적 어려움을 주었지만, 지금은 나의 현재 입장에서 그것의 가치를 새롭게 이해할 수 있게 되었고, 프로이트가 나중에 수용했던 견해 (내 생각에 그가 마지못해서 수용했던 것으로 보이는)보다 더 선호하고 있다.

꿈에서 나타난 세 자아의 대상관계에 관한 나의 입장은 이제 어느 정도 명료화되었다; 그러나 이러한 나의 명료화 시도가 완전한 것은 아니다. 내가 도달한 입장을 요약하면 다음과 같다. 남편에 대한 꿈꾼 이의 전 의식적 태도는 양가적인 것이고, 이것이 그녀의 중심적 자아가 외적 대상에 대해 그리고 이 대상의 내재화된 표상에 대해 채용한 태도이다. 그러나 중심적 자아의 대상관계에 포함된 리비도적 요소와 공격적 요소는 모두 두드러지게 수동적이다. 다른 한편 꿈꾼 이의 적극적 리비도는 상당한 정도로 리비도적 자아의 지배를 받고 있으며, '흥분시키는 대상'이라는 명칭이 가장 잘 어울리는 내재화된 대상을 향하고 있다. 동시에 상당한 정도의 공격성은 내적 파괴자의 지배를 받고 있으며, 그것은 (a) 리비도적 자아와 (b) 흥분시키는 대상(즉 리비도적 자아의 대상)을 향한다. 하지만 나의 입장에 대한 이런 요약은 특정한 심리내적 관계들에 대한 설명을 결핍하고 있음을 간과할 수 없다. 그것은 (1) 중심적 자아와 다른 자아들과의 관계 (2) 내적 파괴자와 내재화된 대상(여배우 인물 안에 포함되어 있는 모성적 요소로 나타난)과의 관계이다. 후자의 관계를 먼저 살펴볼 때, 우리는 꿈에서 여배우가 꿈꾼 이의 엄마와 꿈꾼 이 자신 모두를 나타내는 합성된 인물이었다는 점에서, 내적 파괴자는 그 대상과 밀접히 동일시되고 있고, 따라서 강한 리비도적 애착이 이 대상에게 향해 있다고 쉽게 간주할 수 있다. 서술 상의 편의를 위해 우리는 그 대상에게 명칭을 줄 필요가 있다; 나는 그것을 '거절하는 대상'으로 부를 것을 제안한다. 내가 이 용어를 선택한 주된 이유는 나중에 분명하게 드러날 것이다; 그동안 나는 꿈꾼 이의 엄마, 즉 이 내적 대상의 원래 모델을 제공한 사람이 본래 거절하는 대상이었다는 것과 이 대상의 이름으로 내적 파괴자의 공격성이 리비도적 대상을 향했다는 것을 이유로 제시할 것이다. 중심적 자아가 다른 자아들과 갖는 관계의 성질에 있어서 가장 특징적인 요소가 있다면, 그것은 중심적 자아가 무의식의 요소뿐만 아니라 전의식과 의식의 요소 모두로 구성되어 있는 반면, 다른 자아들은 무의식적인 요소로만 구성되어 있다는 점이다. 여기에서 우리는 리비도적 자아와 내적 파괴자 모두는 중심적 자아에 의해 거절된 자아의 부분이라는 것을 추론할 수 있다; 그리고 이런 추론은 중심적 자아의 지배에서 벗어난 상당한 양의 리비도와 공격성이 부차적 자아의 지배를 받는다는 사실에 의해 확인할 수 있다. 부차적 자아들이 중심적 자아에 의해 거절된 것이라고 가정할 경우, 이 거절의 역동적 요소에 대해 묻게 된다. 분명코 거절의 역동적 요소는 리비도로 구성되었을 리가 없고, 공격성으로 구성되었다고 생각할 수밖에 없다. 따라서 공격성은 부차적 자아들을 향한 중심적 자아의 특징적인 태도로 간주되어야 한다.

이제 나는 나의 환자의 꿈에 나타난 심리내적 구조에 대한 설명을 역동적 구조라는 측면에서 재구성하는 작업을 마쳤다. 나의 설명은 논리적 진술의 형태로 제시되었다. 그 과정에서 나는 꿈이 본질적으로 (소망-충족보다는 오히려) 내적 실재를 보여주는 단편 영화라는 나의 견해를 밝히고자 했다. 내가 하나의 꿈에 그렇게 많은 관심을 기울인 것은 꿈 일반에 관한 나의 견해를 밝히기 위해서가 아니었다. 그것은 문제의 꿈이 심리내적 상황에 대한 범례로서 간주되기에 적합한 기본적 특성을 갖고 있기 때문이었다. 독자들의 편의를 위해 이 상황의 일반적 특성들을 도식으로 설명하면 다음과 같다.

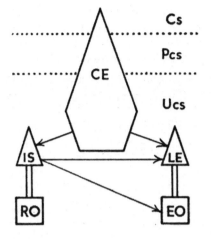

CE, 중심적 자아;
IS, 내적 파괴자;
LE, 리비도적 자아;
RO, 거절하는 대상;
EO, 흥분시키는 대상;
Cs, 의식;
Pcs, 전의식;
Ucs, 무의식; →, 공격성;
=, 리비도

기본적인 심리내적 상황과
그것에 기초한 새로운 정신구조 이론

　나는 앞에서 서술한 기본적인 심리내적 상황은 자아, 원본능, 초자아로 구성된 정신 기구에 대한 프로이트의 서술을 기초로 한 것임을 확신하게 되었다. 내가 지금 제시하는 중심적 자아, 리비도적 자아 그리고 내적 파괴자로 구성된 정신구조 이론은 분명히 프로이트가 말하는 심리내적 상황을 토대로 하고 있다. 물론 프로이트의 개념과 나의 생각 사이에는 일치점이 있다. '중심적 자아'의 경우에 그것은 프로이트의 '자아'와 기능적인 관점에서 아주 가깝게 일치한다; 그러나 그 두 개념 사이에는 중요한 차이가 있다. 프로이트의 '자아'와는 달리, '중심적 자아'는 다른 어떤 것(원본능)에서 생겨난 것이거나, 또는 그것의 활동 에너지를 어떤 원모체로부터 오는 충동에 의존하는, 본능의 표면 위에 위치한 수동적인 구조로 인식되지 않는다[9]. 그와는 반대로, 다른 정신구조들보다 먼저 생겨났다는 점에서 '중심적 자아'는 일차적인 역동적 구조로 인식된다. 물론 '리비도적 자아'는 프로이트의 '원본능'에 해당한다; 그러나 프로이트의 견해에서 '자아'는 '원본능'의 파생물인 반면에 나의 견해에서 ('원본능'에 해당하는) '리비도적 자아'는 ('자아'에 해당하는) '중심적 자아'의 파생물이다. '리비도적 자아'는 단순히 본능적 충동의 저장소로 인식되는 것이 아니라, 비록 다양한 측면에서 유아적 특성을 지녔고, 조직화가 덜 이루어졌으며, 현실에 대한 적응력이 떨어지며, 내재화된 대상에 더 많이 헌신한다는 점에서 '중심적 자아'와 차이가 있지만, '중심적 자아'와 견줄 수 있는 역동적 구조로서 인식된다는 점에서 '원본능'과는 다르다. '내적 파괴자'는 많은 점에서 '초자아'와 다르다. 그 이유 중 하나를 든다면, 그것은 전혀 내적 대상으로 인식되지 않는다. 그것은 비록 내적 자아와 밀접히 연관되어 있을지라도, 전적으로 자아 구조이다. 실제로 '초자아'는 '내적 파괴자'라기보다는 이 구조와 그것과 연관된 대상의 복합체(꿈에서 여배우 상처럼)에 해당한다. 동시에 '내적 파괴자'는 전혀 도덕적 의미를 갖지 않는다는 점에서 '초자아'와 다르다. 따라서 나는 비록 초자아의 활동이 불안을 낳는 근원이라 하더라도, 죄책감이라는 정동이 초자아의 활동에서 기인하는 것으로는 생각하지 않는다. 물론 그런 불안은 죄책감과 융합

---

9 물론 프로이트의 자아 개념은 그로텍(Groddeck)에게서 빌어온 것이다; 그러나 그것은 억압의 결과로 생긴 심리내적 상황에 기초한 개념이며, 그렇다면 그것은 자아가 억압으로 인해 발생한다는 것이 되므로 프로이트 자신의 견해와도 모순된다.

한다; 그러나 두 가지 정서는 이론적으로 구별될 수 있다. 여기서 내가 내적 파괴자의 개념을 도입하면서도 (원본능의 개념을 포기한 것과는 달리) 초자아의 개념을 포기하지 않고 있음을 주목해야 한다. 나는 초자아 없이는 죄책감에 대한 만족스런 심리학적 설명이 어렵다고 생각한다; 그러나 초자아는 내적 파괴자가 작용하는 수준보다 더 높은 수준의 정신구조에서 작용하는 것으로 간주되어야 한다. 이 두 구조의 활동이 정확히 어떻게 관련되는가의 문제는 그동안 열려 있는 문제로 남아있었다; 그러나 가장 최근에 이루어진 초자아의 기원과 기능에 대한 나의 견해를 설명하기 위해서, 나는 먼저 과거에 발표한 나의 논문(1943)을 언급할 필요를 느낀다.

분열성 상태와 히스테리 상태 모두에서 동일하게 작용하는 자아의 분열과 억압

'기본적인 심리내적 상황'이라고 부르는 것의 기원을 고찰하기에 앞서, 나는 그와 같은 상황 자체의 본래적 성질에서 오는 것으로 보이는 몇 가지 일반적인 결론을 이야기할 필요를 느낀다. 이 결론들 중에서 가장 중요하고 명백한 것은 그 상황에서 자아는 분열되어 있다는 사실이다. 그러므로 이 점에서 지금 제시하는 기본적인 심리내적 상황은 분열성 자리—내가 이미 지적했듯이, 우울적 자리에 우선하는 중심적인 자리—의 패턴을 따른다. 물론 프로이트의 정신 기구 이론은 우울적 자리를 기초로 해서 발달된 것이다; 그리고 멜라니 클라인도 유사한 기초 위에서 자신의 견해를 전개했다. 대조적으로, 내가 지금 제시하는 정신구조 이론의 기초는 분열성 자리이다. 또한 나의 환자의 꿈에서 드러난 심리내적 상황은 꿈꾼 이의 히스테리적인 불감증을 역동적 구조라는 측면에서 만족스럽게 설명해준다는 것을 주목할 수 있다. 여기서 우리는 분열성 태도를 기초로 하고 있는 히스테리 개인의 일반적인 연상 내용을 생각할 수 있을 것이다. 따라서 우리는 히스테리 발달이 본래 기초적이고 근본적인 분열성 자리에 기초해 있다는, 나의 두 번째 결론에 도달하게 된다. 나의 세 번째 결론은 부차적 자아들에 대한 중심적 자아의 공격적 태도와 관련된 언급에서 나왔는데, 그것은 분열성 자리를 발생시킨 자아의 분열은 중심적 자아가 남아있는 얼마의 공격성을 사용하기 때문이라는 것이다. 이 공격성이 중심적 자아로부터 부차적 자아들을 분열시키는 역동성을 제공한다. 물론 부차적 자아들은 보통 무의식적이다; 그리고 그것들이 무의식적 상태에 있다는 사실은 그것들이 억압되기 쉽다는 것을 암시한다. 이것은 (프로이트의 원본능에 해당하는) 리비도적 자아의 경우에 아주 명백하다; 그러나 부차적 자아 구조들 중 하나가 억압될 수 있다면, 다른 하나가 중심적 자아에 의해 똑같이 취급되지 않는다고 생각할 이유가 없다. 그 결과 나의 네 번째 결론은 (기능이라는 측면에서 프로이트의 초자아와 대체로 일치하는) 내적 파괴자는 리비도적 자아만큼 억압된다는 것이다. 이 결론은 언뜻보기에 억압은 일차적으로 내재화된 나쁜 대상을 향한다는 의미로 내가 전에 제안했던 견해(1943)와 모순되는 것처럼 보인다. 그러나 실제적인 모순은 없다; 왜냐하면 나는 부차적 자아들의 억압을 내재화된 나쁜 대상들의 억압에 따라오는 이차적인 것으로 여기기 때문이다. 여기서 우리는 리비도적 자아에 대한 내적 파괴자의 공격에서 유용한 유비를 발견한다; 왜냐하면 우리가 보았듯이, 이 공격에 포함된 공격성은 일차적으로 리비도적 자아가 관계하는 흥분시키는 대상을 목표로 하고 있으며 이차적으로만 리비도적 자아 자체를 목표로 하기 때문이다. 마찬가지로 나는 중심적 자아 쪽에서 리비도적 자아를 억압하는 것을 흥분시키는 대상의 억압에 뒤따라오는 이차적인 것으로 여긴다. 나의 다섯 번째 결론은 이미 앞의 설명에서 충분히 암시되었으므로 별도의 설명을 필요로 하지 않는 것인데, 그것은 억압을 일으키는 역동성은 공격성이라는 생각이다. 마지막으로 나의 여섯 번째 결론은, 한편으로 자아의 분열과 다른 한편으로 중심적 자아에 의한 부차적 자아들의 억압은 본래 서로 다른 관점에서 고찰된 동일한 현상을 가리킨다는 것이다. 자아 분열이라는 개념은 블로일러(Bleuler)가 '정신분열증'이란 용어를 도입하기 전까지 '조발성 치매'로 알려진 현상을 설명하기 위해 이론화한 것인 반면에, 억압의 개념은 히스테리 현상을 설명하기 위해 프로이트가 이론화한 것이다. 따라서 나의 마지막 결론은 히스테리 증상이 기초하고 있는 자리는 본래 분열성 자리라는 것이다.

기본적 심리내적 상황 및
자아 다중성의 기원

이제 나의 환자의 꿈에서 표현된 기본적 심리내적 상황의 기원에 관한 질문들로 주의를 돌려보자. 이미 제시된 고찰에 비추어볼 때, 이 상황의 기원에 관해서 우리가 도달할 수 있는 어떤 설명도 분열성 자리의 기원, 억압의 기원 그리고 다양한 기본적

심리내적 구조들의 차이를 설명하는데 공헌할 수 있음이 분명하
다. 우리가 세심하게 살펴보았던 나의 환자는 외적 대상으로서
의 자신의 남편에 대해 본질적으로 양가감정을 갖고 있었다; 그
리고 기본적 심리내적 상황은 초기 삶에서 대상에 대한 양가적
상태를 형성하는 것에서 생겨났다. 엄마의 젖가슴 상으로부터
시작해서 인간으로서의 엄마의 상이 형성된다는 것이 분명하며,
따라서 유아의 최초의 리비도적 대상은 물론 엄마의 젖가슴이
다. 이론적으로 엄마와 유아의 리비도적 관계가 완벽하게 만족
스럽다면, 리비도적 좌절 상태가 발생하지 않을 것이다. 그리고
그 결과 유아는 대상에 대한 어떤 양가감정도 갖지 않을 것이
다. 이 점에서 나는 공격성이 (예컨대 그것을 용해시키고자 했던
융과는 달리) 리비도로 용해될 수 없다는 점에서, 공격성을 일차
적인 역동적 요소로 생각하고는 있지만, 동시에 나는 공격성이
궁극적으로 형이상학적으로 뿐만 아니라 심리학적으로 리비도
에 종속되어 있다고 생각한다. 따라서 나는 좌절이 없는 상태에
서 유아의 공격성이 자발적으로 리비도적 대상에게로 향한다고
는 생각하지 않는다; 동물의 행동에 대한 나의 관찰은 이런 견해
를 확인해 주었다. 그 외에도 나는 자연 상태에서 유아는 정상적
으로 (문명에 의해 강요되는) 엄마와의 분리를 경험하지 않을 것
이라고 덧붙여 말할 수 있다. 정상적인 발달 과정에서 유아 자신
이 점점 엄마 팔과 젖가슴의 피난처 없이도 잘 지낼 수 있게 되
기까지, 그것들을 박탈당하는 일은 거의 드물다[10]. 그러나 문명

---

10 물론 어떤 상황에서는 유아의 출생 경험이 분리와 안전감의 상실을 가져
　다주었다는 사실이 인정되어야 할 것이다; 그리고 이 경험에서 불안과 함
　께 어느 정도의 공격성이 나왔다고 할 수 있다. 그러나 유아기 동안 그
　외의 리비도적 좌절 경험들이 없이 이 출생 경험만으로 양가감정 상태를
　일으킨다고 생각할 이유는 없다.

사회 안에서 태어난 인간 유아에게 그런 완벽한 상황은 단지 이
론적으로만 가능할 뿐이다; 사실상 엄마와 유아의 리비도적 관
계는 처음부터 상당한 정도의 좌절에 의해 방해받는다(비록 그
좌절의 정도는 다르지만). 리비도적 대상과의 관계에서 유아의
공격성을 불러일으키고 따라서 양가감정을 유발하는 것은 이 좌
절의 경험이다. 그러나 단순히 유아가 양가적이라고 말하는 것
만으로는 충분하지 않다; 왜냐하면 그것은 전적으로 관찰자의
관점에서 본 것이기 때문이다. 유아 자신의 주관적 관점에서 볼
때, 그것은 엄마가 양가적인 대상, 즉 좋기도 하고 나쁘기도 한
대상이 되는 것을 말한다. 그에게 있어서 나쁘기도 하고 좋기도
한 대상을 동시에 갖는 것은 견딜 수 없는 일이기 때문에, 그는
엄마 상을 두 개의 대상으로 분열시킴으로써 그 상황에 대처하
고자 한다. 엄마가 그를 리비도적으로 만족시키는 동안 그녀는
'좋은' 대상인 반면, 리비도적으로 그를 만족시키지 못하는 동안
그녀는 '나쁜' 대상이다. 이제 그는 자신의 견디고 적응하는 능
력을 사용하지 않으면 안 되는 힘든 상황에 처하게 된다. 상황
이 외부 현실에 있을 때 그는 자신이 가진 방법을 사용하여 그
것들을 통제하고자 시도한다. 그러나 그가 사용하는 통제 방법
은 한계를 지니고 있다; 그가 채용하는 기술은 크건 작건 이 한
계에 의해 지배받는다. 따라서 그는 자신에게 열려 있는 유일한
경로를 따라갈 수밖에 없는데, 그것은 외부 현실 안에 있는 외상
적 요소를 내적 현실 안으로 옮겨오는 것이다. 내적 현실에서 그
는 상황이 좀더 자신의 통제 하에 있다고 느낀다. 이것은 그가
엄마를 '나쁜' 대상으로 내재화했다는 것을 의미한다. 여기서 나
는 우선적으로 내재화되는 것은 항상 '나쁜' 대상(이 단계에서
만족스럽지 못한 대상)이라는 점을 독자들에게 상기시키고자 한
다; 왜냐하면 (각주에서 이미 지적했듯이) 나는 유아의 관점에서

만족을 주는 '좋은' 대상을 일차적으로 내재화한다는 생각에 중
요한 의미를 부여할 필요가 없다고 느끼기 때문이다. 물론 유아
가 박탈된 상태에서 소망 충족의 원리에 따라 좋은 대상을 내재
화하는 것이 자연스럽다고 주장하는 사람들도 있다; 그러나 내
생각에 대상의 내재화는 본래 어느 정도 강제적인 것이며, 유아
가 강제로 통제하고자 하는 것은 만족을 주는 대상이 아니라 만
족스럽지 못한 대상이다. 여기서 나는 '좋은 대상'과 '나쁜 대
상'보다는 '만족스러운 대상'과 '만족스럽지 못한 대상'을 말하
고 있음을 강조할 필요가 있다. 왜냐하면 이런 맥락에서 '좋은
대상'과 '나쁜 대상'이라는 용어는 오해를 일으킬 소지가 있기
때문이다. 그것들은 각각 '욕망의 대상'(desired object)과 '욕망되
지 않은 대상'(undesired object)이라는 의미로 오해될 소지가 있
다. 그러나 나쁜(만족스럽지 못한) 대상이 욕망의 대상이 될 수
도 있다는 것은 의심의 여지가 없다. 실제로 유아의 나쁜 대상은
그만큼 갈망하는 대상이라는 바로 그 이유 때문에 내재화된다.
문제는 그것이 내재화된 후에 나쁜 것으로 남는다는 것, 즉 만족
스럽지 않은 것으로 남는다는 것이다. 이 점에서 우리는 중요한
사실을 발견하게 된다. 그것은 만족스런 대상과는 달리 만족스
럽지 못한 대상은 소위 두 가지 측면을 가지고 있다는 것이다.
그것은 한편으로 좌절을 주고 다른 한편으로 유혹한다는 점이
다. 실제로 그것의 본질적인 '나쁨'은 엄밀히 말해서 그것이 유
혹과 좌절을 함께 결합하고 있다는 사실에 있다. 게다가 내재화
된 이후로 그것은 이 특징들 모두를 보유한다. 따라서 유아는 마
치 '프라이팬에서 불구덩이 속으로' 뛰어든 것과 같은 곤경에
처하게 된다. 그는 만족스럽지 못한 대상을 통제하기 위해서 계
속해서 자신의 욕구를 좌절시킬 뿐 아니라 그것을 끊임없이 자
극하는 대상을 마음속으로 들여온다. 그 결과 그는 또 다른 견

딜 수 없는 상황—이번에는 내적인 상황—에 직면한다. 그는 그런 상황을 어떻게 다루는가? 우리가 살펴보았듯이, 그가 직면한 견딜 수 없는 외적 상황을 다루려고 시도할 때 최초로 사용하는 기술은 모성적 대상을 두 가지 대상, (a) '좋은' 대상과 (b) '나쁜' 대상으로 분열시키는 것이다. 그 다음에는 나쁜 대상을 내재화하는 것이다; 그 결과로 발생한 견딜 수 없는 내적 상황에 대해서 그는 같은 기술을 사용한다. 즉, 그는 내재화된 내적 대상을 두 가지 대상, (a) 필요하거나 흥분시키는 대상과 (b) 좌절시키거나 거절하는 대상으로 분열시킨다; 그 다음에 그는 (물론 공격성을 억압을 가능케 하는 힘으로 사용함으로써) 이 두 가지 대상 모두를 억압한다. 그러나 여기서 상황은 복잡해진다; 왜냐하면 나눠지지 않은 전체 대상에 집중되었던 리비도가 분열로 인해 생긴 대상들에 의해 다양한 비율로 나눠지기 때문이다. 그 결과, 분열로 인해 생긴 대상들을 억압하는 과정에서 자아는 소위 위족(pseudopodia)을 발달시키는 것을 통해서 억압당하는 대상에 대한 리비도적 애착을 여전히 유지한다. 이런 위족의 발달은 자아 분열의 첫 단계를 나타낸다. 대상의 억압이 진행됨에 따라 자아의 초기 분열이 확립된다. 그 두 위족들은 그것들과의 연결을 유지하고 있는 중심적인 자아의 부분에 의해 거절된다; 그리고 그것들은 연관된 대상들과 함께 억압된다. 이런 식으로 두 부차적 자아들, 즉 리비도적 자아와 내적 파괴자는 중심적 자아로부터 분열되고, 이로써 여러 개의 자아가 생긴다.

리비도와 공격성의 사용과 관련된
분열과 억압(Divide et Impera) 기술

방금 서술한 일련의 과정은 내가 '기본적 심리내적 상황'이라 부르는 구조적 패턴을 형성하는 결과를 가져온다. 그것은 또한 한 가지 중요한 면—리비도적 자아와 그것과 관련된 대상(흥분시키는 대상)에 대한 내적 파괴자의 공격적인 태도—을 제외하고는 역동적인 성질을 갖는다. 이런 특성의 발생 기원을 설명하기 위해서 우리는 아이가 엄마에 대해 갖는 최초의 양가감정 상태로 되돌아가 그것이 의미하는 것을 새로운 각도에서 바라볼 필요가 있다. 이번에 우리는 아이의 반응을 동적(conative)인 측면보다는 정동적인(affective) 측면에서 고찰할 것이다. 아이가 충동적일 뿐 아니라 자신의 감정을 거침없이 표현하는 것은 자연스러운 일이다. 그가 대상에게 자신의 인상을 심어주는 것은 감정의 표현을 통해서이다. 그러나 일단 양가감정이 형성되면, 엄마에 대한 그의 감정 표현은 그를 위태로운 자리에 처하게 한다. 여기서 동적인 관점에서는 엄마에 의한 좌절로 간주되는 것이 정동적인 관점에서는 아주 다른 의미를 갖는다는 점이 지적되어야 한다. 그가 후자의 관점에서 경험하는 것은 사랑이 결핍되었다는 느낌이며, 또한 실제로 엄마로부터 정서적으로 거절받는 느낌이다. 따라서 거절하는 대상으로서의 엄마를 향해 증오를 표현한다는 것은 아주 위험스러운 절차로 여겨진다. 한편, 그것은 그녀로 하여금 그를 더 거절하게 만들고, 따라서 그녀의 '나쁨'이 증가하며, 그 결과 그녀는 나쁜 대상이라는 측면에서 더 실제적인 존재로 느껴지게 된다. 다른 한편, 그로 인해 그녀는 그를 덜 사랑하게 되고, 따라서 그녀의 '좋음'이 감소되며, 그녀는 좋은 대상이라는 측면에서 덜 실제적인 존재(즉 그녀를 파괴하는)로 느껴지게 된다. 동시에 아이는 엄마의 거절에 직면해서 엄마의 사랑을 받고자 하는 자신의 리비도적 욕구, 즉 자신의 초기 사랑을 표현하는 것이 위험한 것이라고 느끼게 된다; 왜냐하면 그것은 정서적 진공 속으로 리비도를 방출하는 것과 같기 때문이다. 그런 방출은 매우 황폐해지는 정동적 경험을 수반한다. 좀더 큰 아이에게서 이런 경험은 그의 사랑이 가치 절하되는 심각한 굴욕의 경험이 된다. 좀더 깊은 수준에서 (또는 좀더 초기 단계에서) 그 경험은 욕구의 표현이 무시되거나 과소평가되는 것에 대한 수치의 경험이다. 이런 굴욕과 수치의 경험으로 인해 그는 무가치감과 결핍감을 느낀다. 그 자신에 대한 가치감(sense of value)은 위협받는다; 그리고 그는 자신을 '열등하다'는 의미로 나쁘다고 느낀다. 물론 이런 경험의 강도는 그의 욕구의 강도에 비례한다; 그리고 욕구 자체의 강도는 '너무 많은 것을 요구'하는 특성을 부여함으로써 나쁨에 대한 감각을 증가시킨다. 동시에 나쁨에 대한 그의 감각은 또한 그가 경험하는 지독한 무력감에 의해 더욱 악화된다. 더 깊은 단계에서 (또는 훨씬 더 초기 단계에서) 아이의 경험은 소위 무익하게 폭발하는 것과 리비도가 완전히 텅 비워지게 되는 것이 된다. 그리고 그것은 해체의 경험이요 절박한 심리적 죽음의 경험이다.

따라서 우리는 엄마에 의한 거절에 직면하게 될 때 엄마를 향해 공격적이거나 리비도적 정서를 표현하는 것이 아이에게 얼마나 위험한 문제인지를 알 수 있다. 간단히 말해서, 그는 한편으로 그가 공격성을 표현한다면 좋은 대상을 상실하게 되고, 다른 한편으로 그가 리비도적 욕구를 표현한다면 (그 자신의 좋음을 구성하고 있는) 리비도와 그리고 궁극적으로 그를 구성하고 있는 자아 구조를 상실하게 되는 상황에 처하게 된다. 아이가 느끼는 이 두 가지 위협들 중에서 전자(좋은 대상의 상실)는 우울한 정서를 일으키며, 이는 후에 우울적 상태의 기초가 된다. 그런 개인에게 있어서 공격성의 처리는 리비도의 처리보다 더 어려운 것으로 경험된다. 다른 한편 후자의 위협(리비도와 자아 구조의 상실)은 허망감을 일으키며, 나중에 분열성 상태의 기초가 된다. 그런 개인에게는 리비도의 처리가 공격성의 처리보다 더 어려운 것으로 경험된다.

우울적 상태와 분열성 상태의 원인에 관한 한, 나는 이미 방금 제시된 것과 유사한 견해들을 상세하게 제안한 바 있다 (1941). 그러나 지금 우리의 직접적인 관심은 아이가 엄마의 거절에 직면하게 될 때, 그것이 리비도이건 공격성이건 아이는 엄마를 향한 감정의 표현에 매우 민감하게 반응하며 여러 가지 위협들을 우회하기 위해서 다양한 방식들을 사용한다는 사실에 있다. 우리가 이미 보았듯이, 그는 양가적인 상황을 다루기 위해 (1) 엄마 상을 두 가지 대상, 즉 좋은 대상과 나쁜 대상으로 분열시키고, (2) 나쁜 대상을 통제하기 위해 내재화시키고, (3) 내재화된 나쁜 대상을 두 가지 대상, 즉 (a) 흥분시키는 대상 또는 필요한 대상과 (b) 거절하는 대상으로 분열시키고, (4) 이 두 대상을 모두 억압하고 그 과정에서 일정 양의 공격성을 사용하며, (5) 리비도적 유대에 의해서 내재화된 대상들과 연결된 상태로 남아있는 두 개의 부차적 자아를 중심적 자아에서 분열시키고 억압하기 위해 더 많은 양의 공격성을 사용한다. 내재화와 분열 기술에 기초한 이런 다양한 수단은 엄마와 아이의 관계에서 생긴 좌절 경험과 엄마에 의해 거절받는 경험으로 인해 생긴 어려움을 완화시키는데 사용된다; 그러나 가장 극단적인 경우를 제외하고는, 그러한 수단은 외부 현실 속의 대상으로서의 엄마에 대한 아이의 필요를 제거하거나 그녀에게서 모든 의미를 제거할 수는 없

제4장 대상관계 관점에서 본 심리내적 구조 / 153

다. 이런 사실과 나란히 그의 리비도와 공격성은 지금 온전히 통합되지 못한다; 그 결과, 거절된 대상으로서의 엄마에 대한 리비도적 및 공격적 정동을 표현하는데 수반된 위험은 여전히 그대로 남게 된다. 따라서 지금까지 서술된 방법은 보완될 필요가 있다. 실제로 그것들은 분열과 억압(Divide et impera)의 원리와 유사한 분명한 기술에 의해 보완된다. 아이는 리비도적 욕구를 최대한으로 억누르기 위해 공격성을 최대한으로 사용함으로써 그의 대상을 향한 리비도적 및 공격적 정동의 표현에 따른 위험을 피하고자 한다. 이런 식으로 그는 리비도와 공격성 모두를 외부로 표출시킴으로써 그러한 정동감의 양을 줄인다. 물론 이미 지적되었듯이, 리비도와 공격성 모두는 구조로부터 분리된 상태로 존재하지 않는다. 따라서 우리가 생각할 수 있는 것은 아이의 여분의 리비도와 공격성이 이미 서술된 자아 구조들 중 어느 것에게 분배되는가 하는 것이다. 이것은 분명하게 대답될 수 있다. 여분의 리비도는 리비도적 자아에게로 배치되고; 여분의 공격성은 내적 파괴자에게로 배치된다. 따라서 리비도적 욕구를 억누르기 위해 공격성을 사용하는 기술은 내적 파괴자가 리비도적 자아를 공격하는 것으로 나타난다. 리비도적 자아는 다시금 여분의 리비도를 그 자체와 연결된 대상, 즉 흥분시키는 대상을 향하게 한다. 다른 한편, 이 대상을 내적 파괴자가 공격하는 것은 욕구를 자극하지만 만족을 주지 않는 유혹자로서의 엄마에 대한 아이의 최초의 분개가 지속되고 있음을 나타낸다. 그것은 마치 리비도적 자아에 대한 내적 파괴자의 공격이, 대상에 대한 욕구에 의존되어 있는 자신에게 증오를 느끼고 있음을 나타내는 것과 같다. 그리고 방금 서술된 과정은 설명의 명료성을 위해서 하나씩 서술되었지만, 실제로는 동시적으로 발생하는 것이라는 점을 덧붙여야 할 것이다.

직접적인 억압, 리비도적 저항
그리고 간접적인 억압

리비도적 자아와 흥분시키는 대상을 향한 내적 파괴자의 공격적 태도에 관한 서술이 이루어졌으므로, 기본적인 심리내적 상황의 역동적 패턴이 형성되는 과정에 대한 설명이 완성되었다고 말할 수 있다. 그러나 이 시점에서 억압의 성질과 기원에 관해 이미 언급된 것에 덧붙일 것이 있다. 지금까지 발전시켜 온 사고의 흐름에서 볼 때, 억압은 나뉘어지지 않은 자아 쪽에서 흥분시키는 대상과 거절하는 대상 모두를 거절하는 데서 비롯되는 과정이다. 이러한 일차적인 억압 과정은 거절된 자아가 두 부분으로 분열되고 그것들이 각각 억압된 내적 대상들에 묶인 채 남아있게 되는 이차적인 억압 과정을 수반한다. 그 결과, 중심적 자아(분열되지 않은 자아의 부분)는 흥분시키는 대상과 거절하는 대상뿐만 아니라 이 두 대상 각각에게 묶여있는 분열된 부차적 자아들, 즉 리비도적 자아와 내적 파괴자에 대해 거절하는 태도를 갖게 된다. 중심적 자아가 채용한 거절하는 태도는 억압으로 구성되어 있다; 그리고 거절의 역동은 공격성이다. 여기까지 모든 것이 순조롭게 설명된다. 그러나 최대한의 리비도를 억누르기 위해 최대한의 공격성을 사용함으로써 외적 대상을 향한 리비도와 공격성의 양을 줄이는 기술에 관해 고려하지 않는 한, 억압의 성질과 기원에 대한 우리의 설명은 불완전한 채로 남을 것이다. 우리가 살펴보았듯이, 이 기술은 (a) 여분의 공격성이 내적 파괴자에게 배치되어 리비도적 자아를 공격하는데 사용되는 과정과 (b) 여분의 리비도가 리비도적 자아에게 배치되어 흥분시키는 대상을 향하게 되는 과정 그 자체가 된다. 이 과정이 지닌 전

체적 의미를 고려할 때, 리비도적 자아에 대한 내적 파괴자의 무
자비한 공격이 억압을 촉진시키는 강력한 요소로 작용한다는 사
실이 분명해진다. 실제로 공격성이 억압을 유지하는데 가장 중
요한 요소일 가능성이 매우 높다. 프로이트의 초자아 개념과 그
것의 억압적 기능은 명백히 방금 언급된 현상에 기초해 있다; 왜
냐하면 프로이트에 따르면, 원본능 충동에 대한 초자아의 태도
를 특징짓는 비타협적인 적대감은 리비도적 자아에 대해 내적
파괴자가 채용한 비타협적인 공격적 태도와 정확히 일치하기 때
문이다. 이와 유사하게, 우울증 환자의 자기-비하는 궁극적으로
사랑하는 대상을 향한 비난이라는 프로이트의 관찰은 흥분시키
는 대상에 대해 내적 파괴자가 채용한 공격적인 태도와 같은 것
이다.

이 시점에서 프로이트의 초자아와 원본능 개념 및 이런 개념
에 수반된 모든 것에 대한 비평을 다시 반복할 필요는 없다. 그
러나 프로이트가 억압에 대해 설명하면서 내가 흥분시키는 대상
에 대한 리비도적 자아의 애착으로 서술했던 현상에 대해 전혀
설명하지 않은 채로 남겨두었다는 사실을 주목할 필요가 있다.
우리가 보았듯이, 이 애착은 상당한 양의 리비도를 흡수한다. 게
다가 그러한 리비도의 양은 억압된 내적 대상에게로 향해 있다;
따라서 그것은 불가피하게 외적 현실과는 먼 방향으로 향한다.
그럴 경우, 리비도적 자아의 대상 추구는 저항으로 작용하고, 그
것은 다시금 직접적인 억압의 결과로 발생하는 저항을 강화하
며, 따라서 치료 목표와 갈등을 빛는 저항으로 작용한다. 이와 같
은 억압에 관한 이론의 개정은 내가 이전 논문(1943)에서 발전
시킨 '필요하다면 바꾸어야 한다'(mutatis mutandis)는 원리에 따
른 것이다. 억압 이론에 대한 변경이라는 주제를 지금 도입하는
이유는 내가 이전 논문을 저술할 당시에는 심리내적 구조에 관

한 견해들을 아직 이론화하지 못했기 때문이다; 그러나 이런 심리내적 구조에 대한 견해는 원래의 주제와 다른 것이라기보다는 더 커다란 관점을 제공하는 것이라고 할 수 있다. 물론 이 주제는 '무의식, 즉 "억압된" 자료는 치료적 노력에 대해서 결코 저항하지 않는다'는 프로이트의 언급(1920)[11]과 직접적으로 모순된다. 그러나 그것은 추구된 대상이 억압된 내적 대상일 경우 어떤 일이 발생하는지를 고려한다면, 리비도가 일차적으로 대상을 추구한다는 견해로부터 자연스럽게 발달해 나오는 주제이다; 그리고 지금 나의 관점에서 볼 때, 흥분시키는 대상에 대한 리비도적 자아의 완고한 애착과 이 대상을 포기하기를 꺼리는 것은 특히 강력한 저항의 원천—부정적 치료 반응을 유발하는—을 구성한다는 사실에 의심의 여지가 있을 수 없다. 물론 문제의 애착은 리비도적 특성을 갖고 있기 때문에 그 자체로서 억압된 현상으로 간주될 수는 없다; 그러나 그것은 중심적 자아에 의한 억압의 결과일 뿐만 아니라, 또한 억압 과정을 위한 강력한 지원군으로 기능한다. 리비도적 자아의 대상(흥분시키는 대상)에 대한 내적 파괴자의 공격은 그 대상에 대한 리비도적 자아의 애착을 영속화하는데 사용되는데, 그것은 물론 그 대상이 끊임없이 위협 당하고 있기 때문이다. 여기서 우리는 양의 가죽을 쓴 늑대를 본다. 즉, 위장된 모습 밑바닥에 최초의 양가적 상황이 지속되고 있음을 본다; 왜냐하면 흥분시키는 대상에 대한 리비도적 자아의 완강한 애착과 그 대상에 대한 내적 파괴자의 완강한 공격성이 나타내는 것은 최초의 양가적 태도가 갖는 완강성이 여전히 존재하기 때문이다. 그러나 아무리 잘 위장된다 하더라도, 개인은 그의 최초의 욕구만큼이나 아동기의 최초의 대상에

---

11 「쾌락 원리를 넘어서」(런던, 1923), p. 19.

대한 자신의 증오를 포기하려 하지 않는다. 이것은 사회병질적 성격 범주에 속한 사람들은 언급할 필요도 없이, 정신신경증적 및 정신병적 개인에게 특별히 적용되는 사실이다.

만약 흥분시키는 대상에 대한 리비도적 자아의 애착이 억압에 대한 강력한 조력자 역할을 한다면, 마찬가지로 이 내적 대상을 향한 내적 파괴자의 공격적 태도도 동일한 역할을 한다. 그러나 억압의 실제 과정을 고려할 때, 한 가지 중요한 점에서 후자는 전자와 다르다; 왜냐하면 그것은 억압을 불러올 뿐만 아니라 실제로 억압과 동일한 방식으로 작용하기 때문이다. 내적 파괴자가 흥분시키는 대상을 공격할 때, 그것은 비록 중심적 자아의 동맹군은 아닐지라도 공동 참전국의 기능을 수행한다. 우리가 알고 있듯이, 흥분시키는 대상에 대한 중심적 자아의 억압은 공격성의 표현으로 나타난다. 내적 파괴자는 리비도적 자아에 대한 공격이라는 측면에서 중심적 자아의 공동 참전국으로서 더 많이 기능한다. 따라서 어떤 의미에서는 리비도적 자아와 그것에 연결된 대상에 대한 내적 파괴자의 공격은 간접적인 억압의 형태를 나타내며, 그럼으로써 중심적 자아에 의한 직접적인 억압이 보완되고 촉진된다.

우리가 이미 알고 있듯이, 부차적 자아들은 자아의 분열에 그 기원을 두고 있다; 그러나 지형학적 관점에서 자아의 단순한 분열로 나타나는 것이 역동적 관점에서는 중심적 자아 쪽에서 부차적 자아를 적극적으로 거절하고 억압하는 것으로 나타난다. 따라서 직접적인 억압과 관련해서, 리비도적 자아와 내적 파괴자는 같은 운명을 공유하면서도 그 중에서 리비도적 자아만이 간접적인 억압의 과정을 따른다는 사실을 주목할 필요가 있다. 이런 관점에서 직접적인 억압과 간접적인 억압 사이의 차이를 고려할 때, 프로이트가 서술한 억압 과정은 내가 서술하는 직접적인 억압보다는 간접적 억압에 더 가깝다는 것을 알 수 있다.
그럼에도 불구하고, 프로이트의 억압 개념을 직접적 억압과 간
접적 억압 모두를 포함하는 억압 전체에 대한 나의 개념과 비교
한다면, 그 둘 사이에는 공통점이 있음을 알 수 있는데, 그것은
정신의 리비도적 요소가 공격적 요소보다 훨씬 더 많이 억압된
다는 사실이다. 물론 공격적 요소에 대한 억압이 발생한다는 것
은 분명하다; 그러나 프로이트의 이론에서 이 사실을 일관성 있
게 설명하기는 어렵다. 충동과 구조가 근본적으로 분리되어 있
다는 입장에 서 있는 이 이론은 리비도의 억압만을 허용하는 것
으로 보인다; 왜냐하면 프로이트의 이론에서 공격성의 억압에
대한 설명은 공격성을 억압하는데 공격성을 사용한다는 모순을
포함하고 있기 때문이다. 대조적으로, 나의 관점에 따른다면, 즉
우리가 충동을 구조와 분리될 수 없는 것으로 그리고 단순히 구
조의 역동적 측면을 나타내는 것으로 인식한다면, 공격적 구성
요소의 억압은 리비도적 구성요소의 억압을 설명하는 것보다 더
어렵지 않을 것이다. 그때 그것은 공격성을 억압하는 공격성의
문제가 아니라, 공격성으로 채워진 또 다른 자아 구조를 억압하
기 위해 공격성을 사용하는 자아 구조의 문제가 된다. 따라서 내
적 파괴자는 리비도적 자아 못지 않게 중심적 자아에 의해 억압
된다는 나의 견해는 공격적 요소의 억압에 대해 만족스런 설명
을 제공한다. 동시에 리비도적 요소가 공격적 요소보다 더 많이
억압되기 쉬운 이유는 간접적 억압의 개념에 의해 만족스럽게
설명된다. 억압의 원리가 과도한 공격성의 처리보다 과도한 리
비도의 처리를 더 많이 지배한다면, 지형학적 재분배(topogra-
phical redistribution)의 원리는 과도한 리비도의 처리보다 과도한
공격성의 처리를 더 많이 지배한다고 볼 수 있다.

오이디푸스 상황의 의미

나는 이미 공격성이 리비도를 억누르기 위해 사용하는 기술은 프로이트의 '억압' 개념과 나의 '간접적 억압' 개념이 함께 만나는 지점이라는 사실에 대해 분명하게 지적한 바 있다. 그러나 그 기술의 기원에 관한 나의 견해는 프로이트의 것과는 다르다. 프로이트에 따르면, 그 기술은 오이디푸스 상황에서 이성 부모를 향한 리비도적 (근친상간적) 충동과 동성 부모를 향한 공격적 (존속 살해적) 충동의 표현을 피하거나 줄이는 수단으로서 시작된 것이다. 대조적으로 내 견해에 따르면, 그 기술은 유아기 동안에 유아가 엄마를 향한 리비도와 공격성 모두의 표현을 줄이는 수단으로서 시작된 것이다. 이때 엄마는 이 단계에서 유일하게 중요한 유아의 대상이며 유아가 전적으로 의존하는 대상이다. 이러한 견해의 차이는 내가 설명적 개념으로서의 오이디푸스 상황에 대해 프로이트와 다르게 이해하는데서 왔다. 프로이트에게 있어서 오이디푸스 상황은 일종의 궁극적인 원인이다; 그러나 이것은 더 이상 내가 동의할 수 없는 견해이다. 나는 프로이트가 오이디푸스 상황에 부여한 궁극적 원인의 역할이 유아의 의존 현상에 부여되어야 한다고 본다. 이런 관점에서 볼 때, 오이디푸스 상황은 원인적 현상이라기보다는 최종적인 결과로 드러난다. 그것은 기본적인 상황이 아니다. 의존 현상은 논리적인 의미에서뿐만 아니라 시간적인 의미에서도 오이디푸스 상황보다 우선권을 가진다. 이 의존 상황은 엄마에 대한 유아의 신체적 및 정서적 의존 욕구에서 직접적으로 나온 것이며, 아버지가 중요한 대상이 되기 훨씬 전에 나타나는 것이다. 여기에서는 오이디푸스 상황에 대해 내가 이미 도달한 견해(1941)—어느 정도 이미 예시된—를 정교화하지 않을 것이다. 그럼에도 불구하고 억압에 대한 나의 견해와 오이디푸스 상황의 측면에서 이론화된 프로이트의 견해를 비교함으로써, 내가 설명적 개념으로서의 오이디푸스 상황을 어떻게 이해하는가를 간단하게 제시하는 것이 바람직할 것 같다. 내가 억압의 기원에 대한 설명에서 뿐 아니라 기본적인 심리내적 상황의 발생과 심리내적 구조의 분화 과정에 대한 설명에서, 설명적 개념으로서의 오이디푸스 상황을 배제했다는 것을 독자들에게 반복해서 설명할 필요는 없을 것이다. 이 설명은 유아가 최초의 대상인 엄마와의 관계에 포함된 양가적 상황으로부터 오는 어려움을 다루기 위해 아이가 채용하는 수단이라는 관점에서 이론화되었다. 아이가 이 양가적 상황을 다루기 위해 채용한 다양한 수단들은 오이디푸스 상황이 발달하기 이전에 형성된 것들이다. 기본적 심리내적 상황이 확립되고, 심리내적 구조가 분화되며, 억압이 발생하는 것은 모두 유아가 엄마와 맺는 관계 안에서이다; 그리고 아동이 오이디푸스 상황의 특정한 어려움과 만나는 것은 이러한 발달이 성취된 이후이다. 그러므로 오이디푸스 상황은 설명을 위한 개념을 제공하는 것으로 볼 수 없으며, 오히려 그것은 이미 발달이 이루어진 심리내적 상황의 측면에서 설명되어야 할 현상으로 보아야 한다.

오이디푸스 상황에 의해 도입되는 주된 새로움은 오이디푸스 상황이 외부 현실에서 구체화되면서 아동이 한 사람의 부모 대상대신에 두 사람의 부모 대상을 만나게 되는데 있다. 물론 그의 새로운 대상인 아버지와의 관계는 불가피하게 그가 이전에 엄마와의 관계가 겪었던 것과 같은 유사한 변천—특히 욕구의 좌절 및 거절—을 겪는다. 이런 변천 과정에서 아버지는 아동에게 양가적인 대상이 되는 동시에 아동 자신은 아버지에 대해 양가적이 된다. 따라서 그는 아버지와의 관계에서 본래 엄마와의 관계에서 겪었던 똑같은 조정(adjustment)의 문제와 만나게 된다. 이때 비록 대상은 새로운 대상이지만, 상황은 최초의 상황이 반복된 것이다; 그리고 아주 자연스럽게 그는 최초의 상황에서 채용한 동일한 기술을 사용하여 새로 확립된 상황에서의 어려움을 해결하고자 한다. 즉, 그는 아버지 상을 좋은 대상과 나쁜 대상으로 분열시키고, 나쁜 대상을 내재화하며, 내재화된 나쁜 대상을 (a) 리비도적 자아와 연관된 흥분시키는 대상과 (b) 내적 파괴자와 연관된 거절하는 대상으로 분열시킨다. 새로운 부성적 흥분시키는 대상은 예전의 흥분시키는 모성적 대상에 부분적으로 덧씌워지고 또 부분적으로는 그것과 융합된다. 그리고 마찬가지로 거절하는 부성적 대상은 부분적으로는 거절하는 모성적 대상에 덧씌워지고 부분적으로는 그것과 융합된다.

이때 아버지와의 관계에서 아이에게 요구되는 조정은 이전에 엄마와의 관계에서 요구되었던 것과 한 가지 점에서 중요하게 다르다. 그것은 그 조정이 정서적인 수준에서 이루어져야 한다는 점이다. 새로운 조정은 거의 전적으로 정서적인 것이어야 한다; 왜냐하면 아버지와의 관계에서 아이는 젖을 먹는 경험을 할 수가 없기 때문이다. 여기에서 우리는 아이가 엄마와의 관계와는 달리 아버지와의 관계에서 겪는 또 다른 차이를 만나게 된다. 그것은 엄마가 여자인 반면 아버지는 남자라는 사실이다. 그러나 처음에 아이가 두 부모의 성 차이를 인식한다는 것은 의심스럽다. 그가 인식하는 차이는 아버지에게는 젖가슴이 없다는 것 정도일 것이다. 따라서 그에게 아버지는 처음에 젖가슴이 없는 부모로 간주된다. 그리고 이것은 그가 아버지와 맺는 관계가 엄마와의 관계보다 훨씬 더 정서적인 것일 수밖에 없는 주된 이유이다. 다른 한편, 아이는 엄마의 젖가슴과의 신체적인 경험에서 다양한 정도의 좌절 경험을 하기 때문에, 엄마에 대한 욕구는 아버지에 대한 욕구와 이후의 모든 성기적 욕구 밑바닥에 끈질기게 지속된다. 아이가 부모의 성 차이를 어느 정도 인식하게 될 때 그리고 그의 발달 과정에서 그의 신체적 욕구가 (다양한 정도로) 성기의 경로를 따라 흐르는 경향성이 생겨날 때, 엄마에 대한 그의 욕구는 엄마의 성기에 대한 욕구를 포함하게 된다. 그리고 이와 동시에 아버지에 대한 그의 욕구는 아버지의 성기에 대한 욕구를 포함하게 된다. 그러나 부모의 성기에 대한 아동의 신체적 욕구가 지니는 힘은 그의 정서적 욕구의 만족에 반비례한다. 따라서 부모와의 정서적 관계가 만족스러울수록 부모의 성기에 대한 신체적 욕구는 덜 절박해진다. 이 후자에 대한 욕구는 예컨대 성적 호기심 같은 대리 만족을 통해서도 만족될 수 없다. 그 결과 엄마의 성기 또는 아버지의 성기와의 관계에서 어느 정도의 양가감정이 필수적으로 발생하게 된다. 이 양가감정은 원초적 장면을 가학적인 것으로 인식하는데서 반영된다. 그러나 원초적 장면이 형성되는 시점에서 부모 사이의 관계는 아이에게 결정적인 요소가 된다. 그리고 부모 각자와의 관계에서 질투가 생겨나기 시작한다. 물론 이 질투는 부분적으로 아이의 생물학적인 성에 의해 결정된다; 그러나 그것은 또한 아동이 부모 각자와 맺는 정서적 관계에 의해서도 상당한 정도로 결정된다. 그럴 경우, 아동은 이제 두 개의 양가적 상황이 갖는 어려움을 동시에 처리할 것을 요구받는다. 그리고 그는 일련의 친숙한 기술을 사용해서 이 어려움을 해결하고자 한다. 그 결과, 그는 나쁜 모성직 성기 이미지와 나쁜 부성적 성기 이미지 모두를 내재화하고, 이것들을 각각 두 가지 이미지로 분열시킨다. 그 두 이미지는 각각 흥분시키는 대상과 거절하는 대상의 구조 안에 자리 잡는다. 따라서 아이가 오류 세가 되기 전에 이 내적 대상들은 이미 복합적인 구조의 형태를 취한다. 이것은 부분적으로는 하나의 대상이 다른 하나의 대상 위에 덧씌워지는 것에 기초해서 그리고 부분적으로는 대상들 사이의 융합에 기초해서 형성된다. 이것은 그러한 대상의 다양한 구성 요소들 사이의 비율에 따라 개인의 심리성적 태도를 결정하는데 중요한 역할을 한다. 그런 점에서 이것은 심리성적 태도가 생물학적 요소에 의해 결정되는 것이 아니라는 관점을 뒷받침한다. 마찬가지로 그것은 대상의 구성 요소들 사이의 비율에 따라 성도착증을 유발하는 주된 요소인 것 같다. 따라서 우리는 대상관계 심리학의 관점에서 도착증의 원인을 추적할 수 있다.

앞에서 제시된 설명에서 아동을 지칭하는데 사용된 인칭 대명사가 남성이었다는 이유로 이 설명이 남자아이에게만 적용된다고 생각해서는 안 된다. 그것은 여자아이에게도 똑같이 적용된다; 그리고 남성 대명사를 사용하는 것은 그래도 인칭 대명사를 사용하는 것이 비인칭 대명사를 사용하는 것보다는 낫기 때문이다. 또한 여기에서 서술되는 현상이 고전적인 오이디푸스 상황이 출현하기 이전의 상태라는 것도 유념할 필요가 있다. 위의 설명에서 마지막으로 서술된 단계는 부모들 간의 관계가 아이에게 중요해지면서 양쪽 부모에게 양가감정을 느끼는 단계이다. 그러나 우리는 아이가 이러한 양가적인 상황을 일련의 정신 과정을 사용해서 다루고자 하며, 그 결과로 부모 각각의 성기 이미지를 흥분시키는 대상과 거절하는 대상의 구조 안에 구체화시킨다는 사실을 알고 있다. 물론 아이의 생물학적 성이 각 부모에 대한 태도를 결정하는데 일정 역할을 한다는 사실이 인정되어야 한다; 그러나 이것이 유일한 결정 요소가 아니라는 사실 또한 도치되고 혼합된 오이디푸스 상황에서 빈번하게 그리고 명백히 드러난다. 내가 개괄적으로 제시한 관점에서 볼 때, 이런 도치되고 혼합된 오이디푸스 상황은 흥분시키는 대상과 거절하는 대상의 조합에 의해 결정되는 것임이 분명하다. 따라서 같은 방향으로 한 걸음만 더 나간다면, 동일한 사고가 긍정적인 오이디푸스 상황에도 적용된다는 결론에 도달하게 된다. 그때 오이디푸스 상황은 실제로 결코 외적 상황이 아니라 내적 상황—다양한 정도로 실제 외적 상황에 전이되는—임이 드러난다. 일단 오이디푸스 상황이 본질적으로 내적 상황으로 간주되면, 내적 대상의 모성적 요소는 소위 부성적 요소들에 비해 커다란 중요성을 가지고 있음을 알 수 있다; 그리고 물론 이것은 양쪽 성 모두에게 적용된다. 물론 모성적 요소가 더 큰 중요성을 지녔다는 사실은 부모 모두의 내적 대상의 핵이 최초의 양가적인 엄마 또는 그녀의 양가적인 젖가슴의 파생물이라는 사실에서 기인한다. 따라서 오이디푸스 상황을 충분히 깊이 분석한다면, 그 상황은 한결같이 흥분시키는 내적 대상과 거절하는 내적 대상의 상들로 구성되어 있다는 사실이 드러난다. 프로이트가 오이디푸스 상황의 개념을 이론화한 것은 물론 히스테리 현상의 기초 위에서였다; 그리고 아브라함의 '단계' 이론에 따르면, 히스테리의 기원은 성기(남근)기의 고착에까지 거슬러 올라간다. 나는 이미 아브라함의 '단계' 이론에 대해 다양한 비판을 제시한 바 있다(1941); 따라서 나는 남성이건 여성이건 핵심적으로 젖가슴을 추구하는 사람으로 드러나지 않는 히스테리 환자가 있다면, 그는 아직도 충분히 분석된 것이 아니라고 말할 것이다. 나는 긍정적인 오이디푸스 상황에 대한 깊은 분석은 세 가지 수준을 드러낸다고 감히 제안한다. 첫 번째 수준은 오이디푸스 상황에 의해 지배되는 것이다. 그 다음 수준은 이성 부모에 대한 양가감정에 의해 지배되는 것이다; 그리고 가장 깊은 수준은 엄마에 대한 양가감정에 의해 지배되는 것이다. 우리는 이 수준의 흔적을 고전적인 드라마인 햄릿에서 찾아볼 수 있다; 이 드라마에서 여왕은 흥분시키고 유혹하는 대상의 역할과 거절하는 대상의 역할 모두를 맡고 있다는 점에서, 정말로 악당으로 등장한다. 그 드라마의 심리적 자리는 다음과 같은 것일 것이다. 아이는 하나의 양가적 대상을 다루는 것을 견딜 수 없다고 느낀다; 그리고 그가 두 대상을 다루어야만 했을 때, 그는 그것을 더욱 견딜 수 없다고 느낀다. 따라서 그는 흥분시키는 두 대상 및 거절하는 두 대상을 다루는 복잡한 상황을 단순화하여 그것들을 하나의 흥분시키는 대상과 하나의 거절하는 대상으로 변환시킨다; 그리고 그는 한쪽 부모의 흥분시키는 측면과 다른쪽 부모의 거절하는 측면에 집중함으로써, 이 목표를 다양한 정도로 성취한다. 따라서 그는 모든 실제적인 목적을 위해 한쪽 부모상을 흥분시키는 대상으로 삼고 다른 한쪽 부모상을 거절하는 대상으로 삼는다; 그렇게 함으로써 아이는 자신의 오이디푸스 상황을 구성한다. 그러나 그 배후에는 양쪽 부모에 대한 양가감정이 계속해서 존재하고 있다; 그리고 맨 밑바닥에는 흥분시키는 대상과 거절하는 대상 모두가 최초의 모습 그대로, 즉 그의 엄마 상 그대로 남아있다.

신경증적 불안과 히스테리 환자의 고통

나는 분열과 억압(divide et impera) 기술을 외부로 표현되기를 요구하는 정서(리비도적인 것과 공격적인 것 모두를 포함하는)의 양을 줄이는 수단으로 설명했다; 이 지점에서 나는 리비도적 자아에 대한 내적 파괴자의 공격이 리비도적 욕구를 중심적 자아가 원하는 만큼 억누르는데 실패할 때, 즉 리비도적 정동의 양

을 관리할 수 있을 정도로 줄이지 못할 때 어떤 일이 발생하는
지에 대해 비교적 상세하게 생각해보겠다. 그러나 지금 여기에
서 그와 같은 커다란 주제를 다루는 것은 불가능하다. 여기에서
는 문제의 기술이 리비도적 정서의 양을 충분히 줄이지 못함으
로써 그것의 일차적 기능을 실행하지 못할 때, 그것은 이차적 기
능을 떠맡게 된다고 말하는 것으로 충분할 것이다. 그 이차적 기
능은 출현하는 정동의 질을 변화시킴으로써, 최초의 정동이 갖
는 질적 요소를 감추는 역할을 한다. 따라서 리비도적 자아 안에
서 역동적 긴장이 일정 수준에 도달하게 되고 과도한 리비도적
욕구가 분출될 때, 리비도적 정동은 리비도적 자아에 대한 내적
파괴자의 공격성의 영향 아래 (신경증적) 불안으로 변환되게 된
다. 리비도적 자아 내부의 역동적 긴장이 계속 증가해서 마침내
일정 수준을 초과하게 될 때, 리비도적 방출을 가로막는 것은 더
이상 불가능해진다; 그때 리비도적 자아에 대한 내적 파괴자의
공격은 불가피하게 방출되는 리비도적 정동에 고통스런 특질을
부여한다. 어쨌든 이러한 과정—즉 리비도적 욕구의 표현이 고
통으로 경험되는—이 히스테리 환자의 정동 표현 양태 안에 포
함되어 있는 것으로 보인다.

역동-구조적 심리학과 그것의 과학적 배경

신경증적 불안의 발생에 관해 방금 언급된 내용의 빛에서 볼
때, 불안의 성질에 대한 나의 개념은 프로이트의 최초의 개념, 즉
불안은 방출되지 않은 리비도라는 생각과 조화를 이루는 것임을

알 수 있다. 여기서 우리는 나의 일반적인 관점이 프로이트의 후기 견해들 중 일부와 결별하는 것을 포함한다면, 동시에 그것은 프로이트의 초기 견해들(후기에는 사용되지 않은)의 일부를 부활시키는 효과를 가지고 있음을 알 수 있다. 이런 현상에 대한 설명은 다음과 같다: 나의 현재 견해와 프로이트의 견해 사이에는 모든 점에서 뚜렷한 유비가 존재하는 한편, 나의 견해는 프로이트 견해가 발달해온 경로와는 다른 경로를 따라 발달해왔다. 이러한 발달 경로의 차이는 기본적인 이론적 원리의 차이라는 단 한 가지 이유에서 왔다. 그 중심적인 차이는 두 가지이다. 첫 번째, 비록 프로이트의 사고 전체가 대상관계와 관련되어 있다고는 하나, 그는 리비도가 일차적으로 쾌락을 추구한다는 원리를 따르는 반면, 나는 리비도가 일차적으로 대상을 추구한다는 원리를 따른다. 그리고 공격성과 관련해서 프로이트는 그것이 아무런 방향도 갖지 않는다고 생각한 반면에, 나는 그것이 방향을 갖고 있다고 생각한다. 두 번째, 프로이트는 충동(즉 심리적 에너지)을 이론적으로 구조와 다른 것으로 생각한 반면, 나는 이 둘이 서로 뗄 수 없는 하나라고 생각한다. 따라서 나는 역동적 구조라는 견해를 고수한다. 프로이트의 견해와 나의 견해 사이의 이 두 가지 차이 중에서 후자의 것이 더 근본적인 것으로 보인다; 그리고 실제로 전자는 후자에 의존하는 것 같다. 리비도가 일차적으로 쾌락을 추구한다는 프로이트의 견해는 그가 구조에서 에너지를 분리시킨 직접적인 결과라고 할 수 있다; 왜냐하면 일단 에너지가 구조에서 분리된다면, 불편을 주지 않는, 즉 즐거움을 주는 유일한 심리적 변화는 아무런 방향성을 갖지 않는 평형 상태의 확립일 것이기 때문이다. 대조적으로, 만약 우리가 에너지를 구조와 뗄 수 없는 것으로 인식한다면, 발생할 수 있는 유일한 변화는 구조적 관계의 변화와 구조들 사이의 관계의 변

화일 것이며, 그런 변화는 본질적으로 방향성을 갖고 있을 것이
기 때문이다.

아무리 독창성이 뛰어난 위대한 개인일지라도 자신의 시대가
갖고 있는 과학적 세계관으로부터 전적으로 자유로울 수는 없
다; 이 점은 프로이트도 예외가 아니다. 여기서 우리는 프로이트
가 양육된 19세기의 과학적 분위기를 고려해야 한다. 그 당시
분위기는 물리적 우주를 입자들로부터 독립된 일정한 양의 에
너지가 주어짐에 따라 운동이 발생하는, 불변하고 분할되지 않
으며 움직이지 않는 입자들로 이루어졌다는 헬름홀츠 학파
(Helmholtzian)의 개념에 의해 지배되고 있었다. 문제의 에너지는
어떤 알 수 없는 이유로 처음에는 고르지 않게 분배되었다가 그
후에는 결국 힘이 평형을 이루고 움직이지 않는 고체 입자들의
상태로 바뀌는 점진적인 재분배 과정을 겪는 것으로 인식되었
다. 이러한 물리학적 개념이 당대를 지배했기 때문에, 프로이트
가 그때까지 혼돈된 영역이었던 정신병리의 영역에 질서를 부여
하는 힘든 과제를 수행하면서 그의 시대의 과학적 분위기의 영
향하에 충동(심리적 에너지)을 구조에서 분리된 것으로 그리고
그 충동이 평형 상태를 추구한다는 기본적인 틀에 맞추어 그의
리비도적 이론을 만들어냈다는 사실은 충분히 이해할만 하다.
그러나 나의 견해로는 이런 특징이 그의 사고의 한계를 구성하
고 있다. 그렇지 않았더라면, 그의 사고는 심리학 분야에서 역사
적인 진전을 이룩했을 것이며 새로운 과학적 조망 위에 기초할
수 있었을 것이다; 20세기 동안에 물리적 세계에 대한 과학적
개념은 이미 중대한 변화를 겪었다. 이전에 물리적 우주를 구성
하고 있는 것으로 생각되었던 분할되지 않는 부동의 입자들 또
는 원자들은 이제는 거의 믿을 수 없는 것이 되었다. 그것은 이
제 거의 무한한 양의 에너지로 이루어진 복잡한 구조—에너지

없이는 구조를 말할 수 없고, 마찬가지로 구조 없이는 에너지를 말할 수 없는—로 알려져 있다. 이런 원자 내부의 에너지는 원자 내부의 관계를 결정할 뿐 아니라 무한히 멀리 있는 물체에 영향을 미친다. 이것들 중에서 가장 두드러진 것은 빛의 방사(radiation) 현상이다; 그리고 과거의 과학 이론인 파장 이론(wave theory)으로 설명할 수 없는 특정한 빛의 현상을 설명하기 위해서는 방사 개념을 도입하는 것이 필수적이 되었다. 흥미롭게도 방사는 최소한 이전에 고체, 즉 질량의 특권으로 간주된 성질 중의 하나를 소유하고 있는 것으로 밝혀졌다; 그리고 방사의 발생은 그 방사를 방출하는 원자의 구조와 그것을 받아들이는 원자의 구조 모두에 영향을 끼친다. 게다가 우주 자체는 폐쇄된 체계 내에서 평형을 이루고 있는 것과는 달리 계속적인 변화 과정을 겪고 있는 것으로 알려지고 있다. 따라서 우주는 무서운 속도로 확장되고 있는 것으로 보인다. 작용하고 있는 주된 세력은 끄는 힘과 미는 힘(리비도와 공격성)이다; 그러나 비록 끄는 힘이 물질의 부분적인 응축을 산출한다 하더라도, 어쨌든 지배적인 힘은 현 단계 동안에는 미는 힘이다. 따라서 우주는 방향성 없이 평형을 형성하는 과정과는 거리가 멀다. 그것은 더 이상 확장될 수 없는 한계를 향해, 즉 모든 것의 밀도가 너무 희석되어 더 이상 상호 영향을 미치는 것이 불가능하고 따라서 더 이상 어떤 일도 일어날 수 없는 한계를 향해 확장되어 가는 과정 속에 있다. 따라서 우주가 겪고 있는 변화는 방향성을 가진 변화이다. 오늘날의 일반적인 과학적 배경을 고려할 때, 나는 우리의 심리학적 사고 또한 역동적 구조의 기초에서 인식된 관계 심리학으로 재이론화되는 것이 우리가 직면한 시대적 요청이라고 생각한다.

설명 체계로서의 역동-구조적 심리학

설명 체계로서 내가 생각하는 역동-구조적 심리학은 많은 장점을 가지고 있다. 그 중에서 결코 가장 작지 않은 것이 집단 현상에 대해 다른 어떤 유형의 심리학보다 더 만족스러운 설명을 제공한다는 점이다. 그러나 이 주제는 이 논문에서 다루기에는 부적절하기 때문에 다른 기회를 위해 남겨질 수밖에 없다. 그러나 나는 프로이트의 고전적 이론에 대한 대안으로서 제시한 나의 이론이 갖는 장점에 대해 말해야 한다고 느낀다. 물론 프로이트 이론은 분명히 지형학적 관점에서 정신구조 안에 세 가지 요소들(원본능, 자아 그리고 초자아)의 작용만을 인정한다. 대조적으로, 나의 이론은 초자아를 제외하고 나서도 다섯 가지 요소들(중심적 자아, 리비도적 자아, 내적 파괴자, 흥분시키는 대상과 거절하는 대상)의 작용을 인정한다. 따라서 나의 이론은 원인론적 가능성을 위한 더 큰 범위를 제공한다. 실제로 원인론적 가능성에 관한 두 이론간의 차이는 매우 크다; 왜냐하면 엄격하게 말해서 프로이트 이론의 세 요소 중에서 오직 두 요소만(자아와 초자아)이 구조이기 때문이다. 세 번째 요소인 원본능은 단지 에너지의 원천일 뿐 구조로 보기는 어렵다. 원본능에서 나오는 에너지는 물론 프로이트에 의해 두 형태—리비도와 공격성—를 갖는 것으로 인식된다. 따라서 결국 프로이트의 이론은 두 가지 구조적 요소와 두 가지 역동적 요소의 작용을 인정하고 있는 셈이다. 프로이트가 말하는 두 가지 역동적 요소는 물론 나의 이론 안에도 자리잡고 있다; 그러나 나의 이론에서 구조적 요소는 둘이 아니라 다섯이다. 따라서 다섯 가지 구조적 요소와 두 가지 역동적 요소를 갖고 있는 나의 이론은 프로이트의 이론보다 훨씬 더 광범위한 변환과 결합을 허용한다. 이와는 대조적으로 프로이트의 이론 안에서 그나마 열려진 채로 남아있던 가능성마저도, 그가 공격적일 뿐 아니라 반-리비도적인 특징을 지닌 것으로 여긴 초자아 기능에 대한 그의 개념에 의해, 훨씬 더 제한 받게 되었다. 그러므로 프로이트에 따르면, 심리내적 드라마는 리비도적 능력을 가진 자아와 반리비도적 능력을 가진 초자아 사이의 갈등으로 환원된다. 억압에 관한 프로이트의 가장 초기 견해에 내재되어 있던 본래적인 이원론은 그의 후기 정신구조 이론에 의해 실질적으로 영향받지 않은 채 남아있다. 심리내적 드라마에 관한 그와 같은 생각은 사회심리학에 대한 함의(예컨대, 사회적 제도는 근본적으로 억압적이라는 생각)와 관련해서뿐만 아니라, 정신병리 및 성격 병리에 대한 설명적 가치와 관련해서 심각한 한계를 지니고 있다. 이런 문제에 대한 설명은 기껏해야 초자아의 압력에 직면해서 리비도적 능력을 지닌 자아가 채용하는 태도에 대한 설명으로 축소된다. 대조적으로 나의 이론은 모든 종류의 정신병리 및 성격 병리 현상을 다양한 구조들 사이의 복잡한 관계 패턴이라는 측면에서 서술할 수 있게 하는 설명적 체계의 특징을 가지고 있다. 그것은 또한 정신병리적 증상을 직접적으로 구조적 관점에서 설명할 수 있게 하며, 따라서 모든 증상은 전체 인격의 표현일 뿐이라는 의심할 수 없는 사실을 공정하게 다룰 수 있는 장점을 가지고 있다.

　이 지점에서 내가 서술한 그리고 엄청난 중요성을 부여한 기본적인 심리내적 상황은 심리경제적 관점에서 결코 변할 수 없는 것으로 생각되어서는 안 된다는 점을 지적해야 할 것 같다. 비록 내가 정신분석 치료의 주된 목표들 중의 하나가 심리적 지형학에 변화를 도입하는 것이라고 믿고 있지만, 지형학적 영역은 비교적 불변하는 것으로 간주되어야 한다. 따라서 나는 (a) 리비도적 자아와 내적 파괴자에게 넘겨주었던 영역을 최대한으로 중심적 자아에게 되돌려줌으로써 자아의 분열을 감소시키는 것과 (b) 흥분시키는 대상과 거절하는 대상을 가능한 한 중심적 자아의 영향권 안으로 끌어오는 것이야말로 정신분석 치료가 갖는 가장 중요한 기능이라고 생각한다. 그러나 그런 변화가 성취되는 정도는 상당히 제한되는 것으로 보인다. 대조적으로, 심리경제적인 측면에서 기본적인 심리내적 구조는 아주 포괄적으로 수정될 수 있다. 따라서 나는 (a) 부차적 자아들이 연결되어 있는 대상들에 대한 애착을 줄이는 것, (b) 부차적 자아들과 그것들의 대상들에 대한 중심적 자아의 공격성을 줄이는 것, 그리고 (c) 리비도적 자아와 그 대상에 대한 내적 파괴자의 공격성을 최소한으로 줄이는 것 등을 정신분석적 치료의 주된 목표로 간주한다. 다른 한편, 기본적인 심리내적 상황은 정신병리적 방향으로 변화될 수도 있다. 이미 내가 지적했듯이, 기본적인 심리내적 상황의 경제적 패턴은 히스테리 상태에서 두드러지게 드러나는 것과 동일하다. 나는 이 사실에 대해 추호도 의심하지 않는다. 나는 두드러지게 편집증적 특징(이전에 편집증으로 진단된 적이 있을 정도로)을 보이는 히스테리적 개인과 분석에서 편집증적 태도와 히스테리적 태도 사이를 왔다갔다하는 개인을 빈번히 만났다. 그러한 왔다갔다하는 현상은 심리내적 상황의 심리경제적 패턴의 변화에 따른 결과로 보인다. 편집증적 상태는 내가 기본적인 심리내적 상황이라고 부른 심리경제적 패턴과의 결별에 의해 특징지어진다. 나는 편집증적 상태에서 심리내적 상황이 어떤 심리경제적 패턴을 취하는가에 대해서는 말할 수 있는 입장에 있지 않다고 느낀다; 그럼에도 불구하고 나는 모든 임상 상태는 특징적인 심리내적 패턴를 갖고 있다고 과감히 제안한다. 물론 다양한 패턴들이 나란히 또는 하나가 다른 것 위에 겹쳐진 채로 존재할 수 있다. 또한 심리내적 상황의 패턴은 경직된 것일 수도 유연한 것일 수도 있다. 극단적인 경직성과 극단적인 유연성은 모두 바람직하지 못한 특징에 속한다. 동시에 기본적인 (최초의) 심리내적 상황은 히스테리 상태에서 발견되는 것과 같은 것이라는 점이 강조되어야 한다. 이런 점을 고려할 때, 나는 가장 초기의 정신병리적 증상은 그 성질상 히스테리에 해당하는 것이라고 생각한다; 나는 유아가 소리를 지르며 발작을 보이는 행동을 일종의 히스테리라고 본다. 만일 이러한 나의 생각이 옳은 것이라면, 프로이트가 정신분석적 이론의 토대를 히스테리 현상의 자료 위에 세운 것은 비범한 통찰이었다고 말할 수 있다.

앞에서 제안된 고찰의 빛에서 볼 때, 기본적인 심리내적 상황은 히스테리 상태의 근저에 놓여있는 것이면서도, 그것은 그 자체로서 최초 자아의 분열에 따른 산물이며, 따라서 분열성 현상이라는 것을 알 수 있다. 따라서 비록 최초의 정신병리적 증상들이 히스테리에 해당하는 것으로 드러날지라도, 최초의 정신병리적 과정은 분열성적인 것이다. 억압 자체는 분열성 과정이다; 그리고 비록 분열의 정도가 개인에 따라 다양하다 하더라도, 자아의 분열은 물론 보편적인 현상이다. 그러나 최초의 정신병리적 상태가 명백한 분열성 상태일 것이라고 추론해서는 안 된다. 그와는 반대로 최초의 병리적 상태는 그 성질상 히스테리에 가까운 것이다. 실제 분열성 상태는 훨씬 나중에 발달하는 것이다. 즉, 분열성 과정은 많은 양의 정서가 억압되는 일이 발생하고 그로 인해 정서의 히스테리적 표현마저도 배제되는 지점에 이를 때에만 구체화된다. 즉, 정서가 심하게 억압되는 일이 발생할 때만 개인은 감정적으로 고갈되고 뚜렷하게 허망감을 경험한다. 그러나 지금 여기에서 분열성 상태의 발달에 따르는 현상에 대한 더 상세한 논의를 계속하는 것은 적절하지 않다.

내재화된 대상들의 역동적 성질

프로이트의 정신 기구 이론에서 가장 모순적인 특성은 지금
까지 언급된 적이 없었는데, 그것은 그가 역동적 구조와 가까운
유일한 정신의 부분이 초자아라고 생각했다는 점이다. 물론 원
본능은 구조가 없는 에너지의 원천으로서 서술되고 있고, 자아
는 원본능에서 오는 것을 제외하고는 에너지 없는 수동적 구조
로서 서술되고 있다. 즉, 에너지는 궁극적으로 원본능에서 오는
것으로 간주된다; 그러나 이것은 프로이트가 초자아에게 상당한
독립적인 기능적 활동을 부여했다는 사실을 변경하지는 않는다.
이것은 그가 초자아와 원본능을 서로 반대되는 활동 목적을 가
진 것으로 보면서 자아는 이들 두 심리내적 실체들 사이에서 양
쪽으로부터 오는 압력에 시달리고 있는 것으로 표현하는 경우가
아주 많았다는 사실에서 알 수 있다. 이상한 것은 그가 초자아를
실제로 외부 현실로부터 마음의 영역 안으로 귀화한 외국인, 즉
일종의 이민자로 보았다는 것이다. 내 생각에, 이러한 사고가 갖
는 의미는 그것이 본래 내재화된 대상이라는 사실에 있다. 프로
이트가 역동적 구조로 취급한 정신의 유일한 부분이 내재화된
대상이라는 사실은 그의 구조 이론에 대한 대안 이론을 형성하
려는 나의 시도를 정당화하기에 충분하다. 내재화된 대상이 프
로이트가 역동적 구조로 취급한 정신의 유일한 부분인 반면에,
내가 생각하는 내재화된 대상은 역동적 구조로 취급되지 않는
정신의 유일한 부분이라는 점에서, 나는 대안적 이론을 형성함
에 있어서 지금까지 프로이트가 따랐던 것과는 반대되는 경로를
따랐다는 사실을 확인할 수 있을 것이다. 나는 내재화된 대상들
을 단지 역동적 자아 구조들의 대상들로서, 즉 그 자체로서는 역

동적이지 않은 심리내적 구조들로 간주했다. 나는 설명의 복잡
성을 피하기 위해서뿐만 아니라 자아 구조의 활동에 초점을 맞
추기 위해서, 그리고 이런 활동의 일차적 중요성을 과소 평가하
는 위험들을 피하기 위해 의도적으로 그렇게 간주했다; 왜냐하
면 결국 대상들이 내재화되는 것은 이런 활동을 통해서이기 때
문이다. 그러나 논의의 일관성을 위해서, 나는 이제 나의 역동-
구조 이론의 논리적 결론을 이끌어내고, 그 구조가 (내적 대상들
이 구조들이기 때문에) 최소한 어느 정도는 역동적이라는 사실
을 지적해야 할 필요를 느낀다. 이러한 결론에 도달함에 있어서,
나는 단순히 프로이트의 견해를 따르는 것이 아니라 심리적 사
실들이 드러내는 바—예컨대 꿈과 편집증 현상에서 드러나는—
를 따르는 것을 선택했다. 이러한 발걸음은 교환과 결합의 방식
을 통해서 심리내적 상황 안에 더 많은 가능성을 도입함으로써
정신구조 이론이 갖는 설명적 가치를 높여줄 것이다. 그러나 실
제에 있어서 내재화된 대상들의 활동과 그 대상들이 연결되어
있는 자아 구조들의 활동을 구별하는 것은 아주 어려운 일임을
인정해야 한다; 그리고 귀신론의 출현을 피하기 위해서 자아 구
조들의 활동을 강조하는 것이 현명한 것으로 보인다. 그럼에도
불구하고 내재화된 대상들은 특정한 상황에서 무시할 수 없을
정도로 역동적 독립성을 요구하는 것으로 보인다. 비록 문명과
과학의 겉모습 뒤에 숨어있을지라도 그 근저에 항상 존재해오면
서 가장 섬세한 예술 형태에서조차도 중요하게 자체의 모습을
드러내는 인간의 근본적인 물활론(animism)에 대한 설명은 분명
코 이런 방향에서 찾아야 한다.

추가 사항(1951)

서문에서 언급했듯이, 이 책에 실린 논문들은 이미 확립된 견해를 체계적으로 정교화한 것이 아니라 사고의 흐름의 진전을 보여주는 글들이다. 따라서 후기에 표현된 어떤 견해들은 초기에 표현된 견해와 갈등을 일으키거나 심지어 모순적인 것으로 드러나기도 한다. 그러나 하나의 견해가 다른 견해로 대치될 경우, 그때마다 그 이유가 분명히 언급되고 있기 때문에 실제로 심각한 모순이 발생하는 경우는 거의 없다. 그러나 불행히도 이것은 모든 경우에 해당되지 않는다; 돌이켜 보건대, 나는 위의 논문에서 제시된 견해와 나의 이전 논문, '정신병과 정신신경증에 관한 새로운 정신병리학'에서 표현된 견해들 사이에 두 가지 심각한 모순이 존재하고 있음을 인정할 수밖에 없다. 내가 초기 논문에서 제안한 네 가지 '과도기적인' 방어 기술에 대한 분류는 '수용된 대상'과 '거절된 대상'이라는 두 가지 내재화된 대상의 구별에 기초해 있다; 그리고 각각의 기술이 지닌 뚜렷한 특징들은 이 두 대상들을 어떻게 다루는지, 즉 독립적으로 다루는지 함께 다루는지, 또는 내적인 것으로 다루는지 아니면 외적인 것으로 다루는지와 관련되어 있다. 이와는 달리, 후기 논문에서 나는 '수용된 대상'과 '거절된 대상' 대신 '흥분시키는 대상'과 '거절하는 대상'을 말함으로써 기본적인 심리내적 상황을 서술했다. 이전에 나는 내적 대상들에 대한 자아의 태도라는 관점에서 그것들을 '수용된(accepted)과 거절된(rejected)' 대상으로 서술하였다. 그러나 나중에 나는 대상들이 자아에게 제시하는 태도라는 관점에서 내적 대상들을 '흥분시키는(exciting)' 대상과 '거절하는(rejecting)' 대상으로 서술하였다. 이 두 관점은 다른 것이다;

그러나 나는 그것들을 양립될 수 없는 것이라고는 생각하지 않는다. 자아-구조가 채택한 대상에 대한 태도는 반드시 대상이 제시하는 태도와 관련되어 있다. 그러나 '수용된' 대상과 '거절된' 대상 사이의 대조는 '흥분시키는' 대상과 '거절하는' 대상 사이의 대조와 정확하게 평행을 이루지는 않는다; 왜냐하면 '거절하는' 대상은 '거절된' 대상과 짝을 이루지만 '흥분시키는' 대상은 '수용된' 대상과 짝을 이루지 않는데, 그것은 '흥분시키는 대상'이 '만족스럽지 않은' 대상이라는 의미에서 '나쁜' 대상으로 인식되기 때문이다. 여기에서 일관성을 지닌 체계화를 위해서 나의 견해를 재조정할 필요가 있는 것으로 보인다; 그것은 내가 흥분시키는 대상과 거절하는 대상이라는 개념을 희생시키고 싶지도 않고, 동시에 과도기적 기술의 분류를 위한 일반적인 기초를 포기하고 싶지도 않기 때문이다.

이것보다 좀더 심각한 두 번째 모순에 대해 생각해보겠다. 독자들은 내가 '나쁜' 또는 만족스럽지 않은 대상을 분열시켜 내재화함으로써 흥분시키는 대상과 거절하는 대상을 산출한다고 서술했던 것을 기억할 것이다. 그때 나는 그것들이 내재화되는 첫 번째 대상이라고 믿었기에 최초의 내적 대상이라고 불렀다. 그러나 보다 초기 논문에서 '수용된' 대상과 '거절된' 대상에 관해 말할 때, 나는 '나쁜' 대상뿐만 아니라 '좋은' 대상이 이미 내재화되어 있다는 가정 위에서 말하곤 했다. 이 명백한 불일치는 물론 내가 두 가지 다른 발달 단계에 관해 말하고 있다는 것으로 설명될 수 있다; 후기 논문에서 채용된 관점에서조차도 나는 '좋거나' 만족스러운 대상이 '나쁘거나' 불만족스런 대상에 의해 발생한 결과를 보상하기 위해 내재화된다는 사실을 인정했다. 물론 내가 '수용된' 대상과 '거절된' 대상에 관해서 말할 때 논의되던 발달 단계는 '과도기'였으며, 이 단계는 내가 '흥분시

키는' 대상과 '거절하는' 대상의 차이를 서술할 때 논의되던 단
계보다 앞선 것이었다. 동시에, 이 두 개념들을 연관시키는 것은
쉬운 일이 아니다. 언뜻 보기에 '불만족스런' 대상과 '거절된'
대상은 같은 것으로 간주될 수 있는 것처럼 보인다; 그러나 '거
절된 대상'에 관해 말할 때 내가 생각했던 단계는, 나의 후기 견
해에 따르면, '불만족스런' 대상이 '흥분시키는' 대상과 '거절하
는' 대상으로 이미 분열된 단계에 해당된다. 따라서 이런 맥락에
서 보면 이 문제는 해결이 불가능한 것처럼 보인다. 그러나 지금
내게는 문제 해결의 열쇠를 최초에 내재화된 대상이 전적으로
'나쁘고' 불만족스런 측면들을 갖고 있는 대상이 아니라, 양가감
정-이전의 대상이라는 사실에서 찾을 수 있다고 생각한다; 그리
고 이것은 내가 '성격의 분열성 요인'라는 제목의 논문(1장)에
서 제안했던 가정이기도 하다. 양가감정—이전 대상의 내재화는
어느 정도 만족스러우면서 동시에 어느 정도 불만족스럽다는 가
정 위에서 설명될 수 있을 것이다. 이런 가정 하에서 양가감정은
외부 대상이 아니라 내재화된 양가감정—이전 대상과의 관계에
서 최초의 분열되지 않은 자아 안에서 발생하는 첫 번째 상태라
고 말할 수 있다. 그때 발생하는 상황은 분열되지 않은 자아가
양가적인 내적 대상과 직면하는 것이 될 것이다. 이 지점에서 독
자들은 내가 기본적인 심리내적 상황에 대해 서술할 때, 비록 흥
분시키는 대상은 리비도적 자아에 의해 '수용된' 대상이고 거절
하는 대상은 내적 파괴자에 의해 수용된 대상이라 할지라도, 이
두 대상 모두는 중심적 자아의 관점에서 볼 때 '거절된 대상'이
라고 말했던 것을 기억할 것이다. 이것을 고려할 때, 우리는 그
다음에 따라오는 내적 상황의 발달 단계, 즉 내적 대상의 분열이
다음과 같이 발생한다고 말할 수 있다. 내적 (양가적) 대상의 과
도하게 흥분시키는 요소와 과도하게 좌절을 주는 요소 모두는

최초의 자아에 의해 수용될 수 없기 때문에 대상의 주요 부분으로부터 분열되고 억압되어 '흥분시키는 대상'과 '거절하는 대상'을 발생시킨다. 그리고 거절된다고 해도 끈질기게 남아있는 이 두 대상에 대한 리비도 집중은 후기 논문에서 서술한 대로 자아의 분열을 발생시킨다. 리비도가 흥분시키는 대상에게 집중된 최초 자아의 부분은 자아의 중심 부분에 의해 거절되고 억압되어 '리비도적 자아'가 된다; 그리고 리비도가 거절된 대상에게 집중된 최초 자아의 부분은 자아의 중심 부분에 의해 거절되고 억압되어 '내적 파괴자'가 된다. 그러나 과도하게 흥분시키는 요소와 과도하게 좌절시키는 요소들이 양가적 내적 대상의 상태로부터 분열된 후에도, 대상의 핵이 남아 있다는 사실을 주목할 수 있을 것이다. 그때 이 핵은 중심적 자아에 의해 '수용된 대상'의 지위를 얻게 될 것이고, 따라서 중심적 자아는 이 대상에 집중된 리비도를 유지하고 보유할 것이다. 이러한 기본적인 심리내적 상황의 발달이라는 개념은 앞의 논문에서 제시한 것을 토대로 한 걸음 더 나간 것이다. 나는 이제 초기에 제안했던 개념을 후기의 것으로 대체하고자 한다.

나의 개정된 개념에 따르면, 과도하게-흥분된 요소와 과도하게-거절된 대상이 떨어져 나간 후에 남아있는 중심적 자아의 '수용된 대상'은 중심적 자아가 리비도적 자아와 내적 파괴자를 발생시키는 요소들을 제거한 후에 안전하게 사랑할 수 있는 탈성화되고 이상화된 대상의 형태를 취한다. 이것이 바로 히스테리 환자가 분석가를 그렇게 전환시키고자 하는 대상이며, (보통 상당한 정도의 성공과 함께) 아이가 그의 부모들을 전환시키려고 애쓰는 그런 대상이다. 그러므로 내 생각에 이 대상은 ('내적 파괴자'와는 대조적으로) 초자아의 핵을 형성하는 요소인 듯 하다. 하지만 나는 이 대상을 '초자아'라기보다는 오히려 '자아-이상'으로 서술하는 것(따라서 이전의 용어를 부활시키는 것)이 대상의 성질상 더 적합하다고 생각한다.

나의 초기 논문에 나오는 '수용된' 대상 및 '거절된' 대상을 개정된 나의 후기 개념과 관련시키는 일은 그리고 이 개념 안에 과도기적인 방어적 기술에 대한 서술을 포함시키는 작업은 여전히 쉽지 않은 문제로 남아있다. 모든 사항을 고려할 때, '수용된 대상'을 내적인 양가 대상의 핵과 같은 것으로 간주하는 것이 가장 바람직해 보인다. 이때 그 핵은 흥분시키는 대상과 거절하는 대상이 억압된 후에 중심적 자아에 의해 리비도가 집중된 채로 남아 있는 것으로서, 그것을 둘러싸고 초자아가 형성되는 것으로 간주된다; 그리고 '수용된 대상'이란 용어는 편의상 이 핵을 서술하는데 사용될 수 있을 것이다. 일단 이 둘 사이에 이와 같은 동등성이 확립된다면, 후기 논문에 나오는 '흥분시키는' 대상과 '거절하는 대상'을 초기 논문에 나오는 '거절된 대상' 개념 안에 포함되는 것으로 간주할 필요가 있다; 왜냐하면 우리가 알고 있듯이, 이 두 대상 모두는 중심적 자아에 의해 거절된 대상이기 때문이다. 그때 (복수의) '거절된 대상들'이란 용어가 초기 논문에서 (단수의) '거절된 대상'이란 용어를 대체하게 될 것이다. 이처럼 이 대상을 복수로 사용하는 것은 정당한 것으로 보인다. 왜냐하면 돌이켜 볼 때, 각 '과도기적' 기술의 경우에 '흥분시키는' 대상과 '거절하는' 대상이 모두 같은 방식으로 처리되고 있기 때문이다. 따라서 편집증 기술과 공포증 기술에서 그것들은 모두 외적인 방식으로 취급된다; 그리고 강박증 기술과 히스테리 기술에서 그것들은 모두 내적인 방식으로 취급된다. 이런 다양한 기술들은 모두 중심적 자아에 의해 사용된 기술들로 간주된다.

제 5 장

대상관계와 역동적 구조[1]
(1946)

    본 논문의 목적은 내가 지금 채용할 관점과 전쟁기간 중
(1935-45)에 출간된 일련의 논문들[2]에서 발전시킨 특별한 관점에
대한 설명을 제공하는 것이다. 이 논문들은 확립된 견해에 대한
정교한 설명이라기보다는 나의 사고의 점진적 발달 과정을 보여
주는 설명에 해당된다. 그럼에도 불구하고 나의 견해 전체를 관
통하는 근본적인 원리가 있는데, 그것은 리비도가 일차적으로
쾌락이 아니라 대상을 추구한다는 것이다. 이런 주장이 기초해
있는 임상 자료는 '당신은 항상 내가 이런 저런 욕망이 충족되
길 원한다고 말하고 있어요; 그러나 내가 실제로 원하는 것은 아
버지예요' 라고 했던, 한 환자의 외침에서 찾을 수 있다. 나의 사

1 1946년 6월 5일 영국 정신분석 학회에서 발표됨 그후에 정신분석 국제지
  27권 1부와 2부에서 출판됨.
2 이 책의 2, 3, 4장에 실린 세 논문들.

고는 실제로 이와 같은 현상의 의미에 대한 성찰에서 출발하고
있다. 나는 오늘날 실제로 대상관계의 중요성을 축소한다는 비
판에 분개하지 않을 분석가는 거의 없을 것이라고 생각한다. 그
러나 많은 분석가들은 대상관계의 중요성을 안다고 하면서도,
여전히 리비도가 일차적으로 쾌락을 추구한다는 고전적 리비도
이론에 매달리고 있다. 물론 독자는 고전적 이론에서 '쾌락-추
구'가 의미하는 것은 실제로 '리비도 긴장의 해소'라는 사실을
기억할 것이다; 그러나 내 견해에 의하면 그러한 긴장은 본래 대
상을 추구하려는 욕구 안에 내재되어 있다. 긴장 상태 안에 쾌락
추구가 내재되어 있다는 주장은 내게는 앞뒤가 바뀐 것으로 들
린다; 동시에 이 주장은 긴장은 자연스럽게 방출을 추구하고 방
출은 자연히 해소를 가져오기 때문에 긴장은 긴장일 뿐이라고
말한다. 그리고 이런 진술은 긴장 밑에 있는 힘의 본질에 대해서
그리고 그 힘의 방향이나 목표에 대해서 아무 것도 말해주지 않
는다. 따라서 그것은 또한 긴장의 해소가 리비도적 목표를 어디
까지 충족시키는가라는 질문에 대해서도 대답하지 못한다. 물론
프로이트는 리비도의 목표를 성감대에서 찾았다. 그러나 내 생
각에 그가 서술한 것은 실제 목표가 아니라 대상을 다루는 양태
에 관한 것이었다; 그리고 성감대는 목표 자체가 아니라 목표에
봉사하는 기능을 갖는다고, 즉 목표의 성취를 위한 경로로 사용
되는 신체 기관들로서 간주하는 것이 옳다. 실제 리비도의 목표
는 대상과의 만족스런 관계를 형성하는 것이며; 따라서 진정한
리비도적 목표는 대상이다. 동시에 리비도적 접근의 형태는 대
상의 성질에 의해 결정된다. 따라서 유아의 타고난 함입 경향성
이 빨기의 형태를 띠는 것은 젖가슴이 지닌 성질 때문이다. 물론
엄밀히 말해서 엄마의 젖가슴과 유아의 본능적인 구강적 자질은
서로에 대한 상호 적응을 통해서 발달된 것이다; 이 사실이 의미

하는 바는, 리비도적 목표들은 본래 대상관계를 지향한다는 것이다. 실제로 리비도적 목표로 가정되어온 어떤 활동들은, 예컨대 항문 활동과 소변 활동은 일차적인 리비도적 활동이라고 보기 어렵다; 왜냐하면 이런 활동들의 본래 목표는 대상과의 관계를 형성하는 것이 아니라 유기체의 관점에서 낯선 대상을 거절하는 것이기 때문이다. 물론 그렇다고 해서 그런 활동들이 쾌락의 원천이 될 수 없는 것은 아니다. 왜냐하면 쾌락은 리비도와 특별한 관련이 없으며, 긴장의 성질에 상관없이 긴장의 해소에 자연스럽게 따라오는 것이기 때문이다. 나는 성감대 개념에 대한 몇 가지 비판적 고찰을 좀더 언급해보겠다.

성감대 개념은 유기체의 원자 개념이나 분자 개념—유기체는 처음에 분리된 실체들의 집합으로 구성되어 있으며, 발달 과정을 통해서 서로 관련되고 통합되는 것이라는—에 기초해 있다. 기능적인 측면에서 원자 개념은 역동적 과정을 고립된 충동 및 본능의 측면에서 서술하는 경향을 불러일으켰다. 그것은 리비도에게 정관사를 붙여줌으로써 리비도를 실체화하는 경향을 초래했다. 원자론은 마저리 브리얼리(Marjorie Brierley)의 '과정 이론'(process theory)[3]과 아드리안 스테펀(Adrian Stephen)이 그의 논문, '양가감정에 대한 연구'[4]에서 채용한 인식론의 근저에 놓여있는 것으로 보인다. 스테펀은 그의 논문에서 '좋은 대상과 나쁜 대상' 개념에 대한 비판적 사고를 보여주는 예로서 나의 견해를 들었다. 하지만 내 생각에 그와 같은 원자론은 유기체를 처음부터 전체로서 기능하는 것으로 간주하는 현대 생물학적 개념들과

---

3 Marjorie Brierley, "과정 이론으로서의 초심리학에 대한 연구," 정신분석 국제지, 25권 3부와 4부(1944)
4 아드리안 스테판, "양가감정에 대한 연구", 정신분석 국제지 26권 1부와 2부 (1945).

모순되는 과거의 유물인 것으로 보인다. 유기체가 정상적으로
기능할 때, 그 유기체는 과학적 분석이라는 인위적인 관점에서
볼 때만 따로따로 기능하는 여러 부분들로 구성되어 있다고 말
할 수 있다; 실제로 각 부분들이 따로따로 기능하는 것으로 판명
될 경우, 그것은 병리적 과정의 결과라고 말할 수 있다. 마찬가지
로 만일 유기체를 그것이 맺고 있는 자연적 대상들과의 관계와
따로 떼어서 생각한다면, 개인 유기체의 성질에 대한 적절한 개
념을 얻기란 불가능하다; 왜냐하면 유기체는 대상들과의 관계에
서만 자체의 진정한 성질을 드러내기 때문이다. 이런 사실을 간
과한 채 행해지는 유리 방에 고립된 유아들에 대한 행동주의적
실험은 무의미하다; 왜냐하면 엄마에게서 분리되어 유리 방에
고립되어 있는 아이는 자연스런 대상이 박탈됨으로 해서 인간
아이로서의 기능이 이미 중지된 상태에 있기 때문이다.

  그 다음에, 성감대 개념은 쾌락의 충족을 포기할 수 있는 개
인의 능력에 대해 정당한 평가를 제공하기 어렵다. 고전적 이론
에 따르면, 개인의 그와 같은 능력은 (a) 억압, 또는 (b) 쾌락 원리
를 현실 원리로 대체함으로써 발생하는 것이다. 물론 억압이 개
인이 쾌락의 포기를 조장하는 기술로서 사용된다는 데는 의심의
여지가 없다. 다른 한편 대상관계 심리학의 관점에서 볼 때, 대상
관계와 상관없는 쾌락-추구 행동은 행동의 퇴화를 나타낸다. 여기
서 나는 행동의 '퇴행'(regression)보다는 행동의 '퇴화'(deterio-
ration)를 말하고 있다. 이것은 대상-추구가 일차적이라면, 쾌락-추
구는 '퇴행적'인 행동으로 서술되기보다는 퇴화적인 행동으로
묘사하는 것이 더 적절하기 때문이다. 대상관계와 상관없는 쾌
락-추구는 리비도적 욕구의 긴장 해소를 본질적인 목표로 삼는
다. 물론 그런 과정은 아주 일반적으로 발생한다; 그러나 리비도
적 욕구는 대상을 향한 욕구라는 점에서, 단순히 긴장 해소만을

추구하는 행동은 대상관계에 어떤 실패가 있었음을 암시한다. 즉, 단순한 긴장 해소는 실제로 안전 밸브의 역할을 하는 과정이라는 것이다. 따라서 그것은 리비도적 목표를 성취하기 위한 수단이 아니라 그 목표의 실패를 완화시키는 수단이다.

이미 언급했듯이, 쾌락의 충족을 포기하는 능력은 고전적 이론에 따르면 억압에 기인할 뿐 아니라, 쾌락 원리를 현실 원리로 대체하는 것에 기인한다. 그러나 만일 리비도가 일차적으로 대상을 추구한다면, 행동은 일차적으로 외적 현실을 지향하고, 따라서 처음부터 현실 원리에 의해 결정된다. 이 사실이 인간 유아에게서 명백하게 드러나지 않는 것은 대체로 인간의 본능적 행동 패턴이 동물과는 달리 굳어져 있지 않으며, 개략적인 윤곽만을 가지고 있기 때문이다. 따라서 인간의 본능적 욕동은 일반적 성향이라는 형태를 띤다; 그리고 이것이 경험을 통해서 좀더 확고하고 분화된 패턴을 획득하게 된다. 아이가 결핍하고 있는 것은 무엇보다도 현실에 대한 경험이다; 그리고 성인 관찰자에게 아이의 행동이 주로 쾌락 원리에 의해 결정된다는 인상을 주는 이유는 현실을 향한 지향성의 결핍 때문이라기보다는 바로 현실에 대한 경험의 결핍 때문이다. 물론 아이의 경험은 성인의 것보다 더 정서적이며 더 충동적이고, 따라서 덜 통제되는 경향이 있다; 그리고 이것이 많은 좌절과 결합될 때, 그것은 아이로 하여금 성인보다도 더 많이 긴장-해소 행동에 의지하도록 이끈다. 그러나 내 견해로는 (나중에 현실 원리로 대치되는) 쾌락 원리에 의해 그의 행동이 결정된다는 결론은 잘못된 것이다. 본능적 행동이 비교적 경험과는 상관없이 굳어진 패턴을 따르는 동물들의 경우에, 행동의 원리는 그처럼 구분되지 않는다. 따라서 동물들에서는 대상-추구와 관련된 어려움이 거의 나타나지 않는다. 인간 아이는 동물 못지 않게 대상을 추구한다; 그러나 그의 경우에 대상으로 가는 길은 대략적으로만 표시되어 있다; 따라서 그는 길을 잃기 쉽다. 이 점에서 불길을 찾아가는 나방의 예를 들 수 있다. 나방이 불길을 찾아갈 때, 그것이 뚜렷한 현실감의 결여를 보여준다는 점에서 불행한 일처럼 보일 수도 있다. 우리는 나방이 쾌락 추구에 의해 불길로 향한다고 말하기는 어렵다. 정 반대로 그것의 행동은 본래 대상을 추구하는 것이다. 그것이 추구하는 것은 불길이 아니라 빛이며, 따라서 그것은 쾌락 원리 때문이 아니라, 빛의 원천을 구별하지 못하는 제한된 현실감 때문에 불길을 향해 달려든다. 현실감은 본질적으로 정도의 문제이다. 아이의 현실감은 그 성질 상 성인에 비해 떨어진다; 그러나 설령 그가 좌절에 직면해서 빗나가기 쉬울지라도, 그는 처음부터 현실감에 의해 안내를 받는다.

성감대 개념과 리비도가 일차적으로 쾌락을 추구한다는 개념에 관하여 좀더 생각해볼 필요가 있다. 이 개념들은 본능이 대상을 추구한다는 생각과 조화되기 어렵다. 본능이 대상을 추구한다는 사실은 동물에게서 가장 잘 관찰되는 반면, 인간의 경우에는 그의 적응능력에 의해 모호해지기 쉽다. 그러나 그럼에도 불구하고 이 사실은 결코 타협될 수 있는 것이 아니다. 둥지를 트는 새들의 행동을 예로 들어보자. 새들이 둥지를 틀기 위해 모으는 재료는 아주 독특하다. 어떤 종의 새는 막대기를 모으고 다른 종의 새는 짚이나 점토를 모은다. 마찬가지로 완성된 둥지들은 각각 특징적인 구조를 가지고 있다. 여기서 둥지가 새에게 대상이 아닌 것은 인간에게 집이 대상이 아닌 것과 같다. 왜냐하면 그것은 지어져야 할 대상이기 때문이다. 그것은 먼저 만들어져야 하는 것이기는 하지만, 추구되어지는 대상이다. 물론 인간의 집은 어떤 새의 둥지보다 디자인이 다양하고 재료의 차이가 크다. 그럼에도 불구하고 집은 언제나 집이다; 인간이 짓는 집의 다양성은 인간이 지닌 적응력의 징표로 해석되어야 하며, 이 적응력은 확고한 패턴을 갖고 있지 않은 인간의 본능을 보완해준다. 물론 적응력은 경험에서 배우는 능력, 즉 대상을 추구하는데 소용되는 타고난 현실감을 개선하는 능력을 가리킨다. 그것은 또한 대상을 추구하는데 있어서 상당히 광범위한 기술을 사용할 수 있다. 그러나 이런 이점은 불가피하게 위험 요소를 담고 있는데, 그것은 정상성에서 벗어날 수 있는 가능성을 그 안에 포함하고 있기 때문이다; 그러나 이러한 사실 때문에 대상-추구의 원리 자체가 모호한 것이 되도록 허용해서는 안 된다. 이 지점에서 나는 내가 한때 돌보았던 한 남자의 예를 들어보겠다. 그는 목 척추에 금이 가는 바람이 팔다리가 완전히 마비된 상태였다. 이 남자는 책읽기를 좋아하는 사람이었는데, 그는 혀로 책장을 넘기는 기술을 발달시킴으로써 독서의 세계에 접근할 수 있었다. 물론 그의 그러한 행동은 강렬한 구강기적 고착이나 구강기적 성격으로 설명할 수 없다. 그는 책장을 넘기는데 그의 입을 사용한 것은 그 기관이 그가 가장 자유롭게 사용할 수 있는 통로였기 때문이다. 유사한 원리로 아이가 입을 사용하여 젖가슴을 찾는 것은 입이 그 목적을 성취하는데 사용할 수 있는 유일한 기관이기 때문이다. 물론 그의 입이 오랜 진화 과정의 결과로 대상을 추구하는데 잘 사용될 수 있도록 특별하게 준비된 것도 또 하나의 요인일 것이다. 진화 과정에서 입을 사용하여 젖가슴을 찾는 행동은 인간의 본능적 자질 안에 하나의 패턴으로 형성되게 된 것이다. 따라서 그의 행동을 구강적이라고 서술한다면, 그것은 그가 구강을 사용하여 젖가슴을 추구하기 때문에 그런 것이지, 그가 구강적이라서 구강으로 젖가슴을 추구하는 것이 아니라는 사실을 인정해야 한다. 따라서 유아는 그의 리비도적 목표를 성취하기 위해서, 즉 대상과의 바람직한 관계를 형성하기 위해서 신체 기관을 사용하며, 그 기관의 선택은 다음의 우선 순위에 따라 결정된다: (a) 신체 기관은 목표에 적합해야 하며, 가능하다면 진화 과정에서 목표의 성취를 위해 특별히 잘 적응된 것이어야 한다; (b) 그 기관은 사용이 가능해야 한다(생물학적으로 뿐만 아니라 심리학적으로도); (c) 그 기관은 경험에 의해 재가를 받아야 하며, 그 경험은 적어도 외상적이지 않아야 한다. 이런 원리들의 일반적인 작용 양식은 다음과 같다. 성인의 경우, 대상과의 성적 관계를 위해 선택되는 기관은 성기이다; 정상적으로 성기는 대상과의 관계에서 주된 리비도적 통로를 제공한다. 그러나 심리적인 문제로 인해 성기가 사용될 수 없다면, 리비도는 다른 경로를 찾는다. 예컨대, 리비도는 유아기에 주된 기관이었던 입을 대체 경로로 선택한다. 또는 스스로 선택한 것은 아니더라도—예컨대 관장약을 사용한 결과로서— 항문을 선택할 수도 있다. 여기서 주목되어야 할 사실은, 성인의 경우 리비도의 경로가 성기에서 입으로 옮겨질 수 있는 것과 마찬가지로, 유아기 동안에도 만일 입을 사용할 수 있는 가능성이 좌절된다면, 그것은 입에서 성기로 조숙하게 옮겨갈 수도 있다는 점이다. 이런 전환은 유아기의 자위와 관련되어 있다; 그리고 그것은 히스테리 정신병리의 중요한 특성이 되는 것으로 보인다.

나는 지금까지 고전적 리비도 이론에 대해 내가 만족할 수 없는 이유들을 설명해왔다. 나는 또한 그 이론은 수정될 필요가 있음을 보여주고자 했다. 내가 중심적으로 주장하는 것은, 리비도는 일차적으로 대상을 추구한다는 원리를 받아들이자는 것이다; 다른 수정들은 이 중심적인 수정에 따라오는 것들이다. 이러한 수정된 이론은 성감대 개념에 기초해 있는 아브라함의 리비도 발달 이론과는 다른 관점을 포함하고 있다. 나는 이미 '정신병과 정신신경증에 관한 새로운 정신병리학'에서 아브라함의 이론적 틀에 대한 상세한 비판을 제시했기 때문에, 여기에서는 길게 이야기하지 않겠다; 그러나 성감대 개념에 오류가 있다면, 그 개념에 기초해 있는 발달 이론에도 역시 오류가 있을 수밖에 없음은 자명한 사실이다. 이 말은 물론 아브라함이 대상관계의 중요성을 간과했다는 말이 아니다; 그는 대상관계의 중요성에 대해서 명백하게 인정하고 있다. 그러나 내 견해로는 그는 대상관계에서 개인이 사용하는 기술들에게 리비도 단계라는 지위를 부여하는 실수를 저질렀다. 그 실수는 그가 주로 성감대 개념을 무비판적으로 수용한데서 기인한 것으로 보인다. 비록 그가 대상관계의 중요성을 간과하지는 않았을지라도, 이론적으로 커다란 손해를 입힌 것은 사실이다; 그가 실수할 수밖에 없었던 또 하나의 중요한 이유는 그가 멜라니 클라인의 연구를 통해서 내재화된 대상이 갖는 커다란 중요성에 관심을 갖게 되기 전에 자신의 이론을 이미 확립했다는 사실과 관련되어 있다. 멜라니 클라인의 연구와 그 후속 연구에 비춰볼 때, 개인의 대상관계를 평가하는 데 있어서 그의 내적 대상과의 관계에 대한 설명 없이는 그리고 그것에 중요성을 부여하지 않고서는 그것을 제대로 평가할 수 없다. 이러한 전제하에서만 아브라함이 단계로 이해했던 현상—나의 견해로는 주로 자아가 사용하는 기술로서 이해되어야 하는—의 진정한 의미를 인식할 수 있다.

대상관계 심리학의 관점에서 볼 때, 발달하는 개인의 자연적 및 생물학적 대상에 대한 고려에 기초해 있지 않는 한, 리비도 발달에 관한 어떤 이론적 틀도 만족스러울 수 없음은 자명하다. 물론 발달이 진전됨에 따라 리비도의 초점이 처음에는 엄마의 젖가슴을 향하다가 차츰 전체로서의 엄마를 향하는 것으로 바뀌게 된다. 그러나 그럼에도 불구하고 가장 초기 단계에서 아이의 자연스런 대상은 엄마—그리고 보다 특정하게 그녀의 젖가슴—

임이 분명하다. 발달의 후기 단계에서도 초기 단계에서와 마찬
가지로 신체 기관에 대한 관심이 지배적이라면 무언가 아주 잘
못된 것이겠지만, 유아의 리비도적 관심이 처음에는 엄마의 젖
가슴에 쏠려 있다가 나중에는 이성 대상의 성기에 집중된다는
사실 또한 거의 논쟁의 여지가 없는 것으로 보인다. 여기에는 적
절한 생물학적 대상이라는 측면에서 쉽게 구별될 수 있는 두 가
지 뚜렷한 단계(하나는 아래쪽에 그리고 다른 하나는 위쪽에 있
는)가 존재한다. 문제는 개인이 한 단계에서 다른 단계로 건너가
는 방식에서 발생한다. 최초 단계의 대상과 최종 단계의 대상들
사이에서 중간 역할을 하는 적절한 생물학적 대상을 발견하는
것은 불가능하다. 따라서 그것은 한 단계에서 다른 단계로 넘어
가는 전이 과정(transitional process)의 문제이다. 그러나 이런 전
이 과정은 너무 길고 복잡한 것이므로, 우리는 그것을 다른 두
단계들 사이에 존재하는 중간 단계로 간주해야 한다. 따라서 우
리는 세 단계의 리비도 발달 이론을 생각하게 된다: (1) 젖가슴을
적절한 생물학적 대상으로 갖는 단계, (2) 과도기 단계, (3) 이성의
성기를 적절한 생물학적 대상으로 갖는 단계. 이런 순서에 따라
거의 전적으로 엄마에게 의존해 있는 관계로부터 다양한 정도의
친밀성을 지닌 아주 복잡한 사회적 관계 체계로 성숙해 가면서,
아이의 대상관계는 점진적으로 확장되고 발달되는 일련의 과정
을 거친다. 이 관계는 비록 전적으로 그런 것은 아니지만, 적절한
생물학적 대상과 확립한 관계에 의해 크게 영향을 받는다. 그리
고 나이가 어릴수록 생물학적 대상과의 관계가 미치는 영향은
더 크다. 물론 사회적 관점에서 볼 때, 개인적 관계들은 다른 어
떤 것들보다 중요하다; 따라서 다양한 단계의 의미를 평가함에
있어서, 이 요소들이 반드시 고려되어야 한다. 게다가 그것들의
중요성은 학술적인 명칭을 부여해야 할 정도로 크다. 가장 초기

단계에서 젖가슴에 대한 아이의 태도는 틀림없이 구강적으로 서술될 수 있을 것이다; 그러나 그 태도가 구강적인 이유는 그것이 함입적이기 때문이고, 또 구강이 함입에 사용되는 신체 기관이기 때문이다. 아이가 엄마와 맺는 개인적인 관계의 두드러진 특성은 전적인 의존이다; 그리고 이 의존은 일차적 동일시[5]라는 심리적 과정을 통해 이루어진다. 이러한 사실에 비추어 볼 때, 대상으로부터의 분리는 (전쟁 시기 동안의 경험을 통해서 분리가 신경증적 군인이 겪는 가장 커다란 불안의 원천임을 확인할 수 있듯이) 아이의 가장 커다란 불안의 원천이다. 이러한 여러 가지 고찰에 비추어 볼 때, 첫 번째 발달 단계를 유아적 의존 단계라고 서술하는 것이 적절할 것이다. 그리고 물론 이 의존은 주로 대상에 대한 구강-함입적 태도에서 그리고 대상과의 일차적인 정서적 동일시의 태도에서 나타난다. 이와는 대조적으로, 최종 단계는 성숙한 의존 단계로 서술하는 것이 바람직해 보인다. 그것은 관계할 수 있는 능력은 반드시 일종의 의존을 포함한다는 점에서 독립 단계라는 말보다 적절한 표현이기 때문이다. 유아적 의존과는 달리 성숙한 의존은 함입의 일방적 태도나 일차적인 정서적 동일시에 의해서 특징지어지지 않는다. 그와는 반대로, 그것은 분화된 개인이 분화된 대상들과 협동적인 관계를 맺을 수 있는 능력에 의해 특징지어진다. 이러한 관계의 적절한 생물학적 대상은 물론 성기이다; 그것은 서로 평등하게 상호적으로 의존하는 분화된 두 개인들이 균형 있게 주고받는 관계를 포

---

5 나는 여기서 리비도를 집중시킨 주체에 의해 자신과 아직 분화되지 않은 (또는 부분적으로만 분화된) 대상의 리비도 집중을 나타내기 위해 '일차적 동일시'란 용어를 사용한다. 물론 이 과정은 일반적인 '동일시,' 즉 리비도가 집중되었을 때 분화된 (또는 부분적으로 분화된) 대상을 마치 분화되지 않은 듯이 다루는 정서적 과정과는 다르다. 후자의 과정은 '이차적 동일시'로 서술되는 것이 적절하다.

함한다. 그리고 이 관계는 일차적 동일시와 함입이라는 특징을
찾아볼 수 없는 관계이다. 적어도 이상적인 모습은 그렇다; 그러
나 물론 리비도 발달 과정이 완벽하게 이루어진 사람은 아무도
없다는 점에서, 이 관계가 실제로 완전하게 실현되는 것은 아니
다. 그 중간 단계는 이미 과도기적 단계로 서술된 바 있다; 이 단
계는 변화에 따른 갈등과 어려움의 단계이기에 과도기적이라는
명칭이 가장 적절해 보인다. 따라서 예상할 수 있듯이, 그것은 특
징적으로 갈등의 단계일 뿐 아니라 방어적 기술에 의존하는 단
계이다. 이 기술들 중에서 가장 두드러진 것들은 편집증, 강박증,
히스테리 그리고 공포증이라는 네 가지 고전적인 기술이다. 그
러나 이 네 가지 기술은 리비도 단계에 따른 것이 아니라 과도
기 단계의 어려움을 다루기 위한 네 가지 대안적인 방법이다. 이
지점에서 우리는 이 과도기 단계에서 함입적 태도가 갖는 중요
성을 기억할 필요가 있다. 이 함입적 태도는 젖의 섭취뿐 아니라
대상의 심리적 내재화, 즉 대상 표상을 심리적 구조로 함입하는
데서 드러난다. 그 결과, 과도기의 커다란 과제는 분화된 외적
대상과의 관계를 형성하는 것뿐만 아니라 이미 내재화된 대상과
의 관계를 형성하는 것이다. 또한 이 시기의 과제는 첫 단계 동
안에 형성된 관계를 포기하는 과정을 포함하기 때문에 상황은
더욱 복잡해진다. 게다가 상황은 이전에 형성된 양가감정과, 대
상을 좋은 대상과 나쁜 대상으로 나누는 분열로 인해 더욱 복잡
해진다. 결과적으로, 대상을 제거하려는 시도는 이 과도기 단계
의 두드러진 특징이 된다; 그리고 이것은 외적 대상뿐만 아니라
내적 대상에도 적용된다. 특히 과도기 후기 단계보다 초기 대상
의 제거가 더 두드러진 역할을 하는 과도기 초기 단계 동안에,
아이가 축출하고 배설하는 과정에 기초한 기술들을 자유롭게 사
용할 수 있게 되는 것은 항문기 단계의 출현 때문이 아니라 바

로 이런 이유 때문이다. 여기에서 강조되어야 할 점은, 과도기 단계 동안에 정신병리적 발달의 기초를 형성하는 다양한 기술은 내재화된 대상을 다루기 위한 대안적 방법, 즉 내재화된 초기 대상들을 상실하지 아니한 채 제거하는 방법을 나타낸다는 사실이다.

여기에서 다양한 과도기적 기술들의 특성을 논의하는 것은 불가능하기 때문에 지금은 과도기적 기술의 본질적인 차이는 내적 대상들을 다루는 양식에 있다고 주장하는 것으로 만족해야할 것 같다. 또한 유아적 의존 단계 동안에 정신병리적 발달의 기초를 형성하는 과정에 대해 상세히 논의하는 것 역시 불가능하다. 다만 이 첫 단계 동안에 발생하는 가장 초기 발달이 갖는 커다란 중요성을 강조하는 것으로 충분하다. 그리고 이 초기 발달은 다음의 것들을 포함한다:

(1) 내재화된 나쁜 대상이 (a) 흥분시키는 대상과 (b) 거절하는 대상으로 분열된다;

(2) 자아에 의해 이 두 대상 모두가 억압된다;

(3) 분열되고 억압된 자아의 부분들은 대상들과 연결되어 있기 때문에 리비도적 자아와 내적 파괴자로 서술되는 억압된 자아의 부분들을 발생시킨다;

(4) 그 결과, 내가 기본적인 심리내적 상황이라고 부르는 상황이 발생하는데, 그것은 중심적 자아가 (a) 흥분시키는 대상과 연결된 리비도적 자아와 (b) 거절하는 대상과 연결된 내적 파괴자를 (공격성을 사용하여) 억압하는 상황이다;

(5) 거절하는 대상과 연결된 내적 파괴자가 흥분시키는 대상과 연결된 리비도적 자아에 대해 공격성을 발산하는 현상이 발생하는데, 나는 이것을 간접적인 억압으로 부른다.

내가 방금 간략하게 언급한 기본적인 심리내적 상황은 자아의 분열과 함께 분열성 자리가 형성되는 것을 가리킨다. 이 분열성 자리는 발달의 초기 단계에서 형성되는 것이며, 그것은 멜라니 클라인이 말하는 우울적 자리보다 앞선다. 이 지점에서 나는 첫 발달 단계는 다시 두 단계로 나뉘어진다는 사실을 강조하고자 한다. 빨기 경향성이 지배적인 초기 단계와는 달리, 후기 단계에서는 빨기 경향성과 함께 깨물기 경향성이 출현한다. 물론 이 구분은 아브라함이 말하는 초기 구강기와 후기 구강기와 일치한다. 후기 단계에서, 즉 아이가 함입적인 빨기뿐만 아니라 파괴적인 깨물기로 인해 발생한 상황을 인식할 수 있을 때, 비로소 우울적 자리가 발생한다. 내 생각에 의하면, 기본적 심리내적 상황을 나타내는 분열성 자리는 후에 발달할 수 있는 모든 정신병리적 발달을 위한 궁극적인 기초를 형성한다. 그것은 그와 같은 심리적 자리가 형성된 후에야 프로이트가 자아와 초자아 그리고 원본능으로 공식화하고자 했던 심리내적 구조들의 분화가 가능하기 때문이다.

내가 도달한 심리내적 구조의 개념은 물론 그것이 내재화된 억압된 대상들에 기초해 있다는 점에서 프로이트에 의해 공식화된 것과 상당히 다르다. 그러나 내재화된 대상들의 요소를 제외한다면, 거기에는 일반적인 일치가 존재한다. 따라서 중심적 자아는 '자아'에, 리비도적 자아는 '원본능'에, 그리고 내적 파괴자는 '초자아'에 비교될 수 있다. 그러나 이런 유사성에도 불구하고 그 둘 사이에는 커다란 개념적 차이가 존재한다. 왜냐하면 내가 생각하는 자아-구조들(즉 중심적 자아와 두 부차적 자아들)은 본래 역동적 구조로서 처음부터 존재해온 단일한 역동적 자아-구조가 분열됨으로써 생긴 것인 반면, 프로이트가 서술한 정신기구(mental apparatus)의 세 부분은 본래 역동적 구조가 아니다. 프로이트의 정신 기구에서 '자아'는 그 자체로서는 아무런 에너지도 갖고 있지 않은 구조로 인식되고 있고, '원본능'은 구조가 없는 에너지의 원천으로서 인식되고 있기 때문이다. 그런가 하면 '초자아'의 행동은 확실히 역동적 구조를 나타내는 것으로 묘사되고 있다; 그러나 모든 정신 에너지는 궁극적으로 '원본능'에서 나오는 것이기 때문에 '자아'와 마찬가지로 '초자아' 역시 외부의 원천으로부터 에너지를 공급받아야 하는 에너지 없는 구조임이 분명하다. 정신 기구에 대한 프로이트 이론이 지닌 또 하나의 특징을 지적하자면, '자아'는 처음부터 존재하는 구조가 아니라 분화되지 않는 '원본능'의 표면에서 발달하는 그리고 원본능에서 에너지를 공급받는 구조로서 간주된다는 점이다. 이와는 대조적으로, 나의 이론에서 모든 자아-구조들은 본래부터 역동적인 것으로 간주된다; 중심적 자아는 본래부터 존재하는 단일한 역동적 자아-구조의 중심 부분을 나타낸다. 그리고 이 중심적 자아로부터 분열된 자아의 부분들이 부차적 자아들을 구성한다. 따라서 프로이트가 구조적 '자아'를 구조 없는 '원본능'의 파생물로 간주한 반면, 나는 리비도적 자아('원본능'에 해당하는)는 역동적 자아로부터 분열된 부분으로 간주한다. 물론 프로이트는 '초자아'를 '자아'의 파생물로 간주했고, 따라서 그가 말하는 초자아는, 그것의 에너지가 파생된 것이라는 점을 제외하고는, 내적 파괴자와 다르지 않다. 사실 프로이트 자신도 초자아를 내재화된 대상으로 서술했다; 이 점에서 초자아는 거절하는 대상(내적 파괴자와 연결된)이 맡고 있는 역할과 유사한 역할을 수행한다. 동시에 나는 '초자아' 개념을 내적 파괴자와 거절하는 대상 개념만으로는 충분히 대체할 수 없다고 생각한다; 사실 나는 중심적 자아가 흥분시키는 대상과 거절하는 대상을 억압할 때, 그 억압과 동시에 내재화되는 좋은 대상을 지칭하기 위해서 '초자아'라는 용어를 도입했다.

지금까지 나는 나의 심리내적 구조 이론과 프로이트의 정신 기구 이론 사이에 존재하는 보다 일반적인 차이점과 특정한 차이점에 주의를 기울였다; 이 둘 사이의 근본적인 차이는 물론 내가 프로이트의 이론이 기초로 삼았던 것과는 다른 과학적 원리를 이론의 기초로 삼고 있다는 사실에서 유래한다. 나의 견해가 그의 견해와 일치하면서도 다른 것은 나의 방법이 그의 방법과 유사하면서도 기본적인 원리에 있어서는 다르기 때문이다. 따라서 나의 견해는 대체로 프로이트의 견해를 다른 과학적 원리의 기초 위에서 재해석한 것이라고 할 수 있다. 이 둘 사이의 중심적인 차이점은 다음의 두 가지로 요약할 수 있다;

(1) 비록 프로이트의 사고 체계 전체가 대상관계와 관련되어 있다 하더라도, 그는 리비도가 일차적으로 쾌락-추구, 즉 긴장의 해소와 관련되어 있다는 원리를 따랐다. 비록 그의 진술들 중의 일부는 정 반대의 사실을 말하고 있다 하더라도, 그는 전반적으로 리비도가 방향성을 갖지 않는다고 간주했다. 이와는 달리, 나는 리비도가 일차적으로 대상을 추구하며, 긴장 해소의 욕구는 대상을 추구하는 경향성에서 온 것이라는 원리를 따른다. 즉, 나는 리비도가 방향을 갖고 있다고 생각한다.

(2) 프로이트는 심리 에너지가 심리 구조와는 본질적으로 다른 것이라는 관점에서 접근한 반면, 나는 이 둘이 본질적으로 별개의 것이 아니라고 믿는 역동적 구조의 원리를 받아들였다. 그 원리에 따르면, 에너지에서 분리된 구조와 구조에서 분리된 에너지는 모두 무의미한 개념이다.

이 두 가지 중심적 차이점 중에서 전자는 후자에 의존하고 있다는 점에서, 후자가 전자보다 더 근본적인 것이라고 말할 수 있다. 따라서 리비도가 일차적으로 쾌락을 추구한다는 프로이트의 견해는 구조에서 에너지를 분리시킨 직접적인 결과라고 말할 수

있다; 일단 에너지가 구조에서 분리되면, 심리적 변화는 세력의
평형 상태를 이루는 것, 즉 방향성 없는 변화가 되고 만다. 그러
나 우리가 에너지를 구조와 분리될 수 없는 것으로 생각한다면,
우리가 알 수 있는 유일한 변화는 구조적 관계의 변화이며, 구조
들 사이의 관계의 변화이다; 그리고 그런 변화들은 처음부터 방
향성을 갖고 있다. 물론 프로이트가 에너지를 구조로부터 분리
시킨 것은 그가 살았던 시대를 지배했던 과학적 분위기에 영향
을 받았기 때문이다. 흥미로운 사실은 한 시대의 과학적 분위기
는 당대의 물리학적 개념에 지배된다는 것이다. 프로이트 시대
의 과학적 분위기는, 우주는 불변하고 분열될 수 없는 부동의 입
자들로 구성되어 있으며, 이 입자들과 분리된 고정된 양의 에너
지에 의해 움직임이 발생한다는 헬름홀츠 학파(Helmholtzian)의
생각에 의해 지배되고 있었다. 그러나 현대 물리학은 모든 것을
바꾸어 놓았다; 그리고 설령 심리학이 물리학과 보조를 맞추지
는 못한다 하더라도, 최소한 보조를 맞추기 위해 노력할 것을 기
대할 필요가 있다. 구조로부터 에너지를 분리시킨데 따른 불행
한 결과들 중 하나는 정신분석 이론 안에 가설적인 '충동들'과
'본능들'의 개념이 지나칠 정도로 광범위하게 스며든 것이다. 예
컨대, 마저리 브리얼리(Marjorie Brierley)는 '본능을 정신 활동을
위한 자극'으로 간주했다. 그러나 역동적 구조의 관점에서 볼
때, '본능'은 정신 활동을 위한 자극이 아니라 그 자체로서 심리
적 구조의 특징적 활동이다. 마찬가지로 '충동'은 어디서부터인
가 갑자기 나타나 자아에게 고통을 주는 어떤 것이 아니라 활동
적인 심리적 구조이다. 실제로 역동적 구조의 관점에서 볼 때,
'본능'과 '충동'이라는 용어는 심리학에서 사용된 많은 용어들
처럼 마치 그것들이 어떤 구체적인 실체인 것 인양 착각하게 만
드는 경향이 있다. 그리고 이것을 복수 형태로 사용하는 것은 문

제를 더 혼동스럽게 만든다. 이 용어들은 우리가 '본능적 경향성'을 말하거나 '충동적 행동'을 말할 때처럼, 형용사적 어법으로 사용할 때만 유용성을 가질 수 있다; 그때에만 그것들은 한편으로 심리적 구조에 관해서 그리고 다른 한편으로 대상관계에 관해서 말할 수 있다.

나는 이 글에서 내가 정신분석의 고전적인 문제에 관해 새로운 관점에서 접근할 수 있는 기회였던 전쟁 기간(1939-45년) 동안에 도달한 이론적 결론들 중에서 가장 근본적인 것을 설명하고자 노력했다. 돌이켜 보건대, 내가 지금 말하는 대상관계적 접근은 나의 초기 논문들에 이미 예고되어 있던 것이다. 이러한 접근을 통해 얻은 결과는 명백한 역동적 구조 심리학이었다. 바라건대, 이 글에서 제시된 내용이 나의 주된 결론들뿐만 아니라 대상관계 심리학으로부터 역동적 구조 심리학이 발달해 나온 과정에 대한 충분한 설명이 되었으면 한다.

제 6 장

대상관계 성격 이론의 발달 단계들[1]
(1949)

    내가 1909년에 처음으로 심리학에 입문했을 때, 나는 인간 행동의 원동력에 대한 통찰을 얻을 수 있으리라는 기대로 가득했다. 그러나 오래지 않아 나는 정신적 삶에 대한 설명 안에 중요한 어떤 것이 빠져 있음을 발견했다. 특히 나는 두 가지 중요한 현상들에 대한 언급이 빠져 있는 것을 발견했는데, 그것은 성과 양심에 관련된 것이었다. 그러나 몇 해 후에 나는 이런 현상들을 중요하게 다루고 있는 프로이트라는 심리학자를 발견했다; 그리고 그후로 나의 심리학적 관심은 그가 열어 놓은 방향으로 강하게 이끌렸다. 특히 그가 연구했던 정신병리 분야는 나의 특별한 관심을 끌었다. 그러나 나는 프로이트 이론들 중의 한 가지 주요

---

1 1948년 7월 26일 에딘버러에서 열린 제 20회 국제 심리학 협회에서 한 강연. 그후에 영국 의료 심리학지 22권 1부와 2부에 게재되었음.

한 특성을 받아들일 수가 없었는데, 그것은 바로 그의 쾌락주의적 심리학이었다. 이것은 부분적으로는 내가 철학을 탐구하는 과정에서 존 스튜어트 밀이 제안한 쾌락주의 이론의 문제를 잘 알고 있었기 때문이며, 또한 그가 쾌락-추구의 심리적 원리로부터 '최대 다수를 위한 최대의 행복'이라는 윤리적 원리로의 불가피한 변화 과정을 관찰했기 때문이었다. 물론 이런 변화는 사회적 삶의 냉혹한 사실을 좇아 이루어진 것이었다; 그리고 이런 변화가 필요했던 것은 쾌락-추구 원리에 의해서는 대상관계를 만족스럽게 설명하기가 어려웠기 때문이었다. 나는 프로이트 사고의 발달에서도 이와 유사한 변화를 관찰할 수 있었는데, 그것은 그의 이론의 강조점이 리비도가 일차적으로 쾌락을 추구한다는 이론에서부터 쾌락-추구가 대상관계의 압력 아래 도덕적 원리에 종속되는 과정을 설명하는 초자아 이론으로 변화된 사실에서 찾아볼 수 있었다. 여기서도 쾌락-추구 이론의 부적절성을 드러낸 것은 사회적 삶의 냉혹성이었다; 프로이트는 초자아 이론을 형성한 후에야 「집단심리학과 자아의 분석」에서 집단 생활의 현상을 체계적으로 설명할 수 있었다. 이 작업에서 그는 사회 집단이 갖는 응집력을 초자아의 외적 대표자로 기능하는 지도자에 대한 충성심이라는 측면에서 설명하였다. 물론 여기서 집단의 지도자는 아버지-상으로 간주되고 있다; 그리고 이것은 프로이트가 이미 초자아를 오이디푸스 상황을 통제해야 하는 내적 강제성 때문에 아동기 동안에 내재화한 부모상의 심리내적 표상으로 간주하고 있다는 사실을 말해준다. 사실 오이디푸스 상황 그 자체가 대상관계의 존재와 사회적 집단으로서의 가족의 존재를 말해주는 것이었다. 분명히 초자아는 대상관계를 통제하려는 수단인 동시에 대상관계의 산물이다; 그리고 물론 초자아는 그 자체로서 내적 대상이다. 또한 프로이트의 자아 이론은 억압의 촉발

자로서의 초자아 이론과 뗄 수 없이 연결되어 있음을 주목할 필
요가 있다; 왜냐하면 그의 자아 이론은 억압의 행위자에 대한 연
구에 기초해 있기 때문이다. 따라서 프로이트의 사고는 쾌락-추
구에 의해 행동이 결정된다는 이론으로부터 자아와 대상 사이의
관계라는 측면에서 조망된 성격 이론으로 진화해간 것으로 보인
다. 이 후자의 이론에 따르면, 성격의 성질은 외부 대상의 내재화
에 의해 결정되며, 집단 관계의 성질은 거꾸로 내적 대상의 외재
화 또는 투사에 의해 결정된다. 우리는 이러한 사고의 흐름 안에
'대상관계' 성격 이론—대상관계가 성격 안에 그리고 성격과 외
부 대상 사이에 존재한다는 생각에 기초한—을 위한 씨앗이 존
재하고 있음을 알 수 있다.

　이러한 사고의 발달은 멜라니 클라인에 의해 한 걸음 더 나아
갔다. 그녀는 분석적 연구들을 통해서 성격의 발달에서 내적 대
상의 영향에 더 큰 중요성을 부여했다. 프로이트 이론에서 유일
한 내적 대상은 초자아였다; 그리고 이 정신구조에 부여된 역할
은 양심의 기능을 수행하는 내적 부모의 역할이었다. 물론 멜라
니 클라인은 초자아의 개념을 받아들였다; 그러나 그녀 역시 내
사된 다른 여러 대상들, 즉 좋은 대상과 나쁜 대상, 호의적인 대
상과 박해적인 대상 그리고 전체 대상과 부부 대상이 존재한다
고 생각했다. 그녀는 이 다양한 대상들이 내사되는 것을 구강기
동안에 발생하는 구강적 함입 환상의 결과로 간주했다. 이 개념
은 격렬한 논쟁을 불러일으켰다; 그러나 내 생각에 멜라니 클라
인은 대상을 구강적으로 함입하는 환상이 어떻게 심리내적 구조
로서의 내적 대상을 형성하는지에 관해서는 만족스럽게 설명하
지 못한 것으로 보인다. 그것이 구조가 아니라면, 우리는 그것을
결코 내적 대상이라고 부를 수가 없을 것이다. 그렇지 않다면 그
것은 그저 환상에 지나지 않을 것이기 때문이다. 그렇기 때문에

멜라니 클라인은 아이 자신의 구강적 활동 안에 내적 대상들이 지닌 좋음과 나쁨의 요소들이 있다고 생각했다. 그녀는 프로이트의 이원론적 본능 이론을 따라 대상이 지닌 좋음은 리비도적 요소와 관련되고 나쁨은 공격적 요소와 관련된다고 보았다. 그녀는 내적 대상 개념과, 내사 및 투사의 개념을 발달시키고 확장했으며, 아동의 정신적 삶을 외적 대상의 내사와 내재화된 대상의 투사 사이에서 계속되는 상호작용으로 보았다. 따라서 그녀는 아이의 성격 발달을 주로 대상관계적 측면에서 설명할 수 있었다.

전반적으로 멜라니 클라인의 견해는 정신분석 이론의 발달에서 중요한 진전을 나타내는 것으로 간주되었다. 그러나 시간이 지나면서 나는 그녀가 몇몇 중요한 점에서 자신의 견해를 논리적으로 끝까지 밀고 가는데 실패했다고 확신하게 되었다. 무엇보다도 그녀는 프로이트의 쾌락주의적 리비도 이론을 계속해서 고수했다. 이것은 내게 모순으로 보였다; 왜냐하면 대상의 내사와 그 대상이 내적 세계 안에 자리를 잡는 것이 그처럼 중요하다면, 이것이 단순히 아이의 구강적 충동 또는 리비도적 쾌락-추구의 충동 때문에 발생한 것이라는 설명으로는 충분하지 않기 때문이다. 정 반대로 이것은 리비도가 일차적으로 쾌락을 추구하는 것이 아니라 대상을 추구한다는 결론을 지시하는 것으로 보인다. 나는 1941년에 출간된 논문[2]에서 이러한 결론을 제시한 후로 줄곧 그 입장을 고수해왔다. 그것은 프로이트의 성감대 개념의 수정을 포함하는 것이었다. 다시 말해서, 성감대는 그 자체가 쾌락의 근원이요 대상들은 그 목표를 위해 이용되는 것이라는 견해는 적절치 못하며, 그와는 달리 성감대는 리비도의 목표

---

2 이 책 2장에 실려 있음.

인 대상에 도달하는 경로일 뿐이며 대상과의 만족스런 관계를 형성하는 것을 지향하고 있다는 생각이다.

내가 모순이라고 생각하는 멜라니 클라인의 두 번째 개념은 리비도적 발달에 대한 아브라함의 이론과 관련된 것이다. 아브라함은 프로이트의 성감대 이론의 토대 위에서 리비도 단계의 발달이 특정한 신체 지대의 우세에 의해 특징지어진다고 가정했다. 아브라함이 대상관계를 간과했다고 말하는 것은 온당한 평가가 아닐 것이다; 왜냐하면 그가 말한 단계들은 리비도 조직화의 단계뿐만 아니라 대상-사랑의 발달 단계를 나타내기 때문이다. 그럼에도 불구하고 그가 말하는 단계는 대상을 지칭하는 용어로 서술되지 않고 성감대를 지칭하는 용어로 서술되었다. 즉, 그는 '젖가슴' 단계대신에 '구강기' 단계라고 불렀다. 아브라함 이론의 또 다른 특성은 고전적 정신병과 정신신경증이 각각 특정한 단계에 고착을 갖고 있다고 생각한 것이다. 나는 이 두 가지 특징 모두에 대해 이전 논문에서 비판적 견해와 함께 대안적인 견해를 제시한 바 있다. 나는 아브라함의 리비도 발달 이론대신에 대상에 대한 의존의 성질에 기초한 발달 이론을 공식화했다; 그리고 나는 발달 과정을 최초의 유아적 의존 상태가 과도기적인 중간 단계를 거쳐 성인의 의존에 최종적으로 자리를 내어주는 과정으로 설명했다. 나는 또한 정신분열증과 우울증을 제외한 다양한 고전적인 정신병리적 상황이 특정한 리비도 단계에서의 고착을 나타내는 것이 아니라 내적 대상들과의 관계를 조절하기 위한 특정한 기술들을 나타낸다는 견해를 공식화했다; 그리고 나는 이 기술들이 유아적 의존에서부터 성인의 의존으로 가는 과도기 동안에 초기 대상관계에 수반되는 갈등으로부터 성격을 방어하기 위해 사용되는 것이라고 서술하였다. 다른 한편, 나는 이 기술들이 정신분열증과 우울증의 출현을 막기 위해 고안된 것으로 보았다. 그리고 정신분열증과 우울증의 병인론적 기원이 초기 유아적 의존 단계에 있다고 보았다.

프로이트가 처음으로 채용했고 결코 포기하지 않았던 충동-심리학은 기존의 정신분석적 사고의 또 하나의 특징을 이룬다. 충동-심리학에 대해 멜라니 클라인은 조금도 의심하지 않았다. 그러나 나는 그러한 생각이 그녀의 연구 결과들과 조화를 이루지 못한다고 본다. 돌이켜 보건대, 내가 충동-심리학을 포기하는 쪽으로 첫발을 내딛게 된 것은 리비도가 대상을 추구한다는 관점에서 리비도 이론을 재구성하는 작업을 통해서였다; 그리고 이 방향으로 더 명백한 발걸음을 내딛은 것은 1943년에 출간된 논문에서[3] 개정된 리비도 이론이 억압에 대한 고전적인 이론에 대해 갖는 함의를 논의하는 것을 통해서였다. 그때 나는 "초자아는 단지 원본능이 최초의 대상-선택을 하고 난 이후에 남은 잉여물이 아니다; 그것은 또한 이러한 선택에 대해 강한 반동 형성을 나타낸다"라는 프로이트의 말을 논의의 출발점으로 삼았다. 프로이트는 대상-선택의 잉여물로 서술할 때는 초자아를 내적 대상으로 서술한 반면, 대상-선택에 대한 반동 형성으로 서술할 때는 그것을 억압의 촉발자로 서술했다. 나는 만약 억압이 대상-선택에 대한 반응을 포함한다면, 그것은 대상을 지향하고 있음이 분명하다고 생각했다. 그리고 그 대상은 초자아처럼 내적 대상이지만, 초자아와는 달리 자아에 의해 거절된 대상이라고 보았다. 따라서 나는 이 견해를 명백한 공식으로 발전시켰는데, 그것은 억압이 죄책감을 일으키는 충동을 지향한다는 프로이트의 견해보다 더 논리적인 것으로 보였다. 이런 관점에서 본다면, 죄책감이나 개인적인 도덕적 나쁨의 느낌은 대상이 지닌 나쁨에 대

---

3 이 책의 2장 참조.

한 느낌보다 이차적인 것이다; 그리고 죄책감은 자아가 좋은 것
으로 간주되는 내적 대상으로서의 초자아와 갖는 관계 그리고
나쁜 것으로 간주되는 다른 내적 대상들과의 관계 사이의 갈등
으로 인한 긴장의 산물로 보인다. 따라서 죄책감은 나쁜 대상들
과의 관계에 대한 방어로 볼 수 있다. 이런 결론들에 비추어 볼
때, 아이가 자신에게 나쁜 것으로 나타나는 대상을 왜 함입해야
하는지를 설명하는 것이 중요해진다; 그리고 이 질문에 대한 대
답은, 아이가 대상을 함입하는 이유는 부분적으로는 나쁜 대상
을 통제할 목적(공격적인 동기)으로 그렇게 하지만, 그보다 더
중요하게는 그가 그 대상에 대한 리비도적 욕구를 경험했기 때문
인 것 같다. 따라서 나는 내가 정신치료 실제에서 부딪치는 저항
현상에서 나쁜 내적 대상들에 부착된 리비도의 역할에 관심을
기울이게 되었다; 그리고 물론 그렇게 함으로써 나는 저항은 전
적으로 억압의 표현이라는 프로이트의 생각과 결별하게 되었다.

　나는 억압의 주제를 1944년에 출간된 나의 논문[4]에서 중점적
으로 다루었다. 그 논문에서 나는 충동-심리학이 지닌 취약성에
관심을 기울이면서, 소위 충동을 심리내적 구조로부터 그리고
이 구조들이 대상들과 맺는 관계들로부터 고립시킬 수 없다는
입장을 밝혔다. 이에 덧붙여, 나는 '본능'에도 같은 생각이 적용
된다고 주장했다. 이런 사고의 흐름에 따라, 나는 프로이트가 채
용한 후로 결코 포기하지 않았던 충동-심리학을 역동적 구조 심
리학으로 대체해야 한다고 생각했다. 그리고 이 주장은 원본능,
자아 그리고 초자아로 서술한 프로이트의 정신구조 이론에 대한
비판적 검토를 포함하는 것이었다. 그러한 검토는 역동적 구조
심리학과 프로이트의 충동 심리학—원본능을 본능적 충동들의

---

4 이 책에 포함되어 있음.

저장소로 보는 한편, 자아를 외부 현실과의 관계에서 충동을 조절하기 위한 목적으로 원본능의 표면에 발달하는 구조로 보는— 사이에 처음부터 조화될 수 없는 모순이 내재되어 있음을 드러내 보여준다. 명백한 사실은 원본능과 자아 사이의 구별을 폐기하고, 자아를 본래부터 존재하는 구조인 동시에 충동-긴장의 근원으로 간주할 때에만, 역동적 구조의 원리가 유지될 수 있다는 점이다. 동시에 자아 안에 있는 충동-긴장은 본래 외부 현실을 지향하는 것으로 간주되어야 하며, 따라서 처음부터 현실 원리에 의해 결정되는 것으로 보아야 한다. 이런 관점에서 볼 때, 아이의 부적절한 적응 능력은 대체로 본능이라는 인간의 타고난 경향성이 경험을 통해서 좀더 분화되고 확고한 패턴을 갖게 된다는 점에서, 필요한 경험의 결핍에 기인하는 것으로 설명될 수 있다. 아동은 경험이 부족하기 때문에 보다 감정적이고 충동적이며 좌절에 대한 내성 능력이 적다. 이러한 다양한 요소들이 모두 고려되어야 한다; 그리고 아이가 적응할 수 없을 때에만, 현실 원리는 긴장 해소와 보상적 만족을 위한 이차적 행동 원리인 쾌락 원리에 자리를 내어준다. 여기서 나는 내가 공격성을 리비도에 비해 이차적인 것으로 생각하게 되었으며, 따라서 공격성을 독립적인 일차적 요소로 (즉 별개의 '본능'으로) 본 프로이트의 생각과 결별하였다는 사실을 덧붙일 수 있을 것이다.

수정된 자아 개념은 억압 이론에 대한 재고를 포함한다. 물론 프로이트에 따르면 억압은 충동에 대한 억압이다; 그러나 그는 억압의 행위자를 설명하기 위해서 억압을 유발할 수 있는 구조(초자아)를 가정해야 했다. 따라서 내가 억압된 구조들을 가정한 것—억압된 것은 일차적으로 내적인 나쁜 대상들이라는 결론을 내린 것—은 프로이트가 생각했던 방향으로 한 걸음 더 나아간 것일 뿐이다. 동시에 내가 이런 걸음을 내딛은 것은 충동이 이차적인 의미에서 억압에 굴복한다는 생각 때문이었다. 그러나 내가 역동적 구조 심리학을 채용한 후에 이 견해는 더 이상 유지될 수 없게 되었다; 그리고 나는 이차적 억압에 굴복하는 것은 억압된 대상들과 가장 밀접하게 관계 맺고 있는 자아의 부분이라는 견해로 대체했다. 이 개념은 우리에게 자아의 한 역동적인 부분이 보다 중심적인 또 다른 자아의 역동적인 부분에 의해 억압되는 것으로 특징지어지는 자아의 분열 현상을 제시한다.

여기서 억압된 내용의 성질에 대한 프로이트의 초기 연구들이 히스테리의 연구에 기초한 반면에, 억압의 행위자의 성질에 대한 그의 후기 연구는 우울증의 연구에 기초한다는 사실을 주목할 필요가 있다. 이처럼 연구 수행의 기초를 바꾼 것이 역사적 실수였다는 주장이 주제넘은 것일 수 있지만, 프로이트가 억압된 내용의 연구와 동일한 기초 위에서 억압의 행위자에 대한 연구를 수행하지 못했고 따라서 히스테리 현상을 그의 정신구조 이론의 기초로 삼지 못했던 것은 유감스러운 일이 아닐 수 없다. 이것이 내가 나의 1944년의 논문에서 제시했던 '히스테리로 돌아가자' 라는 표어를 통해 표현하고자 했던 아쉬움이다. 나의 견해로는, 프로이트로 하여금 연구의 기초를 바꾸도록 인도한 것은 쾌락주의 심리학과 그와 관련된 충동-심리학 때문이었다. 그는 끝까지 충동 심리학을 고수함으로써 히스테리 안에 자아의 분열 과정이 현존한다는 사실을 볼 수가 없었다. 물론 자아의 분열은 특징적으로 정신분열증에 관련된 현상이다. 따라서 프로이트의 억압 개념은 나중에 멜라니 클라인이 말한 '우울적 자리'에 기초해 있는 것이라고 말할 수 있는 반면, 나의 억압 개념은 분열성 자리에 기초해 있는 것이라고 말할 수 있을 것이다. 따라서 정신분열증이 우울증보다 더 원초적인 상황인 것처럼, 나의 개념 또한 프로이트의 것보다 더 근본적인 기초를 가지고 있는 것이라고 말할 수 있다; 마찬가지로 자아 분열 개념에 기초한 성격 이론은 프로이트가 말하는 충동의 억압(분열되지 않은 자아에 의한) 이론에 기초한 성격 이론보다 더 근본적인 것이다. 물론 지금 내가 제시하는 이론은 다중 인격과 같은 극단적인 현상을 설명하는데 있어서도 유용성을 갖는다; 그러나 자네(Janet)가 지적했듯이, 이런 극단적인 현상들은 단지 히스테리 안에 포함된 해리 현상이 과장된 것에 지나지 않는다. 따라서 만일 우리가 '히스테리로 돌아가자' 라는 표어를 받아들인다면, 우리는 나의 억압 이론이 기초해 있는 분열 현상을 만나게 될 것이다.

또한 이 지점에서 억압의 촉발자로서의 초자아는 억압된 내용 그 자체만큼이나 무의식적이라는 프로이트의 언급에 주목할 필요가 있다. 초자아가 왜 무의식 안에 있어야 하는가라는 문제에 대해 프로이트는 만족스럽게 설명한 적이 없다; 여기에서 제기되는 의문은 초자아 자체가 억압된 것은 아닌가라는 것이다. 프로이트의 '초자아'에 해당하는 구조가 실제로는 억압된 것이라는 생각이 내가 1944년 논문에서 도달한 또 하나의 결론이었다. 나는 그것이 내재화된 나쁜 대상의 분열에 기초해 있다는 생각을 갖게 되었다. 나는 내재화된 나쁜 대상의 억압은 그 대상과 리비도에 의해 묶여있는 자아의 한 부분의 억압을 수반한다는 결론에 도달하게 되었다; 대상이 분열되면, 자아의 부분 또한 중심적 자아에게서 분열되어 분열된 대상에게 부착된다. 나의 개념에 따르면, 내재화된 나쁜 대상은 두 측면—흥분시키는 측면과 거절하는 측면—을 가지고 있다; 이러한 이중적 측면은 대상을 흥분시키는 대상과 거절하는 대상으로 분열되게 하는 기초가 된다. 흥분시키는 대상의 억압은 자아의 분열과 그 분열된 자아의 부분에 대한 억압을 가져오는데, 나는 이것을 리비도적 자아로 불렀다; 거절하는 대상의 억압 또한 자아의 분열과 그 분열된 부분에 대한 억압을 가져오는데, 나는 이것을 내적 파괴자로 불렀다. 내적 파괴자 개념은 초자아 개념과 같은 것이 아니다;[5] 그러나 자아의 이 부분은 거절하는 대상과 동맹을 맺음으로써, 리비도적 자아에 대해 적대적이 된다. 리비도적 자아에 대한 내적 파괴자의 이러한 적대감은 중심적 자아가 리비도적 자아를 억압하는 것과 동일한 방향으로 작용한다; 따라서 나는 그것을 '간접적인 억압' 과정으로 서술했다. 프로이트가 주로 관심을 집중했고 그의 억압 이론의 기초로 삼았던 것이 바로 이 간접적인 억압이었던 것으로 보인다.

내가 방금 개괄한 과정으로 인해 생긴 내적 상황을 나는 '기본적인 심리내적 상황'으로 서술했다. 내가 말하는 세 개의 자아 구조들(중심적 자아와 두 개의 부차적 자아들)은 프로이트의 자아, 원본능, 그리고 초자아와 대략적으로 일치한다; 그러나 그것들은 모두 서로에 대해 역동적 관련성 속에 있는 역동적인 구조이다. 대조적으로 프로이트가 말하는 원본능은 구조 없는 에너지의 원천이며, 자아와 초자아는 원본능으로부터만 에너지를 얻을 수 있는 에너지 없는 구조이다. 물론 프로이트의 초자아는 유사-자아에 해당하는 지위를 획득한 내재화된 대상으로 간주된다; 그러나 원본능이 근본적으로 대상을 추구하지 않는다고 간주함으로써, 프로이트는 초자아의 내재화 과정을 일관성 있게 설명해내지 못했다. 그러나 내가 공식화한 개념에 따르면, 대상

---

5 나는 중심적 자아에 의해 '좋은' 것으로 받아들여진 내적 대상을 서술하기 위해 초자아란 용어를 보유한다. 이 수용된 대상은 여기에서 고찰하고 있는 기본 단계 다음에 오는 조직화 수준에서 자아 이상으로 기능하는 것으로 보인다. 나는 중심적 자아가 이 대상에게 리비도를 집중하는 것은 부차적 자아들이 나쁜 내적 대상들에게 리비도를 집중하는 것에 대한 방어를 구성하며, 이것은 내적 세계 안에 도덕적 가치 확립을 위한 기초를 제공한다고 본다.

의 내재화는 초기 대상관계의 변천에 직면한 최초 자아(대상-추구적인)의 리비도적 욕구에 따른 직접적인 결과이다. 자아 분열을 통한 성격 구조의 분화 또한 내재화된 대상들과의 관계의 측면에서 설명되어진다; 그리고 이 관계는 본래의 자아가 분열되어 생긴 여러 부분들 사이에서 다양한 관계들을 발생시키는 것으로 보인다. 따라서 내가 요약한 성격의 발생과 발달에 대한 이론은 '대상관계 성격 이론'으로 적절하게 서술될 수 있다.

마지막으로 내가 방금 언급한 기본적인 심리내적 상황에 관해 다음의 말을 덧붙이고 싶다. 일단 그 상황이 형성되었을 때, 비록 그것은 지형학적 관점에서는 비교적 변하지 않는 것으로 보일지 모르나, 심리경제적 관점에서는 역동적 패턴의 다양성을 상당한 정도로 허용하는 것 같다; 그리고 그런 패턴들은 점점 더 정신의학 교재에 나오는 다양한 상황에 일치하는 특성을 갖게 될 것이다. 그러나 이 패턴들의 세부 사항들과 그것들이 증후와 갖는 관계는 앞으로도 많은 연구를 필요로 한다. 그동안 그러한 역동적 형태가 가장 분명하게 드러나는 영역은 히스테리이다. 그런 점에서 내가 제시한 설명은 '성격에 대한 대상관계 이론'이 의미하는 바를 충분히 밝혔다고 말할 수 있다; 그리고 이런 설명은 정신분석적 사고의 진전을 나타내는 것으로서, 충분한 역사적 타당성과 존재 이유를 갖는다.

제 7 장

성격 구조 이론의 발달 개요
(1951)

　　나는 "정신병과 정신신경증에 관한 새로운 정신병리학"(1941)
에서 자아의 분열 현상에 대한 증거는 명백한 분열성 상태에서
뿐만 아니라 정신신경증과 일반적인 정신병리 상황에서도 발견
된다는 관찰을 보고했다. 이러한 관찰을 통해서 나는 다음의 두
가지 점에서 프로이트의 리비도 이론의 타당성에 의문을 갖게
되었다: (1) 리비도는 본래 쾌락을 추구한다는 가설, (2) 자아 발달
을 결정하는 성감대의 중요성. 나는 또한 불가피하게 자아 발달
에 대한 아브라함의 '단계' 이론과 그것에 기초한 병인론적 이
론의 타당성에도 의문을 갖게 되었다. 따라서 나는 이런 기본적
인 정신분석 개념들(리비도 이론, 자아 발달 이론 그리고 병인론
적 이론)을 재공식화함으로써 그것들을 임상 자료에 더 많이 일
치시키고 또한 그것들의 설명적 가치를 높이려고 시도했다. 나
의 재공식화의 주된 특성들은 다음과 같다.

(1) 리비도는 처음부터 대상을 추구한다.

(2) 성감대는 일차적인 리비도적 목표가 아니며 다만 대상 추구라는 목표에 도달하는 통로이다.

(3) 만족스러운 자아 발달 이론은 대상 관계의 관점에서 특히 초기 삶 동안에 박탈과 좌절의 압력에 의해 내재화된 대상들과의 관계라는 관점에서 이루어져야 한다.

(4) 아브라함이 '단계'로 서술한 것들은 '구강기'를 제외하고는 대상들과의 관계를 조정하기 위한 자아의 기술이다.

(5) 아브라함이 특정한 단계에 고착에서 비롯된 것이라고 간주했던 정신병리적 상황들은 정신분열증과 우울증을 제외하고는 자아의 특정한 기술과 관련된 상황이다.

이와 같은 사고의 맥락에서 나는 자아 발달 이론을 대상관계의 관점에서 새롭게 설명하였고, 그것의 특징들은 다음과 같다;

(1) 자아 발달은 대상과의 일차적 동일시에 기초한 최초의 유아적 의존 상태를 포기하고 대상과의 분화에 기초한 성인의 또는 성숙한 의존 상태를 받아들이는 과정에 의해 특징지어진다.

(2) 따라서 자아의 발달 과정은 세 단계로 구성된다;

　　(a) 유아적 의존 단계(아브라함의 '구강기'에 해당하는)

　　(b) 과도기 단계

　　(c) 성인의 또는 성숙한 의존 단계(아브라함의 '성기기'에 해당하는)

(3) 정신분열증과 우울증의 원인은 유아적 의존 단계 동안에 발생한 발달 장애에 있다—정신분열증은 빨기(사랑하기)를 중심으로 한 대상관계에서 발생하는 어려움과 관련되어 있고, 우울증은 깨물기(증오하기)를 중심으로 한 대상관계에서 발생하는 어려움과 관련되어 있다.

(4) 강박증, 편집증, 히스테리 그리고 공포증 증상들은 과도기

단계 동안에 대상관계에서 발생한 어려움을 다루기 위해 자아가
사용하는 네 가지 특정한 기술들의 작용을 반영한다. 이 과도기
단계는 유아적 의존 단계 동안에 자아가 관계한 대상들이 내재
화되어 형성된 심리내적 상황에 기초해 있다.

(5) 네 가지 과도기적 기술들은 자아 발달의 첫 단계에서 작용
하는 분열성 경향과 우울적 경향의 출현에 대한 방어로서 작용
한다.

(6) 우울적 상태의 특징적 정서는 우울감인 반면, 분열성 상태
의 특징적 정서는 허망감이다.

(7) 유아적 의존 단계 동안에 생긴 분열성 경향이나 우울적 경
향이 우세하게 지속되는 것은 두 가지 대조적인 성격 유형의 출
현에서 반영된다―(a) 분열성 유형('내향성')과 (b) 우울적 유형
('외향성').

나는 "억압과 나쁜 대상의 재출현―전쟁 신경증과 관련해서"
(1943)라는 글에서 자아의 본질과 성장에 관한 프로이트의 후기
연구들이 초기의 충동 심리학을 구조적 개념의 관점에서 개정하
지 않은 채 그 위에 덧씌운 것이라는 사실을 지적했다. 동시에
나는 자아가 외부 대상과 맺는 관계뿐만 아니라 내적 대상과 맺
는 관계를 고려하는 대상관계 심리학을 기초로 해서만, 충동 심
리학과 구조 심리학의 개념을 통합할 수 있다는 견해를 표명했
다. 나는 리비도가 본질적으로 대상을 추구한다는 이전의 결론
(1941)을 재확인했으며, 나아가 그 결론이 억압 이론에 대해 갖
는 함의를 고찰하였다. 나는 또한 초자아는 원본능이 최초로 대
상-선택을 한 후에 남은 것으로 이루어진 것인 반면, 그것은 또
한 '그러한 선택들에 대한 반동 형성'을 나타낸다는 프로이트의
진술을 다시 검토했다. 대상관계 심리학의 관점에서 고려할 때,

이 진술은 초자아가 분명히 자아가 어느 정도 동일시하고 있는 내재화된 대상이라는 것과, 억압은 일차적으로 자아가 관계를 맺고 있는 다른 내재화된 대상들에 대해서 행해지는 것임을 말해준다는 것을 알 수 있다. 따라서 나는 억압은 (프로이트의 초기 견해에서처럼) 일차적으로 용납될 수 없는 불쾌한 기억이나 (프로이트의 후기 견해에서처럼) 죄책감을 일으키는 용납될 수 없는 충동들에 대해서가 아니라, 견딜 수 없을 정도로 나쁜 내재화된 대상에 대한 자아의 방어적 반응이라는 견해를 분명히 밝혔다. 나의 이러한 결론은 성적으로 공격당한 아이들의 반응을 관찰한 결과에 의해 지원 받을 수 있었다. 또 다른 하나의 관찰은 문제 가정의 아이들에 관한 것이었는데, 이 관찰 역시 내재화된 나쁜 대상은 아이 쪽에서 대상이 지닌 '나쁨'을 스스로 짊어지는 것을 통해서 대상을 '좋은' 것으로 만들고, 따라서 자신의 환경을 보다 견딜 수 있는 것으로 만들려고 한다는 결론을 지원해 주었다. 그러나 외적 안전을 성취하려는 이런 방어적 시도는 자아로 하여금 내적 박해자들을 만들게 하고, 따라서 내적 불안전이라는 대가를 지불하게 한다. 그리고 그와 같은 내적 불안전에 대한 방어로서 내재화된 나쁜 대상들이 억압된다. 나는 (1) 나쁜 대상의 내재화와 (2) 내재화된 나쁜 대상의 억압이 대상관계의 어려움에 직면해서 자아가 사용하는 두 가지 방어적 기술이라는 점을 서술한 후에, (3) 초자아의 방어라고 할 수 있는, 또 다른 방어적 기술인 '도덕적 방어'에 대해 서술했다. 나는 아동이 나쁜 대상들을 '조건적으로' (즉 도덕적으로) 나쁜 것이 아니라 '무조건적으로' (즉 리비도적으로) 나쁜 것으로 느낀다고 서술했다. 그리고 아이의 자아가 이 대상들과 동일시되어 있는 한, 그는 자신이 무조건적으로 나쁘다고 느낀다는 사실도 지적했다. 도덕적 방어의 목표는 아이에게 조건적인 (도덕적) 좋음과 나쁨의 가능성을 제공함으로써, 아이로 하여금 상황을 견딜만한 것으로 개선하기 위한 것이다; 그리고 이 목표는 보상적인 좋은 대상들의 내재화를 결과로 가져오며, 따라서 초자아 역할을 맡는 좋은 내적 대상이 형성된다. 따라서 동일시를 통한 좋은 대상의 내재화는 조건적인 좋음과 조건적인 나쁨을 느낄 수 있는 가능성을 제공한다. 조건적인 나쁨은 회개와 용서의 가능성이라는 희망의 여지를 남겨놓기 때문에 무조건적인 나쁨보다 바람직한 것으로 간주된다. 따라서 억압과 도덕적 방어(초자아의 방어)는 그것들 사이에 상호작용이 존재함에도 불구하고 서로 독립적인 방어적 기술이라는 결론에 도달하게 된다. 이것은 죄책감을 완화시키기 위한 분석적 해석이 실제로는 억압을 강화시키는 효과를 낳을 수 있다는 사실을 보여준다. 그러나 억압으로 인한 저항이 극복될 경우, 거기에는 억압된 나쁜 대상들이 의식의 영역으로 '돌아오는' 현상이 발생한다. 이런 위협이 대체로 전이 신경증을 불러일으키는 원인이 된다; 그러나 그것은 내재화된 나쁜 대상들에 집중된 리비도를 용해시킬 수 있는 기회를 제공하기 때문에 치료를 위해 필수적이다. 그러한 리비도 집중의 용해는 대상에 집중된 리비도 자체가 저항으로 작용한다는 사실을 고려할 때, 특별한 치료적 의미를 갖는다. 물론 이 결론은 '억압된 내용' 자체는 치료적 노력에 아무런 저항도 하지 않는다는 프로이트의 견해와 상반된다; 그것은 리비도는 대상을 추구하며 억압은 일차적으로 내재화된 대상들(충동이 아니라)을 지향한다는 견해로부터 나온 자연스런 귀결이다. 이런 방향에서 부정적 치료 반응에 대한 설명이 가능하다; 내재화되고 억압된 나쁜 대상들에게 리비도가 집중되어 있는 한, 치료는 어려움에 부딪친다. 물론 억압된 나쁜 대상들의 재출현 그 자체가 치료를 가져오는 것이 아니라는 점이 인정되어야 한다. 실제로 증상을 만들어내고 환자로 하여금 분석적 도움을 추구하게 하는 것은 나쁜 대상이 되돌아오는 것에 대한 위협이며, 동시에 그러한 위협에 대한 자아의 방어적 노력이다. 자아가 사용할 수 있는 방어들 중 하나는 편집증적 기술이며, 그것은 (억압된 충동들에 대해서처럼) 억압된 나쁜 대상들을 적극적으로 투사하는 방법을 사용한다; 그러나 치료상황에서 억압된 나쁜 대상이 재출현하는 것은 그것이 자발적으로 재출현하는 것과는 다르다. 그것은 투사 현상이 아니라 전이현상에 속한다. 환자는 치료적 노력이 자신이 방어할 수밖에 없었던 상황을 재구성하려 한다고 느낀다; 그러나 분석가와 실제로 '좋은 대상관계'를 경험하는 환경 안에서 억압된 나쁜 대상이 재출현할 때, 그것들은 분석적 전이 상황의 극복 작업을 통해서 해소될 수 있다. 억압된 나쁜 대상의 자발적인 재출현을 촉발시키는 요인은 외상적 상황이다; 그리고 우리는 이런 방향에서 전쟁 신경증을 이해할 수 있다. 또한 우리는 프로이트가 '반복 강박'으로 서술했던 현상을 억압된 나쁜 대상들이 되돌아오는 현상으로 설명할 수 있다. 프로이트의 반복 강박 개념은 거의 설명적 가치를 상실하고 말았다. 왜냐하면 그 현상이 외상적 상황을 강박적으로 반복하고자 하는 충동 때문이 아니라 나쁜 내적 대상들에 대한 모든 방어가 무너지고 더 이상 피할 수 없는 상황을 막기 위한 노력으로 이해되고 있기 때문이다. 그리고 내재화된 나쁜 대상들에 대한 리비도 집중이 갖는 모든 함의들이 인식된다면, 프로이트의 '죽음 본능' 개념은 사실상 필요 없는 것이 된다; 그런 대상들에 대한 리비도 집중이 불가피하게 역동적인 반-리비도적 요소의 작용을 불러온다는 점에서, 이 요소는 이제 '죽음 본능' 이론에 의지할 필요 없이 대상관계의 측면에서 설명될 수 있다. 전쟁 신경증의 경우, 그 외의 두 가지 결론이 덧붙여질 수 있다; (1) 과도할 정도로 유아적 의존 상태(동일시 경향에 의해 특징지어지는)를 유지하고 있는 개인의 경우, 군복무 자체가 내재화된 나쁜 대상들이 재출현하기 쉬운 외상적 상황을 나타낸다. 왜냐하면 군복무는 현실에서 동일시가 형성된 친숙하고 좋은 대상들과의 분리를 포함하기 때문이다. (이 점은 군인들이 보이는 붕괴의 가장 두드러진 특징이 분리-불안이라는 사실과 일치한다); 그리고 (2) 내재화된 나쁜 대상들의 재출현을 막고자 하는 억압의 실패는 도덕적 방어의 실패를 수반한다. 그 결과 프로이트가 보여주었듯이, 집단의 사기(morale)를 결정하는 초자아의 권위가 그 힘을 잃게 되고, 병사를 군대 집단에 묶어주는 리비도 집중이 용해됨으로써, 그런 병사는 더 이상 군인이기를 포기하게 된다.

"대상관계 관점에서 본 심리내적 구조"(1944)에서, 나는 내재화된 대상이라는 개념이 보다 제한된 개념인 초자아 개념 못지 않게 프로이트의 충동 심리학에 뿌리를 둔 것이라는 사실을 지적했다. 또한 나는 충동 심리학이 분석 치료에서 풀려난 '충동'을 처리하는데 아무런 실질적인 도움을 주지 못하는 한계를 갖고 있음을 지적했다. 그때 나는 '충동'의 처리는 본질적으로 대상관계의 문제라는 점을 지적했고, 그것은 또한 성격의 문제인데, 성격의 문제는 내재화된 대상들과 자아-구조 사이의 관계와 밀접하게 관련되어 있다는 점을 지적했다. 나는 계속해서 '충동'을, 그것이 반드시 대상관계를 포함한다는 점에서, 자아-구조와 떼어서 생각할 수 없다는 견해를 표명했다. 그 이유는 자아-구조만이 대상과의 관계를 추구할 수 있기 때문이다. 따라서 '충동'은 자아-구조의 역동적 측면을 나타내는 것으로 간주되어야 한다; 결과적으로, 낡은 충동 심리학은 새로운 역동적 구조 심리학—원본능, 자아 그리고 초자아로 정신 기구를 서술한 프로이

트의 견해에 대한 비판적 검토를 포함하는—으로 대체되어야 한
다. 이러한 검토는 두 가지 점에서 역동적 구조 심리학과 프로이
트의 충동 심리학 사이의 근본적인 불일치를 보여준다; (a) 프로
이트가 원본능을 본능적 충동의 저장소로 간주하는 것과 (b) 자
아를 외부 현실과 관련해서 원본능-충동을 규제하기 위해 원본
능 표면에 발달한 구조로 간주하는 것. 역동적 구조의 원리는 자
아를 충동-긴장의 원천인 동시에 최초의 구조로 간주한다. 동시
에 자아 내부의 충동-긴장은 본래적으로 외부 현실 안에 있는
대상을 지향하는 것으로 간주되며, 따라서 처음부터 현실 원리
에 의해 규정되는 것으로 간주된다. 물론 현실 원리는 초기에는
미숙성을 특징으로 갖는다; 그러나 이 미숙성은 대체로 경험 부
족에서 기인한다. 호의적인 상황에서, 현실 원리는 경험이 확장
됨에 따라 성숙해간다. 그러나 적응하기가 힘든 상황에서, 현실
원리는 긴장을 해소하고 보상적 만족을 제공하려는 이차적이고
퇴보적인 행동 원리로서의 쾌락 원리에게 자리를 내어주기 쉽
다. 또한 역동적 구조의 원리는 내가 1943년에 개정한 억압에 대
한 견해, 즉 억압은 일차적으로 나쁜 내재화된 대상들에 대해서
수행된다는 견해를 포함한다; 그리고 억압은 내재화된 대상뿐만
아니라 이 내적 대상들과의 관계를 추구하는 자아-구조들에 대
해서도 수행된다는 견해를 받아들일 필요가 있다. 이 견해는 억
압을 설명하는데 자아의 분열이 필수적임을 말해준다. 물론 프
로이트는 억압을 유발시킬 수 있는 구조, 즉 초자아의 존재를
가정할 필요가 있다고 보았다; 그리고 억압된 구조들이 존재한
다는 가정과 함께 역동적 자아의 한 부분이 다른 역동적 자아의
부분을 억압한다는 나의 생각은 실제로 프로이트가 생각했던 것
과 같은 방향으로 한걸음 더 나아간 것일 뿐이다. 그러한 개념은
다중 성격과 히스테리 해리 현상에 빛을 주었을 뿐만 아니라 충

동-심리학에서 '승화'로 서술되는 과정을 설명하는데 따른 어려움을 밝히는데 빛을 주었다. 억압이 자아의 분열을 암시한다는 견해는 분열성 환자들에게서 나타나는 문제에 친숙해 있는 사람들에게는 수용되기 어려운 것이 아니다; 그러나 여기서 우리는 정신분석학의 후기 발달 과정에서 우울증에 몰두함으로써 발생한 정신분석 이론의 한계와 부딪치게 된다. 프로이트의 정신 기구 이론은 대체로 우울증 연구에 기초해 있다; 마찬가지로 '우울적 자리'는 멜라니 클라인의 이론에서 중심적인 위치를 차지하고 있다. 그러나 프로이트의 억압 개념은 원래 히스테리에 대한 연구에 토대를 둔 것이었다; 그는 억압된 내용의 성질에서 억압의 행위자로 자신의 관심을 돌리고 난 후에야 비로소 우울증 문제에 전념하였다. 나의 견해로는, 그가 억압된 내용에 대한 연구에서 그랬던 것처럼, 억압의 행위자에 대한 연구를 계속해서 추구하지 않았고, 따라서 히스테리 현상을 정신 기구 이론을 위한 기초로 삼지 않은 것은 안타까운 일이었다. 그런 이유로 나는 프로이트가 말하는 억압 개념은 멜라니 클라인이 나중에 서술한 '우울적 자리'에 기초해 있는 것이 아니라 '분열성 자리'에 기초해 있다고 확신한다. 다시 말해서, 프로이트가 말하는 억압의 개념은 자아의 분열을 의미한다. 여기서 나는 프로이트가 억압의 원인이라고 생각한 상황을 성기기(오이디푸스) 상황으로 생각했던 반면에, 억압의 촉발자로 서술했던 초자아의 기원을 구강기 즉 성기기 이전 상황으로 생각했던 모순을 지적할 수 있다. 멜라니 클라인은 오이디푸스 상황을 유아기로 앞당기는 것을 통해서 이 어려움을 해결하고자 했지만, 그녀의 시도는 아무런 실제적인 해결도 제공해주지 못했다. 그 해답은 억압의 근원이 성기적 태도 이전뿐만 아니라 오이디푸스 상황 이전에 그리고 심지어 초자아가 형성되는 단계 이전에 존재한다는 생각에서 찾을 수 있다. 이러한 해결은 1943년에 발표된 나의 견해, 즉 억압은 일차적으로 내재화된 나쁜 대상에 대한 방어로서 발생하며, 초자아의 확립은 새로운 수준의 구조적 조직화의 성취(그 아래에는 이전 단계의 수준이 지속되고 있는)에 따른 부가적인 후기 방어('도덕적 방어')를 나타낸다는 나의 견해와 일치한다. 따라서 나의 견해로는 '중심적 자아'가 도덕적 중요성을 지닌 내적 대상으로서의 초자아와 관계하고 있는 수준보다 더 깊은 수준이 존재하며, 그곳에서 분열된 자아 부분들이 내적 대상들과 관계 맺고 있다. 그리고 이때 내적 대상들은 도덕적 의미를 갖고 있지 않을 뿐만 아니라, 중심적 자아의 관점에서 볼 때 무조건적으로 (즉 리비도적으로) 나쁜 대상, 즉 (a) 흥분시키는 대상이나 (b) 좌절을 주는 대상으로 간주된다. 따라서 우울증의 주된 현상이 초자아 수준에서 비교적 만족스럽게 설명되는 반면에, 종종 우울증에 수반되는 편집증, 건강염려증 그리고 강박증 특성들은 만족스럽게 설명되지 못한다. 마찬가지로 히스테리 현상도 초자아 수준에서는 만족스럽게 설명될 수 없다. 프로이트의 억압 이론은 억압의 행위자와 촉발자 모두를 구조(자아와 초자아)로서 서술한 반면, 억압된 내용은 충동을 구성하고 있는 것으로 서술함으로써 또 다른 모순을 갖게 되었다. 이런 모순의 정도는 프로이트가 초자아를 대체로 무의식적인 내용으로 이루어졌다고 생각했던 것—초자아 자체가 억압된 것이 아닌가라는 질문을 야기하는—에서 가장 분명히 드러난다. 프로이트 자신은 초자아가 어느 정도 억압될 수 있다는 가능성(예컨대 히스테리에서)을 충분히 인식하고 있었고, 따라서 심리내적 구조가 억압되는 원리를 인정하고 있었음을 말해준다. 지금까지 제시된 고찰에 비추어볼 때, 억압된 것은 항상 그리고 처음부터 구조라고 결론 내릴 필요가 있다. 이 시점에서 미간행 논문에서 밝힌 꿈의 성질에 관한 나의 견해에 대해 언급하는 것이 적절할 것이다. 이 견해는 한 환자의 자료에 기초한 것으로서 그의 꿈들은 대부분 소망-충족 원리로 설명할 수 없는 것이었다. 그것들은 자발적으로 그녀의 마음 상태를 보여주는 것으로 서술되었다. 내가 말하고자 하는 요지는 이것이다: 나는 멜라니 클라인이 말하는 심리적 실재와 내적 대상 개념의 영향을 받았으며, 따라서 꿈과 환상을 본질적으로 심리내적 상황에 대한 극적 표현이라고 간주하게 되었다. 그리고 이러한 심리내적 상황은 (a) 자아구조들과 내재화된 대상들 사이의 관계와 (b) 자아구조들 사이의 상호관계 모두를 포함한다. 또 다른 환자는 해석의 문제와 관련된 꿈을 꾸었는데, 그것은 내게 그러한 관계를 포함하는 기본적인 심리내적 상황의 개념을 공식화하고 기본적인 심리내적 구조들에 관한 나의 생각을 구체화할 수 있는 기회를 제공해 주었다. 이렇게 해서 나는 내재화된 나쁜 대상의 분열 개념에 토대한 심리내적 구조 이론을 형성하게 되었다. 사실 나쁜 리비도적 대상들의 내재화를 일차적인 방어로 보는 견해는 이미 1943년에 제안되었다; 그러나 이 시점에서 그 대상들은 두 가지 측면—흥분시키는 측면과 거절하는 측면—을 가지고 있다는 점을 주목하는 것이 중요했다. 이 두 측면들은 내재화된 나쁜 대상이 (a) 흥분시키는 대상과 (b) 거절하는 대상으로 분열하는데 따른 결과이다. 억압 기제가 작용하게 될 때, 이 두 대상들은 모두 최초의 자아에 의해 억압된다; 그러나 이 최초의 자아는 고도의 동일시를 포함한 리비도 집중에 의해서 두 대상들 모두에 묶여있는 상태이기 때문에, 그 대상들을 억압하는 것은 각각의 대상과 연결된 자아의 부분들을 분열시키고 억압하는 것이 된다. 따라서 흥분시키는 대상을 억압할 때, 내가 리비도적 자아라고 부르는 자아의 부분이 억압된다; 그리고 거절하는 대상을 억압할 때도 마찬가지로 내적 파괴자라고 하는 자아의 또 다른 부분이 억압된다. 이러한 이론은 자아-구조의 분화는 정신 기구에 대한 프로이트의 설명과 대체로 일치한다는 인상—프로이트의 '자아'는 중심 자아와, 프로이트의 '원본능'은 리비도적 자아와, 프로이트의 '초자아'는 내적 파괴자와 비교될 수 있다는—을 줄 수 있다. 그러나 나의 이론의 핵심적인 개념은 방금 서술했던 세 구조 모두가 상호적인 역동적 패턴을 가지고 있다는 점에서 프로이트의 개념과 차이가 있다. 프로이트의 '원본능'은 구조 없는 에너지의 원천이요 '자아'와 '초자아'는 '원본능'에게서 에너지를 가져다 쓰는 에너지 없는 구조로 인식된다; 그리고 '초자아'는 대체로 내재화된 대상으로 간주되기 때문에 자아만이 진정한 자아-구조로 인정된다. 그리고 나의 이론에 포함된 또 하나의 핵심적인 개념은 이와 같은 자아-구조의 역동적 패턴이 (내재화된 대상으로 확립되어 있는) 초자아보다 더 깊은 수준에 놓여있다는 생각이다; 내 견해로는 모든 정신병리적 상태의 궁극적 기원은 바로 이 수준에서 찾을 수 있다. 내 이론의 또 다른 특징들은 (1) 자아 구조가 분화되는 것을 본래 내재화된 나쁜 대상에 대해 수행된 억압의 결과로 발생한 것으로 본다는 점과, (2) 억압의 역동성은 공격성이 중심적 자아에 의해 내재화된 대상뿐 아니라 이 대상들과 결합된 부차적 자아들, 즉 리비도적 자아와 내적 파괴자를 지향하는데 있다고 본다는 점이다. 그러나 공격성은 전적으로 중심적 자아에 의해서만 행사되는 것이 아니다. 공격성은 부차적 자아들이 중심적 자아를 대하는 태도와 부차적 자아 상호간의 태도에서도 사용된다. 특히 리비도적 자아에 대한 내적 파괴자의 태도에서 공격성은 두드러지게 사용된다. 리비도적 자아에 대해 내적 파괴자가 사정없이 공격적인 태도를 보이는 것은 흥분시키는 대상과 거절하는 대상에게 리비도적 자아와 내적 파괴자의 에너지가 집

중되어 있다는 사실에서 기인한다; 따라서 그것은 리비도적 대
상들에 대해 개인이 갖는 본래적인 양가감정을 반영해준다. 나
의 견해로는, 양가감정은 본래 일차적 상태가 아니라 박탈과 좌
절에 따른 반응이다. 따라서 나는 유아가 좌절이 없는데도 자발
적으로 자신의 리비도적 대상을 공격한다고는 생각하지 않는다.
공격성이 리비도로 용해될 수 없다는 점에서, 나는 공격성을 일
차적인 역동적 요소로 간주한다. 그러나 나는 또한 공격성이 궁
극적으로 리비도에 종속되며, 본질적으로 리비도적 관계에서 발
생한 박탈과 좌절, 특히 엄마로부터의 분리된 외상에 대한 유아
의 반응을 나타낸다고 본다. 그러므로 리비도적 대상에 대한 공
격성을 최초로 불러일으키고 양가감정을 발생시키는 것은 유아
가 겪는 박탈과 좌절의 경험이다. 이 지점에서 양가감정이 갖는
주관적 측면이 중요해진다; 왜냐하면 이런 상황에 처한 유아에
게 엄마는 양가적 대상으로 기능하기 때문이다. 이런 견딜 수 없
는 상황을 개선하기 위해 그는 엄마를 두 개의 대상, 즉 만족스
러운 ('좋은') 대상과 불만족스러운 ('나쁜') 대상으로 분열시킨
다; 그리고 불만족스러운 대상을 통제하기 위한 방어적 목적으
로 그 대상을 내재화하여 내적 대상으로 삼는데, 이것은 그 대상
을 통제할 수 없는 외부 현실로부터 통제가 가능한 내적 현실의
영역으로 옮겨놓는 것을 말한다. 그러나 문제는 그 대상이 내재
화된 후에도 계속해서 만족스럽지 않을 뿐 아니라, 유아가 그 대
상을 갈망하게 되는데(리비도가 집중됨으로써) 있다. 따라서 유
아는 이전에 외부 세계에서 겪었던 대상에 대한 양가감정의 어
려움을 내적 세계에서도 똑같이 겪게 된다. 나는 이러한 양가감
정이, 내재화된 나쁜 대상의 분열, 즉 대상이 (a) 흥분시키는 대상
과 (b) 거절하는 대상으로 분열되는 현상을 위한 기초를 제공한
다고 이미 언급한 바 있다. 그러나 지금은 이 분열을 최초의 자

아가 나쁜 대상의 내재화에 수반되는 어려움에 대처하기 위한 시도의 결과로 간주하고 있다. 흥분시키는 내적 대상과 거절하는 내적 대상 모두가 억압되는 것과, 그러한 대상들의 억압이 자아의 분열과 억압을 수반하는 것은 자아의 이차적인 방어적 노력의 결과이다. 따라서 리비도적 자아와 내적 파괴자는 중심적 자아로부터 독립되어 있으면서도 중심적 자아에 의해 억압되는 부차적 자아 구조로서 확립된다. 그러나 리비도적 자아에 대한 내적 파괴자의 공격적 태도에 관해서는 좀더 설명이 필요하다; 왜냐하면 그러한 공격적 태도가 단순히 초기 양가감정을 반영하는 것이라고 설명하는 것만으로는 충분치 않기 때문이다. 이 양가감정과 관련해서, 아이는 거절하는 엄마에게 공격적인 감정을 표현하는 것뿐만 아니라 리비도적인 감정을 표현하는 것에 상당한 정도의 불안을 느끼는 것으로 보인다. 그가 엄마를 향해 공격적 감정을 표현하는 것은 엄마의 거절을 강화하고 그를 덜 사랑하게 만드는 위험을 수반한다. 이때 그녀는 좋은 대상으로서는 더 희미한 존재가 되는데 반해 나쁜 대상으로서는 더욱 뚜렷하게 느껴지는 존재가 된다. 이 위험이 바로 내가 1941년에 결론지었던, 좋은 대상을 상실하는(우울증의 정서를 촉발시키는) 위험이다. 다른 한편, 아이가 거절하는 엄마에게 리비도적 감정을 표현하는데 수반되는 위험은 리비도를 정서적 진공 속으로 방출하고 그 결과 그의 마음속에 열등감과 무가치감을 발생시키는 것이다. 이 위험이 바로 내가 1941년에 결론 내렸던, 리비도를 상실하는(분열성 허망감을 촉발시키는) 위험이다. 아이는 이 두 가지 위험 모두를 피하기 위해서 '분열과 억압(divide et impera)'이라는 방어적 수단을 사용한다. 그는 자신의 리비도적 욕구를 최대한으로 억누르기 위해 최대한의 공격성을 사용한다. 이러한 방어는 역동적 구조의 원리에 따라 작용하는데, 그 과정은 내적 파괴자가 여분의 공격성을 리비도적 자아를 향해 발산하고, 리비도적 자아는 다시금 여분의 리비도를 리비도적 자아를 향해 발산하는 것으로 이루어진다. 이러한 리비도적 자아에 대한 내적 파괴자의 공격은 억압을 강화시키는 아주 강력한 요인으로서 작용한다; 그리고 프로이트의 초자아 개념과 그것의 억압 기능은 대체로 이러한 현상에 기초해 있는 것으로 보인다. 그러나 내가 공식화한 개념의 빛에서 볼 때, 억압은 중심적 자아가 흥분시키는 대상과 거절하는 대상 모두를 공격하는데서 유래한다; 그리고 내가 일차적인 직접적 억압이라고 부르는 이 과정은 각각 억압된 두 개의 내적 대상과 연결되어 있는 두 개의 자아, 즉 리비도적 자아와 내적 파괴자로 분열되는 이차적인 직접적 억압의 과정을 수반한다. 리비도적 자아가 흥분시키는 대상에 리비도를 집중할 때, 그것은 치료에 대한 강력한 저항의 원천으로 작용한다; 그리고 이런 현상은 내가 역동적 구조 개념을 형성하기 전인 1943년에 쓴 논문에서 제시했던 관찰 내용과 일치한다. 그러나 그러한 리비도 집중(cathexis)은 그것이 리비도에 의해서 이루어지는 것이라는 점에서 억압 현상으로 간주될 수 없다. 그것은 리비도적 자아에 대한 내적 파괴자의 공격으로 간주되어야 한다. 왜냐하면 그것은 저항으로 기능할 뿐만 아니라 중심적 자아에 의한 리비도적 자아의 억압에 적극적으로 참여하기 때문이다. 따라서 나는 이 과정을 간접적인 억압 과정이라고 부른다. 직접적인 억압 과정과 간접적인 억압 과정 모두를 고려할 때, 정신의 리비도적 구성 요소는 공격적 구성 요소보다 억압에 의해 더 많이 지배당한다는 사실이 분명해진다. 따라서 잉여 리비도의 처리가 주로 억압의 원리에 의해 지배되는 반면, 잉여 공격성의 처리는 주로 지형학적 분배의 원리에 의해 지배된다고 결론 내릴 수 있다. 간접적 억압이라는 나의 개념은 내가 억압 일반에 관한 프로이트의 견해로부터 벗어나 있음을 말해준다. 프로이트에 따르면, 억압은 본래 오이디푸스 상황에서 이성 부모를 향한 리비도적 표현을 감소시키는 동시에 동성 부모를 향한 공격적 표현을 감소시키는 수단으로서 발생한 것이다. 그러나 나의 견해에 따르면, 직접적인 억압과 간접적인 억압 모두는 오이디푸스 상황이 나타나기 전인 유아기에 발생하는 것이며, 간접적인 억압은 엄마가 유일하게 중요한 대상인 거의 전적인 의존 단계 동안에 엄마를 향한 리비도적 표현과 공격성의 표현을 감소시키기 위해 아이가 채용하는 특정한 기술이다. 따라서 프로이트는 억압이 오이디푸스 상황에서 발생한다고 생각했지만, 나는 그것이 유아적 의존 상황에서 발생한다고 본다. 따라서 오이디푸스 상황은 더 이상 설명적 개념으로서의 기능을 갖지 못하게 되었고, 심리내적 구조가 이미 분화되고 억압이 시작된 후에 발생하는 이차적인 지위를 갖게 되었다. 다시 말해서, 오이디푸스 상황은 이미 발달한 심리내적 상황이라는 측면에서 설명될 수 있다. 오이디푸스 상황의 출현에 의해서 아이의 세계에 새롭게 도입된 것이 있다면, 그것은 그가 이제 하나의 대상대신에 두 개의 대상과 관계를 맺기 시작한다는 것이다. 아이가 새로운 대상으로서의 아버지와 맺는 관계는 그가 엄마와의 관계에서 이미 경험했던 것과 유사한 적응의 문제를 포함하기 때문에, 그는 당연히 엄마와의 관계에서 사용했던 것과 유사한 방법들을 사용한다. 그리고 그 결과, (a) 흥분시키는 대상과 (b) 거절하는 대상으로 내재화된 두 가지 아버지 상이 생겨난다. 이것들은 부분적으로는 엄마 상에 덧씌워지고 부분적으로는 엄마 상과 융합되는 것으로 보인다. 그러나 아이가 아버지와의 관계에서 요구되는 적응은 거의 전적으로 정서적 측면에서 이루어진다는 점에서, 그가 엄마와의 관계에서 요구되던 적응과는 다르다. 그것은 아버지와의 관계에서는 젖을 먹는 경험이 불가능하기 때문이다. 실제로 아이는 처음에 주로 아버지를 젖가슴 없는 부모로 간주한다; 나중에야 아이는 부모들 사이의 성적 차이를 인식하게 된다. 아이가 이런 차이를 점차 인식하게 되고 그의 리비도적 욕구가 점점 더 성적인 통로를 통해서 표현됨에 따라, 엄마와 아버지에 대한 그의 욕구는 그들의 성기에 대한 신체적 욕구를 포함하게 된다. 이런 신체적 욕구가 지닌 힘은 정서적 욕구의 충족에 반비례한다; 그러나 그 욕구가 항상 충족되는 것이 아니기 때문에 엄마의 질과 아버지의 페니스 모두에 대한 양가감정이 발달한다. 그리고 이것은 원초적 장면에 대한 가학적 개념에서 반영된다. 이 시기에 유아에게는 부모 사이의 관계가 중요해진다; 그리고 부모에 대한 질투가 발달한다. 이 질투의 원인은 주로 아이의 생물학적 성에 의해서뿐만 아니라 각 부모와 맺는 정서적 관계에 의해서 결정된다. 이렇게 해서 아이는 두 가지 양가적 상황에 동시에 적응하도록 요구받는다; 따라서 그는 이미 서술된 일련의 기술들을 다시 사용하게 된다. 그 결과, 양쪽 부모의 나쁜 성기 이미지들이 이미 존재하는 나쁜 내적 대상들(흥분시키는 대상과 거절하는 대상)의 이미지들로 구체화된다. 따라서 이 내적 대상들은 부분적으로는 덧씌워지고 부분적으로는 융합되는 것을 통해서 복합적인 구조를 형성하는 것으로 보인다. 대상의 구성 비율과 함께, 덧씌워진 부분과 융합된 부분 중에 어느 것이 우세한가의 문제는 개인의 심리성적 태도를 결정하는데 있어서 중요한 역할을 하며, 성도착의 주된 원인으로 작용하는 것으로 보인다. 또한 흥분시키는 대상과 거절하는 대상의 구성 비율은 오이디푸스 상황의 성질을 결정하는데 있어서 중요한 요소로(생물학적 성과는 별도로) 작용한다. 이것은 도치되거나 혼합된 오이디푸스 상황의 경우에 명백히 그 모습이 드러난다; 그것은 또한 긍정적 상황에도 적용된다. 실제로 오이디푸스 상황이 도치되거나 혼합될 수 있다는 사실은 긍정적인 오이디푸스 상황조차도—비록 그것이 다양한 정도로 실제 외부 상황에로 옮겨진다 하더라도—본질적으로는 그것 역시 내적 상황이라는 것을 말해준다. 일단 이 사실을 깨닫는다면, 실제로 심층적인 분석에서 드러나듯이, 오이디푸스 상황이 본질적으로 흥분시키는 엄마와 거절하는 엄마라는 내재화된 인물을 둘러싸고 형성된 것임을 확인하는 것은 어려운 일이 아니다. 그러나 아이는 동시에 두 개의 양가적 관계에 적응하기 위한 시도로서, 한쪽 부모의 흥분시키는 측면과 다른 쪽 부모의 거절하는 측면에 집중함으로써, 그리고 흥분시키는 대상과 거절하는 대상의 성질을 수정함으로써, 복잡한 상황을 단순화하고자 노력한다. 이런 과정을 통해 아이는 실제로 오이디푸스 상황을 구성하게 된다.

내가 제시한 이론적 틀을 프로이트의 견해와 비교해볼 때, 비록 모든 점에서 상당한 유사성이 있기는 하지만, 그것은 프로이트 견해에서 상당히 멀리 떨어져 있음을 인정할 수밖에 없다. 이 두 견해 사이의 불일치와 유사성은 기본적인 이론적 원리의 차이에 의해서만 설명될 수 있다; 그리고 두 가지 중심적인 차이점을 지적할 수 있다. 첫째 프로이트는 비록 그의 전체적인 사고의 틀이 대상관계와 관련되어 있는 것이 사실이라 하더라도, 리비도가 일차적으로 쾌락을 추구하며 아무런 방향성을 갖지 않는다는 원리를 따른 반면, 나는 리비도가 일차적으로 대상을 추구하며 방향성을 갖고 있다는 원리를 따른다. 그 점에서 나는 공격성 또한 방향성을 갖고 있다고 본 반면, 프로이트는 공격성이 리비도처럼 방향성을 갖지 않는다고 보았다. 둘째 프로이트는 충동(심리적 에너지)을 구조와 다른 것으로 생각한 반면, 나는 이런 구별은 타당성이 없다고 생각하며, 역동적 구조의 원리를 따른다. 이 두 가지 중심적인 차이점들 중에서 후자가 보다 근본적인 차이점이라고 할 수 있다. 사실상 전자는 후자에게서 나온 것이다. 따라서 리비도가 쾌락을 추구한다는 프로이트의 견해는 그가 에너지를 구조와 분리시킨 데서 유래한 직접적인 결과이다; 왜냐하면 일단 에너지가 구조와 분리된다면, 쾌락적인 것으로 생각되는 유일한 정신적 변화는 평형 상태의 확립, 즉 방향성을 갖지 않은 변화이기 때문이다. 대조적으로, 일단 우리가 에너지를 구조와 분리될 수 없는 것으로 생각한다면, 우리가 알 수 있는 유일한 변화는 구조적 관계의 변화이며 구조들 사이의 관계의 변화이다; 그리고 그 변화들은 본질적으로 방향성을 갖는다. 프로이트가 에너지와 구조를 분리된 것으로 생각한 것은 우주에 대한 헬름홀츠 학파의 물리학 개념이 지배하던 19세기의 일반적인 분위기 때문으로 보인다; 그 결과 그의 사고는 한계를 가지게 되었다. 그러나 20세기 원자 물리학은 물리적 우주에 대한 개념에 혁명을 가져왔으며, 우주에 대한 이해 안에 역동적 개념을 도입했다; 나의 견해는 이 새로운 물리학 개념을 기초로 하여 정신분석적 이론을 재형성하려는 시도를 나타낸다. 내가 생각하는 역동적 구조 심리학은 집단 현상을 설명하는데 있어서 다른 어떤 유형의 심리학보다 만족스러운 이론적 토대를 제공한다; 그것은 또한 정신병리적 현상을 구조적인 측면에서 직접적으로 설명할 수 있게 해주며, 따라서 증상은 전체로서의 성격의 표현이라는 분명한 사실을 보여주는 이점을 가지고 있다. 내가 묘사한 기본적인 심리내적 상황은 지형학적 관점에서 본다면, 비교적 움직일 수 없는 것처럼 보일 수 있다; 그러나 심리경제적 관점에서 본다면, 그것은 광범위한 수정이 가능한 것으로 간주된다. 내가 서술한 심리경제적 패턴은 히스테리 상태에서 뚜렷이 드러난다; 나는 이러한 히스테리 상태가 인간의 최초 상태의 심리적 패

턴이라고 생각한다. 이런 믿음에 따라, 나는 아이가 나타내는 최
초의 증상(예컨대 우는 발작)을 히스테리 현상으로 해석한다; 만
약 이것이 옳다면, 프로이트가 정신분석의 기초를 세우는 자료
로서 히스테리 현상을 선택한 것은 탁월한 통찰이었다고 말할
수 있다. 이제 나는 역동적 구조 원리에 대한 나의 설명에 포함
된 명백한 불일치를 수정할 필요를 느끼는데, 그것은 다음과 같
다: 내가 내재화된 대상들을 구조로 말했음에도 불구하고, 나는
그것들을 그 자체로서 역동적인 것으로서가 아니라 단순히 역동
적인 자아-구조의 대상들로서 취급했다. 내가 그렇게 했던 부분
적인 이유는 너무 복잡한 설명을 피하기 위해서였으며, 더욱 특
별하게는 자아-구조의 활동에 관심을 집중시키기 위해서였다. 그
러나 일관성을 확립하기 위해서 나는 내적 대상들이 심리내적
구조를 이루고 있기 때문에 그것들 자체로서 어느 정도 역동적
이라는 논리적 결론에 도달해야만 한다; 그리고 그 대상들은 자
아-구조들이 그것들에 리비도를 집중시키고 있기 때문에 역동적
인 특성을 갖는다고 덧붙일 수 있다. 그리고 이러한 결론은 귀신
들림에 관한 현상뿐만 아니라, 꿈과 편집증적 상태에서 관찰되
는 현상과도 일치한다.

아주 최근인 1951년에, 나는 1941년에 이론화했던 나의 견해
와 그후에 이론화한 것 사이의 모순을 해소하기 위해서 나의 이
론적 입장을 더 많이 수정해야 할 필요를 느꼈다. 1941년에 네
가지 '과도기적' 방어 기술들에 대한 나의 분류는 내가 '수용
된' 대상과 '거절된' 대상으로 각각 서술했던 내재화된 두 대상
들 사이의 차이에 기초한 것이다; 그리고 각각의 기술적 특성들
은 이 두 대상들을 다루는데 자아가 채용한 특징적 방법들과 관
련된 것이다. 이러한 분류의 근저에 놓인 가정은 외적 대상에 대

한 양가감정이 초기 단계에서 좋은 대상과 나쁜 대상 모두의 내
재화로 인도한다는 것이었다. 그러나 1944년에 공식화한 견해에
서, 나의 주된 관심은 분화된 자아-구조들과 내재화된 나쁜 대상
들 사이의 관계와, 그 결과로 발생한 심리내적 상황에 있었다; 그
리고 이 공식화는 최초에 내재화된 대상은 나쁜 또는 불만족스
런 대상이라는 결론(이미 1943년에 도달한)에 기초한 것이었다.
불만족스런 대상의 내재화는 그러한 대상에 대한 리비도 집중을
포함하는 외상적 요소를 통제하기 위한 방어 기술로 간주되었
다; 그리고 완전히 만족스러운 대상에 대해서는 아무런 내재화
동기를 갖지 않는 것으로 여겨졌다. 따라서 좋거나 만족스러운
대상들이 내재화되는 것은 나중 단계에서 내재화된 나쁘거나 불
만족스런 대상들로 인해 발생하는 불안을 완화시키기 위해서라
고 간주되었다. 이러한 근저의 가정은 1941년의 견해에서처럼
계속해서 유지되었고, 그 결과 양가감정은 본래 외적 대상과 관
련해서 발생하는 상태이며, 외부 대상에 대한 정신적 표상은 나
쁜 대상의 내재화가 발생하기 이전에 이미 좋은 대상과 나쁜 대
상으로 분리된다는 생각을 갖게 했다. 나는 지금(1951년) 이 가
정을 수정할 필요를 느끼고 있으며, 나의 초기 논문, '성격의 분
열성 요소'(1940)에서 채용했던 견해—내재화된 최초의 대상은
양가감정-이전의 대상이라는—로 돌아가야 한다고 생각한다. 이
런 관점에서 볼 때, 양가감정은 최초의 나뉘어지지 않은 자아가
내재화된 양가감정-이전의 대상과 갖는 관계 안에서 처음으로
발생하는 것으로 간주되어야 한다; 그리고 처음에 양가감정-이전
의 대상을 내재화하고자 하는 동기를 갖게 되는 것은 이 대상이
어느 정도 만족스러울 뿐만 아니라 어느 정도 불만족스러운 존
재로서 자체를 드러내기 때문이다. 일단 양가감정이 형성되고
나면, 그것은 분열되지 않은 자아가 내재화된 양가적 대상과 만

나게 되는 내적 상황으로 인도한다. 그 다음 단계에서 이 대상은
두 가지 대상(좋고, 나쁜)이 아니라 세 가지 대상으로 분열한다.
이 분열은 자아의 한 부분인 중심적 자아가 내적 대상이 지닌
과도하게 흥분시키는 요소와 과도하게 좌절시키는 요소 모두를
분열시키고 억압함으로써 (1944년에 서술했던 것과 유사한 방식
으로) 흥분시키는 대상과 거절하는 대상을 발생시키는 것을 통
해서 이루어진다. 이처럼 흥분시키는 대상과 거절하는 대상들이
분열될 때, 본래 대상의 핵은 과도하게 흥분시키고 과도하게 좌
절시키는 요소들이 떨어져 나간 후에도 여전히 남아 있게 된다;
그 때 이 핵은 탈성화되고 이상화된 대상의 지위를 얻게 되는
데, 중심적 자아는 이 대상의 요소를 (흥분시키는 대상과 거절하
는 대상에 집중된 부분들을 벗어버린 후에도) 계속해서 보유한
다. 나는 흥분시키는 대상과 거절하는 대상을 각각 '리비도적 자
아'와 '내적 파괴자'로 서술했다. 그 핵 대상(nuclear object)은 중
심적 자아에게 수용된 대상이며, 따라서 억압되지 않는다. 이것
이 지금 내가 초자아를 형성하는 핵으로 간주하는 대상이다; 그
러나 그것의 성질을 고려할 때, 그것을 '자아-이상'이라고 부르
는 것이 적합해 보인다. 그것은 내가 1941년에 '과도기적' 방어
기술들을 설명하면서 '수용된 대상'으로 서술했던 것과 일치한
다; 그리고 히스테리 환자가 분석가를 변화시키려고 하는 대상
이 바로 이 대상이라는 사실은 매우 깊은 의미를 갖는다. 내가
1941년에 '과도기적' 기술들을 설명하면서 '거절된 대상'으로
서술했던 것과 관련해서, 이제 이 개념은 '흥분시키는 대상'과
'거절하는 대상' 모두를 포함하는 것으로 간주할 필요가 있다.
왜냐하면 나의 후기 견해에 따르면, 이 대상들은 모두 중심적 자
아에 의해서 거절된 대상이기 때문이다. 따라서 내가 '과도기적'
기술을 설명할 때 사용했던 (단수의) '거절된 대상'이라는 용어

대신 '거절된 대상들'이라는 (복수의) 용어를 사용할 필요가 있다. 이러한 변화는 과도기적 기술에서 '흥분시키는' 대상과 '거절하는' 대상 모두가 중심적 자아에 의해 거의 동일하게 취급된다는 사실을 말해준다는 점에서 정당한 것으로 보인다. 따라서 예컨대 그것들 모두는 편집증 기술과 공포증 기술에서는 외적인 것으로 취급되고, 강박증 기술과 히스테리 기술에서는 내적인 것으로 취급된다. 대조적으로, '수용된 대상'은 공포증 기술과 히스테리 기술에서는 외적인 것으로 취급되고, 편집증과 강박증 기술에서는 내적인 것으로 취급된다.

제 2 부
임상 논문

제 8 장

한 여성 환자의 종교적 환상에 관한 고찰(1927)[1]

나는 본 장에서 종교적 환상을 경험하고 있는 한 여성 환자의 사례에서 제시된 몇몇 특징들을 서술하고자 한다. 나의 설명은 그녀의 심각한 증상을 완화시키기 위한 목적으로 행해진 단기간의 분석 치료에서 얻은 자료에 기초해 있다. 그녀의 증상은 주로 히스테리에 가까운 것으로 제시되었지만, 거기에는 분명히 분열성 성질을 띤 좀더 깊은 장애의 증거가 있었다. 이와 관련된 흥미로운 이야기가 있다. 나는 저명한 필적 학자인 소텍(Robert Saudek)에게 그녀의 두 가지 필적을 감정해 달라고 의뢰했다. 그는 한 표본은 히스테리 환자의 것으로 그리고 다른 것은 정신분열증 환자의 것으로 진단했다. 흥미롭게도 '히스테리적' 필적은 분석 치료 기간 동안에 쓴 것인 반면, '정신분열증적' 필적은

1 1927년 11월 5일 영국 심리학회의 스코틀랜드 지부에서 발표된 논문

10년 전 그녀가 정신적 붕괴를 경험했던 시기에 쓴 것으로 확인되었다.

내가 환자 X를 처음 만났을 때 그녀는 서른 한 살이었다. 당시 그녀는 미혼이었고, 오빠 하나와 여러 명의 언니가 있는 대가족의 막내였다. 그녀가 19세 때 그녀의 엄마는 세상을 떠났다. 그녀의 아버지는 생존해 있었으나 알코올 중독자였고, 그녀가 태어날 때부터 가족과 멀리 떨어져 살았기 때문에 그녀는 아버지를 본 적이 없었다. 그녀의 어머니는 X가 출생한 후, 다른 가족과 함께 남편을 떠났다. X는 16세에 학교를 그만두고 17세에 미술 교사가 되기 위한 과정을 시작했다. 21세부터 일련의 신경성 붕괴가 시작되어 교사 훈련 과정이 중단되기도 했지만, 그녀는 마침내 훈련 과정을 마쳤다; 그리고 25세에 좋은 직장을 얻었으며, 5년 동안 아주 성공적으로 일을 하다가 붕괴가 더욱 심각해져서 일을 그만두었다.

내가 그녀를 처음 만났을 때, 그녀는 10년 동안 일련의 신경성 붕괴를 겪어왔다고 말했다. 이런 정신의 붕괴들은 주로 신경쇠약, 불면증, 악몽, 그리고 일상생활에서 요구되는 일들을 처리해내지 못하는 무능력으로 나타났다. 그녀는 이런 증상들이 주로 성적인 어려움 때문이라고 했다; 그러나 그녀가 첫 번째 정신적 붕괴를 경험했을 때, 남자의 관심을 끌고 싶은 갈망을 자주 경험하기는 했지만, 그녀는 성 지식이 전무한 상태였다고 말했다. 그리고 2년 후에, 그녀를 돌보던 의사는 성적 무지에 따른 위험을 예방하기 위해 그녀에게 어느 정도의 성 지식을 전해주었다. 그 후에 그녀는 곧 자위에 몰두했다. 이 자위는 휴양지에서 갑자기 병이 나서 낯선 의사에게 진찰을 받았을 때 시작된 것 같았다. 일단 자위가 습관적이 되자, 그녀는 그것을 고통스러워하기 시작했다; 결국 그녀는 자신의 신경쇠약의 주된 원인이 자위 습관에 있다고 생각하게 되었다. 그녀는 한동안 밤마다 자신을 괴롭힌 혼(spirit)과 신체 사이의 갈등을 악화시킨 원인이 그녀의 자위와 관련된 것이라고 알고 있었고, 그것은 정확한 것이었다. 그녀의 상태는 그녀를 끌어당기는 환영(visions)과 환상으로 인해 계속해서 악화되었다. 그녀가 보통 이미지라고 부르는 환영은 한결같이 불안을 야기하는 것이었으며, 때로는 혐오감을 자극하는 것이었다. 그것들은 그녀가 성에 대한 의식적인 지식이 없었음에도 불구하고 종종 남근 형태를 띠었는데, 그러한 환영적 성기들은 유아적인 성질을 띤 것이었다. 그녀는 정신적 붕괴에 앞서 그리고 심지어 아동기 동안에도 그런 이미지들로 인해 고통을 겪었다. 그녀가 가지고 있는 환상들 가운데 일부는 고통스러운 것이었지만 행복한 것들도 있었다. 그녀가 서술한 다양한 '이미지들'과 환상 중에는 종교적인 색채를 띠는 것들이 많이 있었다; 그리고 나는 이런 환상 집단에 초점을 맞추고자 한다.

그녀는 일곱 살 때에 처음으로 종교적인 '이미지들'과 환영을 보았다. 그때 그녀는 병을 앓고 난 후 회복 기간을 보내고 있었는데, 그날 밤 자신의 침대 머리 맡에 서 있는 악마를 보았다고 느꼈다. 그녀는 그 환영 때문에 공포에 질렸으며, 그 악마가 그녀를 데리러 왔다고 느꼈다. 그녀는 그 환영이 실체가 없는 것임을 깨닫고 나서 그것을 영적 세계로부터 방문객이 찾아온 것이라고 설명했다. 아동기 동안에 그녀의 마음은 온통 신과 그리스도에게 그리고 옳고 그름에 대한 생각에 몰두해 있었다. 그녀의 이런 생각들은 막연한 불안을 수반했다; 그녀는 아동기 동안에 그리스도를 생각하면, 항상 불안과 우울이 야기되었다고 말했다. 그녀에게 주입된 하나님에 대한 생각은 사랑하는 아버지라기보다는 엄격한 여호와에 가까운 것이었다. 이런 생각은 주로 그녀가 네 살 때 다닌 보수적인 주일학교 교사의 종교 교육에서 온 것이었다. 그 교사의 열정은 도가 지나쳤는데, 환자는 분석 중에 그 교사가 죽은 사람들 가운데서 다시 살아난 나사로에 대해 묘사하는 모습을 고통스럽게 회상했다. 그녀는 정신적 붕괴를 겪고 나서 두 번째 해인 스물 두 살 되던 해에 '영적 세계로부터 오는 환영'이라는 것을 경험하기 시작했다. 이런 환영들의 일반적인 주제는 그리스도가 십자가에 달려죽으시는 것이었는데, 그녀는 자주 십자가에서 끌어내려지는 그리스도를 목격했고 그의 살에 못이 박히는 모습을 보았다. 그녀는 그 광경을 묘사하면서 '나는 그 분이 느끼셨던 영혼의 고통을 경험했다'고 말했다.

이제 나는 그녀의 종교적 환상들에 관한 주제로 옮겨가겠다. 그것들 중에서 가장 중요한 것은 동정녀 탄생, 십자가에 달리심 그리고 부활의 주제였다; 그녀의 일반적인 환영과는 달리, 그러한 종교적 환상들은 그녀가 성교육을 받은 후에 시작되었다. 이것들에 대한 그녀 자신의 묘사는 다음과 같다:

'나는 성교를 하지 않고서 영적인 방법으로 아기를 갖게 될 것이라고 생각한 적이 두 번 있어요. 나는 아홉 달 동안 생리를 하지 않을 것이며, 나 자신보다 더 위대한 존재에 의해 아기를 가지게 될 것이라고 느꼈어요. 그때 나는 생리를 할 때마다 그와 같은 일은 다음 달부터 일어날 것이라고 믿었어요. 물론 지금은 그것이 나의 비정상적인 마음의 상태라는 것을 알고 있어요. 내가 그런 일이 일어날 거라고 처음으로 생각한 것은 집에서 주말을 보내고 있을 때였어요. 나는 일요일에 하루 종일 침대에 누워 있었죠. 몸의 느낌이 좋지 않았어요; 그리고 그때 야생마 꿈을 꾸었어요. 그 날은 나의 생리일이었어요. 그때 신체적인 느낌이 왔어요; 그리고 그 다음에 끔찍스러운 일이 뒤따랐어요. 마치 악마가 나에게 세상에서 모든 나쁜 말을 생각하게 하고 하나님을 저주하도록 만드는 것 같았어요. 그리고 나서는 평화가 찾아 왔죠;

그리고 나는 다시는 생리를 하지 않을 거라고 생각했어요. 그러나 그때에는 아기에 대한 생각은 없었어요. 나는 더 이상 신체적으로 여자가 될 수 없을 거라고 느꼈어요. 그리고 나서 생리가 시작되었고 나는 많이 불행했어요.'

그녀의 또 다른 묘사는 다음과 같다.

'나는 13세와 14세 사이에 자주 우울했고 여러 가지 공포증 증세를 가지고 있었어요. 그 중 하나가 내가 비참한 최후를 맞을 것이고, 사형을 당할 것이라는 두려움이었죠. 나는 학교에서 내가 제일 좋아하는 친구가 어느 날 손에 끈을 들고 서 있던 모습이 희미하게 기억나요. 그녀는 그 끈을 내게 보여주며 내가 언젠가 목을 매게 될 것이라고 말했어요. 나는 지금도 그게 두려워요. 그 말은 내가 십자가에 못 박힐 거라는 생각과 혼합되었죠. 내가 아기를 갖게 될 거라고 생각하기 시작한 그 일요일에 나는 예언의 문제를 다룬 책을 읽고 있었어요. 그 직후에 아기에 대한 느낌이 시작되었죠. 최근에 나는 십 년 만기 생명 보험에 가입하려고 신청했지만 거부당했어요. 나는 "그때가 되면 내 아들이 열 살이 될텐데"라고 스스로에게 말했지요. 나는 그가 일반적인 방식으로 태어날 아이가 아니라는 점에서 "한 어린아이가 그들을 인도할 것이다"라는 성서의 말씀이 이루어지는 것이라고 생각했어요. 나는 내가 십자가에 못 박히거나 목을 매게 될 것이라고 생각했고 기꺼이 희생 제물이 되리라고 다짐했죠; 그러나 나는 요즘에는 과거에 그리스도에게 했던 것과는 달리 사람들을 십자가에 못 박지 않는다고 생각했어요. 그때 나는 전쟁이 일어나고, 내가 볼셰비키 혁명당원에게 고문을 당하다가 죽게 될 거라고 생각했어요. 나는 그것은 필연적이며 피할 수 없는 운명이라고 느꼈죠. 한번은 어떤 프랑스 숙녀가 나에게는 신비스러운 십자가가 있다고 말했어요. 모든 것이 들어맞았어요. 나는 더 위대한

것을 위해서 결혼하지 말아야겠다고 생각했어요 … 나는 사설
요양원에 있을 때 일종의 황홀 상태에 빠져 있었어요; 나는 영적
인 힘으로 채워져 있다고 생각했어요. 그때 산채로 생매장되는
것에 대한 공포가 엄습했죠. 나는 내가 십자가에 못 박히고 나서
다시 살아나리라고 믿었어요. 그러나 나는 그 전에 사람들을 치
유할 수 있으리라고 믿었죠. 나는 십 년 후에 고문을 받아서 죽
었다가 다시 살아날 것이고, 그리스도가 이 세상에 다시 오시면
우리는 결혼하여 어린 아기를 갖게 될 거라고 생각하고 있었어
요. 이 모든 것이 내게 실제인 것처럼 느껴졌고, 마침내 나는 그
리스도 옆에 머리에 왕관을 쓰고 있는 나의 이미지를 보았어요.
그때 나는 그것이 현실이 아니라고는 전혀 생각하지 않았어요.
그러나 이 환상은 차츰 사라지기 시작했어요.'

  그녀의 서술을 하나 더 소개하면 다음과 같다:

  '사설 요양원에 있을 때, 나는 영적인 힘과 영적 치유의 능력
에 대한 생각에 흠뻑 빠져 있었어요. 어느 날은 30분 동안 내 몸
이 어떤 영에 의해 점유되는 것 같은 느낌을 갖기도 했죠. 나는
내 심장이 뛰고 있다는 것 외에는 몸에 대한 아무런 감각이 없
었어요. 그때 나는 치유를 가능케 하는 영적인 힘이 내게 유입되
고 있다고 생각했죠. 내가 본래대로 돌아왔을 때 내 팔에 붉은
표시가 남아 있었어요; "낙인"이라는 말이 생각났죠 … 나는 내
가 더 이상 여자가 아니며, 아기가 태어날 텐데 그 아기는 보통
아기가 아니라 두 번째 그리스도일 거라고 느꼈죠. 또한 나는 두
번째 메시아가 되어 십자가에 못 박힐 것이라고 느꼈어요. 당시
에는 그것이 아주 진짜 같았고, 아직도 그 감정은 완전히 사라지
지 않았어요 … 이러한 나의 망상은 오빠가 나는 항상 나 자신
이 전부이고 스스로 전능하다고 믿고 있다고 말해주었을 때까지
는 마치 현실인 것처럼 계속되었어요. 오빠는 내가 항상 언니에

게 명령을 한다고 말한 반면, 나는 그녀가 내게 불친절하다고 생
각했어요.'

이러한 그녀의 서술에 포함된 환상은 다음과 같이 세 부류로
분류된다:

(1) 그리스도의 어머니와 동일시된 환상들.

이 부류에는 수태 고지와 동정녀 탄생의 주제들이 포함된다.
그녀에게 있어서 이런 주제들은 그녀 자신이 그리스도의 어머니
가 된다는 생각보다는 성령이 임하는 여성, 즉 아버지가 자기 아
들의 어머니로 선택한 여성이 된다는 점에서 중요한 의미를 갖
는 것으로 보인다. 그 아이는 '영적인 방식으로' 태어날 것이며;
'영적인 능력으로 채워져 있다는,' 즉 '자신보다 더 위대한 의
지에 의해 채워져 있다는' 느낌에 강조점이 있다.

(2) 그리스도와 동일시된 환상들.

여기에는 십자가에 못 박힘, 부활, 영화롭게 되심 그리고 메시
아됨과 같은 주제가 포함되어 있다. 이런 환상 집단이 그녀에게
갖는 개인적인 중요성은 성모 마리아와 관련된 환상 집단보다
더 복잡하다; 그러나 그것을 결정하는 두 가지 요소를 구별하는
것이 가능하다. 그 요소들 중 첫 번째 것은 그리스도의 아들됨과
관련된 것이다. 그리스도가 하나님의 아들이기 때문에 그녀는
특별한 의미에서—모든 인간이 하나님의 아들들이라는 의미에
서가 아니라 그리스도가 하나님의 아들이라는 의미에서—아버
지의 딸이라고 스스로를 생각한다는 점이다. 이것은 그녀가 자
신을 두 번째 메시아로 믿고 있다는 사실에서 분명해진다; 그녀
에게 있어서 메시아라는 칭호는 특별한 아들됨, 또는 딸됨
(Daughterhood)을 의미했기 때문이다. 그녀가 그리스도와 동일시
된 환상의 근저에 놓여 있는 두 번째 요소는 그녀가 죄책감, 희생
그리고 속죄 등을 아주 개인적인 의미로 사용했다는 사실이다.

(3) 그리스도의 신부와 동일시된 환상들.

그리스도의 신부라는 개념은 물론 기독교 교회에서 특별한 위치를 갖고 있다; 그러나 X에게 있어서 이 개념이 지닌 개인적인 의미는 자신이 하나님의 딸이며, 그와 같은 자신의 신분에 어울릴 수 있는 유일한 신랑은 하나님의 아들이라는 사실에 있는 것으로 보인다.

이런 환상의 성질을 고려할 때, 우리는 여기서 현실에 발을 딛고 서 있는 독실한 신앙인의 정상적인 종교 경험을 다루고 있는 것이 아니라, 상상력이 현실적인 삶의 사실을 희생시킬 정도로 고양된 위치를 차지하는 비정상적이고 과대적인 경험을 다루고 있음이 분명해진다. 그것은 그리스도의 희생에 죄인으로 참여함으로써 하나님과 연합을 이루는 일반적인 기독교인의 경험이 아니라, 종교 경험 근저의 주제들이 개인의 정신 안에 극화된 경우이다. 따라서 그녀는 환상 속에서 단순한 예배자나 심지어 인도자의 역할에 만족하지 못하고 그녀 자신이 주된 인물의 역할을 맡고자 했다. 그녀 경험의 이런 특성은 그녀 성격의 분열적 장애에서 오는 것임이 분명하다; 환상과 현실 사이를 적절히 구별하지 못하는 실패는 심한 분열성 상태를 보여주는 뚜렷한 특성이다.

종교 심리학과 관련해서, 정신분석 학파의 고유한 관심사는 개인의 역동적인 무의식 안에 존재하는 종교적 욕구의 근원을 찾는 일이다. 물론 이 학파는 예술과 문화적 성취에 관해서도 마찬가지로 그것들의 원천을 찾고자 한다. 따라서 정신분석학은 문화 현상을 원시적 성질을 띤 억압된 소망들에 대한 상징적이고 승화된 표현으로 본다. 물론 우리의 현재 관심사는 인간의 문화 일반에 관한 현상이 아니다. 그러나 종교가 인간의 문화 발달과 문명의 진보에 있어서 다른 어떤 것보다 훨씬 더 크고 중요한 역할을 한다는 사실을 인정할 필요가 있다. 종교적 욕구의 심리학적 원천과 관련해서 정신분석 학파는 다음의 두 가지 역동적인 무의식의 요소들을 특별히 중요하게 취급한다: (1) 초기 아동기에 부모와 가졌던 초기의 관계 경험이 지속된다는 것과, 아이는 부모가 무한한 힘을 가지고 있으며 무제한적인 지원을 제공할 것이라는 환상이 깨어지는 경험과 함께 인간 부모에 대해 가졌던 태도를 초월적인 존재에게로 전치시킨다는 사실; (2) 억압된 오이디푸스 상황이 개인에게 지속적으로 영향을 미친다는 것과, 그에 따른 죄책감으로부터 벗어나고자 하는 내적 욕구를 느낀다는 사실을 강조한다. 나는 개인적으로 높은 수준의 인간의 가치를 그것에 대한 심리적 기원을 통해서 완전히 설명할 수 있다고 믿는 사람의 생각과는 거리가 멀다; 그러한 설명은 인간의 문화에 대한 형편없는 견해에 지나지 않을 것이다. 그럼에도 불구하고, 심리학적 기원에 대한 탐구는 심리학이라는 학문 분야의 합법적인 영역을 구성한다. 따라서 X의 사례에서 볼 수 있는 것과 같이 종교적 환상이 거의 망상에 가까울 경우, 정신분석적 사고에서 중요하게 여기는 두 가지 요소들이 어느 정도로 존재하는지를 확인해볼 필요가 있다.

(1) 부모에 대한 환자의 정서적 태도.

부모에 대한 X의 태도는 그들이 떨어져 살았으며, 그녀가 아버지를 전혀 모른 채 살았다는 사실에서 심각할 정도로 영향을 받았음이 분명하다. 먼저 아버지를 향한 그녀의 태도를 살펴보자. 그녀가 처음으로 자신에 주어진 상황을 알게 되었을 때, 그녀는 최소한 의식적인 수준에서 엄마가 불쌍하다고 느꼈을 거라고 추측할 수 있다. X의 부모 사이에 어떤 불화가 있었는지, 또는 누가 옳았고 누가 옳지 않았는지에 대해서는 자료가 없기 때문에 알 수가 없다; 그러나 아버지가 술버릇 때문에 사업을 망쳤고

가정에 불행을 가져다주었기 때문에 어머니가 아버지와 헤어졌
다는 점에서, 그녀의 엄마는 자연히 동정의 대상이 되었을 거라
고 추측할 수 있다. 그러나 우리는 X가 아버지와 관련된 사실을
알게 된 것은 상당한 세월이 흐른 후였다는 점을 기억해야 한
다. 그녀의 초기 시절에 이 주제는 금기에 속하는 것이었다; 그리
고 물론 부모에 대한 아이의 근본적인 태도는 초기 아동기 동안
에 형성된다. 본 사례에서 X는 자신의 가정 환경이 다른 아이들
과 다르다는 사실을 인식하는데 그리 오래 걸리지 않았을 것이
다. 다른 아이들은 아버지가 있었지만 그녀는 아버지가 없었다.
심지어 아버지가 돌아가신 아이들조차도 아버지에 대해 자유롭
게 이야기했지만, 그녀의 가정에서는 아버지에 대한 이야기는
금지된 상태였다. 그녀는 아버지가 어딘가에 살아 있다는 것을
알게 되었지만, 아버지에 대한 전체 주제는 완전히 신비 속에 파
묻혀 있었다. 이러한 그녀의 가정 환경은 환상을 발달시킬 수 있
는 최적의 상황이었다. 그녀는 아버지가 있었지만, 그는 보이지
않는 존재였다. 비록 눈에 보이지는 않았지만, 단지 그의 이름을
언급하는 것만으로도 온가족이 자극되는 강력한 반응과 위협으
로 인해 끊임없이 확인되었듯이, 아버지는 그녀에게 분명히 중
요한 사람이었다. 따라서 유아가 아버지를 전능하고 경외스런
인물로 생각하는 일반적인 경향성이 X의 사례에서는 아버지를
거의 신비적인 인물로 생각할 정도로 크게 강화되었다. 그녀의
어린 마음에 자리잡고 있는 미지의 아버지는 눈으로 볼 수 있는
어떤 아버지도 가질 수 없는 무한한 능력을 갖게 되었다; 게다가
X가 형성한 아버지 개념은 그녀가 성장하면서 그리고 인간의
한계를 점차 인식하게 되면서 교정 과정을 거치게 되는 일반적
인 경로를 따르지 않았다. 따라서 신으로서의 아버지 상에 대한
그녀의 개념은 시간이 흐르면서 수정되기보다는 더욱 강화되었

다는 것을 알 수 있다.

이제 엄마에 대한 X의 태도를 고찰해보자. 이것은 아버지에 대한 그녀의 태도보다 평가하기가 더 어려운데, 그것은 이 정서적 관계의 정확한 성질을 설명해줄 자료가 거의 없기 때문이다. 그러나 엄마가 죽은 후에 엄마-대리인이었던 그리고 심지어 엄마가 살아있는 동안에도 엄마상의 기능을 수행했던 언니에 관한 자료는 상당히 많이 확보할 수 있었다. 이 언니는 X보다 훨씬 나이가 많았고 항상 그녀를 지배했던 것으로 보인다. 따라서 엄마의 죽음은 그녀의 삶을 특별히 불행하게 만드는 결과를 가져왔다; 엄마가 죽은 지 2년만에 그녀의 첫 번째 붕괴가 발생했다. X의 언니는 그녀가 성인이 된 후까지도 그녀를 마치 아이처럼 다루었다; 그녀가 어린애 같았던 것은 사실이지만, 이런 지배는 그녀의 어린애 같은 태도를 더욱 강화시켰던 것으로 보인다. 그녀의 언니는 그녀가 친구를 집으로 초대하는 것도 허락하지 않았고 친구의 집에 놀러가는 것도 허락하지 않았다. 그녀의 언니는 그녀의 행복에 진정으로 관심이 있었던 것으로 보이지만, 그녀에게 언제나 복종을 요구하는 지배적인 태도를 보였고 그것은 그녀의 적대감을 불러일으키기에 충분했다. 나중에 X는 이와 같은 엄마-상에 대한 적대적 태도로 인해 자신이 언니를 죽이거나 상해를 입히지는 않을까라는 강박적인 공포에 시달리게 되었다. 따라서 엄마 상에 대한 X의 근본적 태도는 악의적인 여신의 모든 속성을 가지고 있는 독재적이고 불길한 힘을 향한 증오였다는 것이 명백하다.

(2) 오이디푸스 상황의 영향.

이제 정신분석학이 종교 욕구에 대한 무의식적 원천으로서 두 번째로 중요하게 생각하는 요소인 오이디푸스 상황이 X의 삶에서 담당했던 역할에 대해 살펴보자. 우리는 그녀의 초기 삶의 상황으로 인해 그녀에게 부재한 아버지는 마치 신에게서나 느낄만한 경외와 놀라움의 대상이었을 것이라는 점을 이미 살펴보았다. 그러나 연약한 인간에게 있어서 시각적인 매개와 표상이 없이 보이지 않는 영적 힘을 계속 숭배한다는 것은 쉬운 일이 아니다. 따라서 퀘이커 종파의 쇠퇴는 아마도 기독교 신앙에 대한 철저한 영적인 해석의 운명을 보여주는 현상일 것이다. 이 땅에서 영적인 힘을 나타내는 무언가를 추구하려는 경향성은 항상 존재한다. 그러므로 우리는 X의 사례에서 오이디푸스 상황이 중요한 역할을 하고 있다고 가정할 때, 그녀의 삶에서 중요한 역할을 했던 아버지-인물이 있었을 것이라고 기대할 수 있다. 실제로 그녀는 하나의 아버지-인물이 아니라 여러 명의 아버지-인물이 있었던 것으로 드러났다. 그녀의 아버지-대리인들은 일반적으로 두 부류 중 하나에 속한 것으로 드러났다: (1) 형제들, 남자 사촌들 그리고 아저씨들, 다시 말해 정서적 관계가 쉽게 이루어질 수 있었던 가족들; (2) 부모처럼 권위를 행사하는 통치자, 성직자, 의사 그리고 교사들이다. 그렇다면 우리는 X의 사례에서 무엇을 발견하는가? 그녀는 만약 자신이 그리스도와 결혼하지 않는다면, 그 대안으로 왕의 혈통을 지닌 남자가 가장 적절할 것이라는 생각에 몰두해 있었다. 게다가 그녀는 오랜 투병 기간 동안 자신을 돌보아준 모든 의사들과 성적 활동을 즐기는 환상을 만들어냈다. 그녀의 환상 속의 대상이 된 의사들은 일곱 명에 달했다. 그녀는 또한 두 명의 성직자, 두 명의 교사 그리고 최소한 한 명의 남자 사촌과외 성적 환상을 즐겼다. 그리고 그녀가 오이디푸스 상황에 고착되어 있다는 사실에 대한 가장 중요한 증거는 그녀의 오빠에 대한 태도에서 찾을 수 있다. 그녀의 오빠는 우울증과 자살 충동으로 인해 고통받고 있었다. 그녀는 그들 사이에 신체적인 접촉의 가능성을 강하게 암시하는 초기 아동기 사건에 대해 이야기했다; 비록 의식적인 기억은 희미했지만, 그녀는 성적인 접촉이 발생했다고 느꼈다. 나중에 15세가 되었을 때, 그녀는 오빠에게 안겨 애무 받고 싶은 강한 욕망을 갖기 시작했다. 그녀는 첫 붕괴가 발생한 후에 한동안 오빠의 집에서 살았는데, 그때 올케를 심하게 질투했다; 이 기간 동안에 그녀는 자주 오빠의 무릎 위에 앉게 해달라고 요구했으며 오빠가 자신에게 키스해주길 갈망했다. 그녀가 또래의 젊은 남자들에 대해 가졌던 태도는 아버지-인물들에 대한 것과는 아주 대조적이었다. 그녀는 아버지-인물들에게서는 두려움과 혼합된 혐오스런 느낌을 경험했다. 그런 이유로 그녀는 춤을 추는 자리에 가지 않았으며 그런 사회적 관계를 기피했다. 그러나 분석 기간 중에 나는 X의 삶에서 오이디푸스 상황이 담당했던 역할의 중요성을 보여주는 말을 들었다. 그것은 그녀가 잠에서 깨는 순간 '아마도 나는 아버지와 결혼할 것이다'라는 말을 들었다는 것이다. 그녀는 이 말에 대해 자유 연상을 펼쳤고, 그 중의 일부를 인용하면 다음과 같다:

'나는 아버지가 우리와 함께 살지 않는 게 이상하다고 느꼈어요. 엄마는 내가 태어난 직후 나를 데리고 아버지를 떠났어요. 나는 내가 아버지에 관해 물을 때마다 민감해야 했어요. 학교에서 한 항목을 채워야 했는데, 거기에 아버지의 이름을 써야 했죠. 엄마는 내게 알려주지 않겠다고 말했고, 그것 때문에 나는 아주 많이 걱정했어요 … 그가 우리 모두에게서 단절되어 있다는 게 끔찍스러울 거라고 생각했어요; 그리고 때때로 그를 찾는 것에 대해 생각했어요. 내가 염려하는 것은 내가 아직도 오빠를 좋아하고 있다는 거예요. 이제는 신체적으로 그를 안고 싶다는 생각은 들지 않아요; 그러나 그의 자리를 채워줄 다른 남자가 없어요. 때로는 그것이 두려워져요. 나는 이게 건강한 감정이 아니라는 걸 알고 있어요.'

위에 인용된 글에서 우리는 그녀가 아이로서 아버지에 대해
의식적으로 어떻게 느꼈는지에 대해 대략 알 수 있다; 그것은 그
녀의 마음속에서 아버지-상과 오빠 상이 밀접하게 연합되어 있
음을 암시할 뿐만 아니라 오이디푸스 상황의 고착으로 인해 갈
등이 발생하고 있음을 암시한다. 이 꿈속의 음성에 대한 다른 연
상들 중에는 모두 아버지-인물들을 나타내는 다섯 명의 의사, 성
직자, 은퇴한 선장, 회사의 상사, 사촌오빠, 그리고 언니의 약혼자
등이 등장하는 성애적 환상들이 포함되어 있었다. 또 거기에는
이미 언급되었듯이, 친 엄마가 죽기 전부터 그녀에게 엄마-인물
이었던 언니에 대한 적대감이 포함되어 있었다. 또한 그녀의 성
격 안에서 일어나고 있는, 선과 악의 세력 사이에 그리고 영혼과
육체 사이의 분투에 대한 서술이 있었다. 이런 서술들에는 항상
신에 대한 그녀의 양가적인 사고와 악마의 환영에 대한 설명이
포함되어 있었다. 이러한 그녀의 연상 내용은 그녀의 삶의 사실
들을 고려할 때 오이디푸스 상황과 그것으로 인한 갈등이 심각
한 정도로 존재하고 있음을 확인시켜 준다.

X에게 부모의 상들에 대한 유아적인 태도와 해결되지 않은
심한 오이디푸스 상황 모두가 존재한다는 사실을 확인했으므로,
이제 우리는 그녀의 종교적인 환상이 지닌 역동성을 평가할 수
는 위치에 도달하였다. 우리가 이미 살펴보았듯이, 그녀가 자신
을 그리스도의 어머니와 동일시한 환상 집단이 갖는 의미는 그
리스도의 어머니는 아버지의 영이 내린 여성이라는 사실과 관련
되어 있다. 따라서 이런 환상들은 신의 속성을 지닌 인물로서의
아버지에 대한 오이디푸스적 소망을 상징적으로 충족시킨다는
의미를 담고 있다. 이 점은 그녀가 하나님의 아들로서의 그리스
도와 동일시한 환상 집단에도 마찬가지로 적용된다. 그러나 전
자의 환상 집단에서는 그녀가 아버지와의 특별한 관계 안에 있

는 어머니와 동일시되고 있는 반면, 후자의 환상 집단에서 그녀
는 여전히 아이 상태를 유지한 채 아버지와의 특별한 관계를 즐
기고 있는 것으로 나타나고 있다. 여기에서 그녀가 그리스도의
신부와 동일시한 세 번째 환상 집단의 의미 또한 분명히 드러난
다; 왜냐하면 그것들은 그녀의 마음속에서 아버지-대리인으로서
기능했던 오빠에 대한 리비도적 소망이 상징적으로 충족되는 것
을 나타내기 때문이다.

추가된 내용(1951)

그 이후에 발생한 사건들에 비추어볼 때, 종교적 환상을 지닌
환자의 운명에 관한 간단한 기록을 추가하는 것이 바람직하다고
간주된다. 이 글의 첫머리에서 나는 내가 제시하는 사례의 자료
가 '그녀의 심각한 증상을 완화시키기 위한 단기 치료'에서 온
것이라고 말한 바 있다. 돌이켜 보건대, 내가 1926년 이 환자의
치료를 시작한 이후에 경험을 통해서 배우게 되었고 또한 일반
분석가들이 오래 전부터 알고 있었듯이, 단기간에 증상의 완화
를 기대했던 것은 아주 성급한 것이었다. 따라서 이 환자의 사례
에서 '단기 과정의 분석 치료'를 약속했었지만, 그것을 그대로
지킬 수 없었다는 사실은 그리 놀랄 일이 아닐 것이다. 사실상
치료는 여러 가지 문제로 인해 여러 번 중단되었다. 그러나 그럼
에도 불구하고 치료는 2년여 동안이나 유지되었다. 이때 내가 처
음에 설정한 목표가 성취되었다는 결론을 내릴 정도로 임상적
진전을 보여주는 자료들이 충분히 제시되었고, 따라서 치료를

종결할 수 있었다. 치료를 종결한 이후 2년 간, 그녀는 일련의 직업을 가졌으나 그것을 일정 기간 이상 유지할 수가 없었다; 그리고 이 기간 동안에 그녀는 발생하는 문제들에 대해 종종 나와 상담했다. 그러나 이 기간이 끝날 무렵에 그녀의 정신 상태는 다시 나빠졌다; 그리고 그녀의 요청으로, 경제적인 어려움에도 불구하고, 나는 다시 3개월 동안 그녀를 치료했다. 그리고 6개월이 흐른 후에 경제적 어려움이 계속되었음에도 불구하고, 그녀의 요청으로 다시 약 1년간 치료를 계속했다; 그러나 이 사례에서 항상 그랬듯이, 치료 외적인 일로 인해 치료가 자주 중단되었다. 그 이후로 1년이 넘도록 그녀는 전혀 소식이 없었다. 그러나 다음 15개월 동안에는 나는 종종 그녀를 만났는데, 이 기간 동안에 그녀는 정신병원에 자발적인 환자로 몇 주를 입원한 적이 있다.

마지막 15개월 동안 그녀의 상태는 천천히 악화되었다; 그러나 그 증상은 주로 신체적인 무력감과 탈진 상태로 나타났고, 그로 인해 결국 그녀는 몸져 눕게 되었다. 의학적 검사에서는 아무런 신체적 질병도 발견되지 않았다; 나는 그것이 '신경성' 증상이며 심한 자위 행위와 관련되어 있다고 생각했다. 이 행위는 그녀가 첫 번째 붕괴를 겪었던 21세 때 시작되었다; 이전에는 그러한 자체 성애적 활동을 한 기억이 없었다. 그녀가 자위 행위를 시작하게 된 계기는 다음의 사건이었다; 어느 날 그녀가 잠에서 깨는 순간 자신이 손으로 성기를 누르고 있는 것을 발견했는데, 그때 그녀의 묘사에 따르면 '뱃속으로 총알이 발사되고 눈앞이 번쩍거리는 고통스러운 감각'을 경험했다. 이 사건은 마침 그녀가 '영적인 환영'을 경험하고 있던 시기에 일어났다. 그녀가 그런 경험을 한지 얼마 되지 않아서 그녀를 돌보던 의사는 그녀에게 무슨 걱정이 있느냐고 물었다; 그리고 그녀는 그에게 예수가 십자가에서 끌어내려지는 환영 때문에 겪고 있는 고통에 관

해 이야기했다. 그녀의 설명에 따르면, 그 의사는 그녀의 이야기
를 들으면서 '친절하게' 그녀의 목을 토닥거리기 시작했다; 그리
고 그녀가 이야기를 마쳤을 때 그는 허리를 굽혀 그녀에게 입을
맞추었다. 그후로 그녀는 남자의 팔에 안기고 싶은 강렬한 욕망
을 경험하기 시작했다. 그후로 그녀는 다른 의사가 회진하는 동
안 자신의 성기를 만지고 싶은 강한 욕망을 경험하기 시작했다.
얼마 후에 그녀는 시골 휴양지에서 또 다른 의사를 만나는 기회
를 가졌다. 그녀는 이 의사에게 자신의 질병을 비교적 자세히 설
명했고, 그녀의 말에 따르면, 그는 손으로 그녀의 성기를 만졌다.
그날 밤 그녀는 적극적으로 자위에 탐닉했으며; 그렇게 하는 동
안 자신의 영혼이 몸을 떠나고 있다고 느꼈다; 그후로 그녀는 완
전히 자위에 열중하기 시작했다; 그리고 그 경험은 '믿기 어려울
정도로 황홀한' 것으로 서술되었다.

　이와 같은 다소 지루하고 변변치 않게 느껴지는 치료 시기를
보낸 후에 마침내 최후의 단계가 찾아왔다. 나는 그녀가 극도로
허약해지고 탈진해서 몸져눕게 되는 상태에 관해 언급했다; 그
리고 이런 증상은 본질적으로 '신경쇠약'으로 인한 것이라는 견
해를 언급했다. 이때 그녀는 항상 폭군 같았던 언니의 돌봄을 받
으며 침대에서 누워지냈다. 그녀의 언니는 그녀의 상태를 전화
로 내게 알려주면서 그녀를 진찰해줄 것을 부탁했다. 내가 그 집
을 방문했을 때, 그녀는 언급했던 대로 극도로 허약한 상태였다;
비록 그녀를 진찰했던 의사는 신체적 질병에 대한 아무런 증상
도 발견하지 못했지만, 한 가지 분명한 사실은 그녀가 더 이상
살고 싶어하지 않는다는 것이었다. 다음 며칠 동안 나는 그녀를
거의 정기적으로 방문했다; 그리고 나는 그녀가 죽는 날 마지막
으로 방문했기 때문에 나는 그녀의 임종을 지켜보게 되었다. 나
는 임종 장면의 세세한 부분들에 대해서는 뚜렷한 기억이 없다.

또한 그녀의 목소리는 아주 약했으며, 말하는 것이 많이 힘들어 보였다. 따라서 나는 그녀가 그 순간에 겪은 경험이 어떤 것인지 잘 알 수가 없었다. 그러나 나는 그녀가 또렷한 이성을 가지고 있었고 시간과 공간을 완벽하게 인식하고 있었던 것을 기억하고 있다. 또 그녀가 황홀하거나 무서운 어떤 환영을 경험하지 않았던 것도 기억할 수 있다; 그러나 내 기억이 틀리지 않는 한, 그녀는 분명히 성적 환상을 즐기고 있었다. 그렇다면 그녀가 극도의 성적 욕망을 느끼는 상태에 있었음이 분명하다; 내가 죽어 가는 그녀를 떠날 때, 그녀가 남긴 마지막 말은 '나는 남자를 원해요'였다. 그녀의 죽음을 가져온 실제 원인은 추측의 문제로 남을 수밖에 없다. 그녀가 충족되지 않는 성적 욕망 때문에 죽었다고 말할 수 있을까? 또는 그녀가 자위 때문에 죽은 것일까? 아니면 그녀가 성적 욕망을 억압함으로써 자신의 죽음을 불러온 것일까? 여러 가지 사실들을 전체적으로 고려할 때, 이런 것들은 단지 상대적인 것에 지나지 않는 것으로 보인다; 이런 물음에 대한 정확한 대답은 열려있는 것일 수밖에 없을 것이다.

제 9 장

비정상적인 성기를 가진
환자의 정신분석 사례[1](1931)

이 논문의 목적은 특별히 흥미로운 특징을 보이는 하나의 독특한 사례에 대한 설명을 제시하는 것이다; 문제의 환자는 항상 여성이라고 간주되었지만, 그녀를 여성으로 보기 어려운 성기의 결함을 갖고 있었다. 이 사실만으로도 이 사례는 보고할만한 가치를 갖고 있는 것 같다; 그 이유는 이런 개인에게서 발견되는 신경증적인 증상은 과연 어느 정도로 정신분석적 정신병리의 패턴에 부합되는가라는 질문이 자연스럽게 제기되기 때문이다.

방금 서술된 증상 때문에 그 환자는 내게 의뢰되었다. 우선 가능한 한 그녀의 비정상적인 신체 상태에 대한 예비적인 설명을 제공하는 것이 바람직할 것 같다. 그녀의 가정의는 그녀에 관해 다음과 같이 서술하였다:

---

1 이 논문의 축약판이 1931년 1월 21일에 영국 정신분석 학회에서 발표됨.

'그녀는 사춘기에 이를 때까지는 아주 정상적인 아이였던 것 같습니다. 사춘기 때 그녀는 키가 지나치게 크기 시작했고 생리를 하지는 않았지만 아주 건강했습니다. 그녀가 약 20세 가량 되었을 때 나는 요청에 따라 그녀를 검진을 했는데, 그때 그녀의 성기에는 질처럼 생긴 아주 작은 구멍 외에는 아무 것도 없었고, 그나마도 그것은 어떤 것과도 연결되어 있지 않았습니다. 그녀는 아주 잘 지내고 있었기에, 더 이상 아무런 조치도 취하지 않았습니다.'

신경증적인 증상을 치료하기 위해서 그녀를 환자로 받아들이는 과정에서 나는 또한 그녀를 의뢰한 의사로부터 그녀의 비정상적인 성기의 상태에 대해 비교적 자세한 설명을 들었다; 그러나 치료가 진행되면서 나는 그의 설명이 정확한지 의심이 가기 시작했다. 이런 나의 의심은 결국 분석을 시작하고 나서 상당한 시간이 지난 후에 특수 산부인과 검진을 통해서 확인되었다. 그녀는 유전학 분야에 권위 있는 저명한 산부인과 의사에게 검진을 받았다. 그는 다음과 같이 보고하였다:

'이 여성의 일반적인 발달 상황은 아주 남성적인 것입니다. 그녀의 가슴은 매우 넓지만, 유방의 발달은 부드러운 조직을 가진 아주 작은 것이 매달려 있다는 점에서 여성의 것에 더 가깝다는 것을 암시하고 있습니다. 음모는 그것의 분포에 있어서 여성의 것으로서는 정상이며, 보다 표면적인 외적 기관들은 아주 정확하게 여성의 것입니다. 즉 음순, 치구, 음핵, 질의 앞부분 그리고 요도는 여성의 것입니다. 처녀막은 완전히 막혀 있으며 정상적인 함몰 부분 위로 일련의 작은 띠들로 덮여 있습니다. 직장의 검진 결과는 쉽게 판단할 수 없지만, 골반에 대해서는 자궁이나 그 경부가 없다는 점에서 보통 여성의 골반과 다르다고 확실하게 판단할 수 있습니다. 보통의 상황에서, 이것들은 대체로 여성의 골반임을 쉽게 확인해주는 특징들로 간주됩니다. 동시에, 이 검진은 아직 발달하지 않은 기관이 존재할 수 있는 가능성을 배제할 정도로까지 완전하게 이루어진 것은 아님을 밝혀드립니다. 내가 받은 일반적인 인상은 우리가 이차적인 여성적 유형의 특성을 지녔지만, 본질적으로는 남성의 생식선을 지닌 남성을 다루고 있다는 것이었습니다. 이것은 보통 "남성 유사-자웅동체" 로 불리는 것입니다.'

따라서 진찰을 맡았던 산부인과 의사의 견해로는, 그녀가 비록 특징상 여성의 외부 생식기를 가지고 있지만 남성의 생식선을 갖고 있으며, 따라서 본질적으로 남성이라는 생각이었다. 그러나 그후에 전문적인 유전학자에게서 에스트로겐(여성 발정 호르몬)과 향생식선의 내용물의 유무를 알아보기 위한 소변검사 결과를 보고 받았을 때, 이 견해에 대한 의문이 생겼다. 그 유전학자는 다음과 같이 보고했다;

'소변검사에서 발견된 것은 다음과 같습니다: 에스트로겐— 24시간 당 최소 20단위. 향생식선 호르몬—24시간당 100단위 이하의 성숙 호르몬. 대체로 이러한 검사 결과는 정상적인 여성에게서 얻을 수 있는 것입니다. 그리고 에스트로겐 분비는 남성에게서 예상되는 것보다 훨씬 더 높았습니다. 이 검사 결과는 여성 분비물을 생산하는 생식선이 존재하고 있음을 암시하는 것입니다'

따라서 전문가들의 판단은 상충되는 것이었다; 그러나 전문 유전학자의 판단이 더 비중이 큰 것으로 간주될 수밖에 없었다. 왜냐하면 그것은 실험 검사로 드러난 객관적 자료에 기초해 있으며 부인과 의사의 판단처럼 견해의 문제가 아니기 때문이다. 이런 상황에서 환자가 성적으로 실제로 여성이었다는 최초의 가정은 변경되지 않고 유지되어야 한다; 그리고 그 결과에 대해 그

녀의 확신을 흔들어놓을 수도 있는 어떤 정보도 그녀에게 제공
해주는 것이 현명하지 않다고 판단되었다.[2]

그리고 그녀의 자매들 중 한 명 이상이 그녀처럼 비정상적인
성기를 가지고 있다는 사실은 흥미로운 일이다. 과연 그 비정상
성이 어느 정도인지는 복부 절개에 의해서만 결정될 수 있는 것
이지만, 그런 개입은 정당화될 수 없을 것이다; 그리고 문제의 자
매들 중 누구도 결코 복부 수술을 요청하지는 않을 것이다. 수술
이 이루어진다면 내적인 생식 기관의 상태를 알 수 있겠지만, 임
상적 관점에서 볼 때, 가장 초기 형태 외에는 자궁이 형성되어
있다고 간주하기가 어렵다; 왜냐하면 동일한 상태에 있는 자매
들 중 누구도 생리를 하지 않았기 때문이다—정상적인 자궁이
존재한다면, 생리를 했을 것이다. 생식선과 관련해서, 이것이 여
성의 것이라는 결론은 환자뿐만 아니라 그녀의 자매들에게도 적
용되어야 할 것이다. 그녀의 경우에 정상적인 난소의 존재를 뒷
받침해주는 한 가지 사실이 있는데, 그것은 그녀가 청소년기에
당시에 대리 생리 현상으로 간주되었던 여러 번의 직장 출혈을
겪은 일이었다; 실제로 이런 출혈들은 그녀의 비정상적인 상태
가 발견되기 전까지는 생리 현상으로 오인되었다. 나중에는 그
녀가 주기적으로 코피를 흘린 것 또한 대리 생리 현상을 암시하
는 것으로 간주되었다. 그러나 그녀의 신체적 및 생리적 여성성
과 관련해서 어떤 의심이 존재하던지 상관없이, 그녀는 심리성
적으로 확실히 여성이라는 인상을 심어 주었다; 그리고 남자들
은 그녀를 상당히 매력적인 여성으로 느꼈다. 그녀 자신의 리비
도는 명백히 남성을 지향하고 있었다; 그리고 비록 그녀가 몇몇

---

2 전문가들의 보고서에서 얻은 자료는 본 논문이 본래 쓰여졌을 때 사용할
　수 없었고 그후에 그것에 반영되었다.

남성적인 특징을 갖고는 있지만, 생물학적인 의미와는 달리 정
신분석적 의미에서 이것들은 '여성의 거세 콤플렉스'와 일치하
는 것이었다.

　그녀는 정신분석 치료를 받기 위해 내게 의뢰되었을 때, 이미
중년기를 살고 있었다; 그리고 다행스럽게도 그녀는 결혼을 하
려고 하지 않았다. 직업은 교사였지만, 내게 처음 왔을 때 그녀는
신경성 건강 문제로 1년 이상 휴직하고 있었다. 그녀의 부모들은
모두 생존해 있었다. 그녀는 여러 명의 딸들과 한 명의 아들이
있는 대가족의 맏딸이었다. 그녀는 가족 중에서 유일하게 신경과
민 증상을 발달시켰다; 그리고 이런 점에서 그녀는 자신과 같은
비정상적인 신체를 가지고 있던 다른 자매들보다 운이 없었다.

　사춘기 때까지 그녀는 게임과 놀이를 즐기는 쾌활하고 자유
로운 아이였다. 그러나 사춘기 이후에 그녀는 교사가 되기 위한
진지하고 힘든 과정을 밟는데 에너지를 사용하였다; 그리고 그
녀는 자신의 모든 시간을 공부하는데 사용했다. 이러한 성실함
은 그녀에게서 이미 폭군적인 초자아가 강하게 작용하고 있는
것은 아닌가라는 의심을 불러일으키기에 충분했다. 교사가 되기
위한 훈련 기간이 거의 끝나갈 무렵, 마침내 그녀가 자신의 신체
적 장애에 대해 알게 되었을 때, 그녀는 더욱 열정적으로 자신의
일에 몰두하였다. 그녀는 자신이 여자로서 짐을 지지 않게 된 것
을 행운이라고 하면서 그 소식을 환영했다; 그리고 그녀는 안도
의 한숨을 쉬면서 의식 영역에서 성과 결혼이라는 주제를 모두
제거해 버렸다. 그녀는 이제 자신의 경력에 지장을 받지 않고 자
유롭게 활동할 수 있게 되었다고 느꼈다. 그러나 실제에 있어서
그녀의 기대는 크게 어긋났다. 자격을 취득한 후에 얻은 첫 번째
직장에서 그녀는 가르칠 때 자신이 상당히 긴장한다는 것을 깨
닫게 되었다. 그녀는 자신의 의무에 대한 과도한 책임감을 느꼈

으며, 실제로 실현이 불가능한 기준을 설정하곤 했다. 그 결과 그녀는 처음부터 자신의 일에 대해 지나치게 걱정하게 되었다. 아이들에게 올바른 태도를 가르치는 문제는 그녀에게 특별한 불안을 불러일으켰다. 그녀는 교실에서 아이들이 보이는 사소한 부주의나 불순종을 참을 수 없었다. 아이들의 주의를 완벽하게 끌기 위해서 그녀는 열정을 다해 가르쳤고 따라서 하루가 끝날 무렵이면 완전히 파김치가 되었다; 방과후에도 그녀는 끝없는 교재 준비로 자신을 지치게 했다. 완벽을 추구하는 이런 잘못된 노력의 결과, 그녀의 교사로서의 능률은 떨어졌고 학생들의 반감을 불러일으켰으며, 학생들을 가르치는 일은 더욱 어려워졌다. 따라서 가르치는 일에 대한 그녀의 기준은 점점 더 올라가기는 커녕 더 떨어졌다; 그리고 그녀는 이미 과도한 노력을 또 다시 배가했다. 이처럼 그녀가 노력할수록 능률은 떨어지고 능률이 떨어질수록 더 많이 노력하는 악순환이 형성되었다; 그리고 학기 중에 그녀의 실패는 계속 반복되었다. 예상할 수 있듯이, 이런 거듭되는 실패는 자기-비난의 느낌을 증가시켰다. 따라서 학기가 끝날 때쯤이면 그녀의 인내는 한계에 도달했고 거의 붕괴 지경에 이르곤 했다. 그녀에게 방학은 반가운 회복의 기간이었다; 그러나 학기가 시작되면 문제는 다시 반복되었다.

실제 붕괴가 발생한 것은 이런 상태가 시작된 지 몇 년 후였다. 사실, 첫 붕괴는 신체적인 것이었다; 그녀는 25세 때에 병에 걸려 1년 남짓 휴직을 하게 되었다. 병을 앓는 동안에 그녀는 모든 불안에서 자유로워진 것처럼 보였다. 아마도 이것은 리비도를 자기 자신에게 투자한 결과인 것 같았다. 그녀의 강화된 자기애는 그녀가 병으로부터 완전히 회복하는데 도움을 준 것이 틀림 없다; 그러나 그것은 그녀가 일을 다시 시작했을 때 그녀의 어려움을 증가시키는 역할을 했다. 그런 이유로 그녀를 진료한 의사는 그녀의 신경과민 증상이 그녀가 앓았던 질병에서 시작되었다고 추론했다. 그녀가 다시 교사 일을 시작했을 때, 그녀가 전에 느꼈던 불안이 악화된 형태로 다시 나타났다; 그리고 그녀는 차츰 자신이 학기를 마치기 어렵다는 것을 깨달았다. 좀더 약한 성격을 가진 개인(즉 덜 확고하게 조직화된 자아를 지닌)은 그녀보다 더 쉽게 포기했을 것이다. 그러나 그녀의 자아는 아주 튼튼하게 조직화되었고 자아-이상 또한 엄청난 의무감을 느낄 만치 강력한 형태로 의식 속에 자리잡고 있었다. 따라서 그녀는 기대되는 것보다 훨씬 더 많은 분투를 견뎌냈다. 그러나 그녀의 무의식에서 작용하는 힘은 결국 그녀의 자발적인 능력을 과도하게 짓눌렀다. 학기가 진행되면서 그녀는 수업 시간에 쉬운 단어가 생각나지 않았고 말이 안 되는 말을 하거나, 갑자기 자신의 머리가 텅 비는 것을 경험하곤 했다. 아이들의 태도 교육의 문제도 그녀에게 고통스럽게 느껴지기 시작했다. 학생들이 보이는 아주 사소한 부주의나 불순종에도 그녀는 격노로 끓어오르곤 했다. 그녀는 그런 격노를 통제하기 위해 영웅적인 노력을 기울였다. 그녀는 순종하지 않는 아이를 대할 때마다 그를 거의 죽일 것처럼 느꼈다; 그러나 그녀의 격노가 심각해질 때마다 깊은 양심의 가책을 느끼곤 했다. 그녀는 수업과 관련된 악몽 때문에 잠을 설쳤으며(군인이 꾸는 전쟁 꿈과 유사하게), 학기말이 가까워오면 거의 잠을 이루지 못했다; 그리고 그녀는 밤중에 거의 4시간 가량 걷곤 했다. 결국 그녀는 수업을 전혀 할 수 없을 정도로 긴장과 불안이 심해졌다. 그녀는 절망에 빠졌고, 자신을 가르치는 일에서 놓아줄 것을 요청했다. 그러나 그녀가 교사의 책임에서 벗어나자마자 놀라운 변화가 일어났다. 그녀의 불안과 우울이 마술처럼 사라진 것이다; 그리고 그녀는 가족들에게 당당한 모습으로 집으로 돌아갔다. 이것 때문에 그녀의 친구들 중에는 그녀를 나쁘게 평가하는 사람도 생겼다. 정신병리학자에게 이처럼 불안한 우울 상태에서 약간 의기양양한 상태로 갑작스럽게 전환하는 것은 조울적 과정이 작용하고 있음을 의미한다. 사실상, 환자의 우울 단계와 의기양양한 단계가 항상 번갈아 일어난 것은 아니었다; 그리고 항상 그런 것은 아니었지만, 의기양양한 단계 다음에는 우울한 단계가 뒤따랐다. 전반적으로 우울한 단계는 의기양양한 단계보다 훨씬 더 자주 발생했다; 그리고 이 두 단계는 그 기간이 짧은 특징을 갖고 있었다. 그러나 훨씬 더 흥미로운 특징은 두 단계를 촉발시키는 사건을 아주 쉽게 확인할 수 있다는 점이었다. 이것은 특히 분석 중에 발달한 어떤 단계들에서는 특히 잘 나타났다. 분석이 진행되는 과정에서 나타난 어떤 단계들은 단지 몇 시간이나 몇 분 동안 지속되기도 했는데, 그때 환자는 큰 어려움 없이 촉발적 사건을 확인할 수 있는 충분한 통찰능력을 갖고 있었다. 따라서 자세히 살펴보면 조울적 과정이 작용하고 있음을 관찰할 수 있었다.

그녀가 반복되는 붕괴에도 불구하고 정신분석 치료를 시작하기 1년 전까지 가르치는 일을 포기하지 않았다는 사실은 그녀가 목표를 끝까지 이루고자 하는 집요함이 있었고 직업에 대한 관심이 매우 컸음을 말해준다. 그녀의 붕괴 이후에 나타나는 의기양양함의 기간들은 비교적 짧았다; 한두 주 동안 집에서 쉰 다음에 그녀의 자아-이상은 그녀에게 새로운 요구를 하기 시작했다. 그녀는 게으르게 지내면서 부모에게 기대 살고 있는 자신을 비난하기 시작했다. 그녀의 강한 독립심이 고개를 들기 시작했고, 그녀는 다시 한번 자신을 소용돌이 속에 빠뜨렸다. 한번은 실제로 교육 분야를 떠나 외도를 한 적도 있었다; 한때 그녀는 직업을 바꾸면 어려움이 덜 할 것이라는 생각으로 비서직 훈련을 받기도 했다. 그러나 그러한 희망은 오래 가지 못했다; 그녀는 비서로 일을 시작하고 나서 얼마 지나지 않아 예전의 불안을 다시 경험했다. 그래서 그녀는 2년이 되기도 전에 다시 교직으로 돌아왔고, 시골에 있는 작은 학교를 단독으로 맡게 되었다. 무서운 감독자도 없고 자신의 자아-이상을 제외하고는 아무 감독자도 없는 그런 안전한 환경에서, 그녀는 학문적인 능률이라는 사자가 정신적인 평화라는 어린양과 함께 누울 수 있는 교육의 낙원을 창조할 수 있으리라고 생각했다. 그러나 이 에덴 동산에서조차 그녀는 곧 교활한 뱀과 보복하는 천사 모두가 살고 있음을 발견했고, 따라서 예전의 불안이 되살아났다; 그리고 그 여파로 붕괴를 겪었다. 그녀는 외딴 지역의 학교를 전전해가면서 마음의 평화를 찾고자 했으나 모든 것이 허사였다. 결국 그녀는 절망 속에서 가르치는 일을 포기했고, 장기간의 휴식을 위해 집으로 돌아갔다.

그녀가 집으로 돌아오자 그녀의 증상은 약간 다른 형태를 띠기 시작했다. 이제 그녀는 몇 주마다 단 기간의 우울을 경험하기 시작했다. 이 우울증은 매우 정기적으로 발생했다; 그녀가 비정상적인 성기를 가졌다는 사실을 고려할 때, 그녀가 그러한 우울한 시기를 항상 '건강이 좋지 않은 상태'로 말했다는 것과 또 가끔 '월경이 없는 것'에 대해 말했다는 것은 중요한 의미를 갖는 것으로 보인다. 그런 우울한 시간이 다가오면, 그녀는 자신을 압도하는 자신 안의 이름 모를 어떤 위협적인 힘과 싸우고 있는 자신을 경험했다. 이 힘의 본질은 정신분석가에게는 초자아의 특징을 지닌 것이 분명했겠지만, 그녀에게는 불가사의한 것이었다. 그 싸움은 점점 더 강렬해졌고, 결국 그녀는 아주 비참한 상태에 빠졌다. 그리고 자신이 파멸될 날이 멀지 않았다고 느꼈다. 결국 그녀는 보이지 않는 적과의 싸움에서 완전히 패배한 것을 깨달았다. 그럴 때면 그녀는 침대 위나 의자에 몸을 던지고는 울음을 터뜨렸다. 이런 정서적 위기가 지나간 후에는 긴장과 불안에서 갑자기 해방되는 시기가 뒤따랐다; 그러나 그녀에게는 항상 철저하게 욕을 당하고 짓밟혔다는 느낌이 남곤 했다. 그리고 나서 그녀는 침대 속으로 철수했고, 거기서 며칠 동안 생각하고, 독서하고, 잠자면서 시간을 보냈다. 이런 퇴행 상태가 지속되는 동안에 그녀는 어머니를 제외하고는 아무도 자신의 방에 들어오지 못하게 했다. 그녀는 이 시기에 거리낌없이 어머니의 통제에 자신을 내맡겼으며 엄마는 그녀가 원하는 모든 것을 충족시켜 주었다. 이것은 그녀의 초자아가 승리했음을 의미한다; 그리고 초자아에게 굴복하는 것을 통해서 그녀는 일시적으로 외딴 지역의 학교에서 찾고자 했던 그 낙원으로 들어갈 수 있었다. 자신을 무조건적으로 어머니에게 복종시킴으로써 그녀는 아동기 동안에 자신의 첫 불순종으로 인해 잃어버렸던 원초적인 순진함의 상태를 다시 획득할 수 있었다. 그녀는 그저 스쳐 지나가는 방문객으로서 잃어버렸던 낙원에 다시 들어갔고, 거기에서 철저하게 순종하는 대가로 모든 유아적 욕구를 충족시킬 수 있었다.

분석이 진행되면서 곧 환자가 발달 과정에서 겪었던 오이디 푸스 상황이 지닌 중요성이 드러났다. 그러나 그녀의 내적 드라마에서 실제 아버지의 역할은 상대적으로 덜 중요한 것으로 드러났다. 그는 튼튼한 성격의 소유자가 아니었다; 그리고 그는 가족들 중에서 눈에 띄지 않는 역할을 했다. 가정에서 지배적인 인물은 그녀의 어머니였다. 그녀는 가정의 행복을 중요하게 여기는 정력적이고 유능한 여성이었다. 그녀는 자녀들에게 엄격한 초자아를 형성하도록 이끌기 쉬운 좋은 엄마 유형에 속했다. 어쨌든 이 환자의 경우 어머니는 거대한 초자아를 형성하게 하는 데 중요한 역할을 했다. 환자가 지닌 초자아의 강도는 그녀의 외할아버지가 아버지의 역할을 대신 맡음으로써 더욱 증가된 것으로 보였다. 이 사실은 어머니에 대한 그녀의 경쟁심을 강화시켰고, 따라서 무의식적 죄책감을 심각하게 강화시킨 것으로 보인다. 그녀의 할아버지는 몇 해 전에 돌아가셨지만, 그는 자애로운 신의 모든 속성을 지닌 채 그녀의 무의식 속에 여전히 살아있었다. 그녀는 그의 첫 손녀였고 항상 그의 귀염둥이로 남아있었다. 그는 그녀를 몹시 귀여워했고, 그러한 애정을 무수히 많은 선물로 표현하였다. 그녀의 부모는 그러한 선물이 적절한 정도를 넘어 사치스럽다고 생각하였다. 따라서 그의 호의는 그녀의 상상 속에서 대부 요정의 지위를 쉽게 얻을 수 있었다. 그가 베푼 애정과 호의와는 별도로, 그는 그녀가 가장 행복한 순간을 보냈던 낙원으로 그녀를 인도해 주었다. 그는 근처의 별장을 관리하는 일을 했는데, 손녀에게 그 별장을 멋진 놀이터로 제공해 주었다. 그녀는 아주 열정적으로 놀이에 임했고, 그 별장은 그녀에게 이런 열정에 빠져들 수 있는 완벽한 놀이터가 되었다. 별장 주인들이 부과한 제한은 집에서 엄마가 부과하는 제한을 반영하는 것으로 간주되었다; 그녀가 그런 제한을 성가신 것으로 느낄 때, 그것들은 그녀의 마음속에서 주인의 아내를 생각하게 했고, 따라서 주인의 아내는 꿈속에서 그녀의 마술 동산에서 나쁜 괴물 역할을 하는 허락해주지 않는 엄마-인물을 나타냈다.

분석에서 드러난 첫 번째로 주목할만한 특징은 그녀가 외할아버지와 그가 일하던 별장과 관련된 초기 아동기에 관한 기억을 수없이 많이 회상해냈다는 것이다. 이 기간의 기억은 그녀가 교사로 일하던 기간 내내 억압되어 있었다; 그러나 일단 어느 정도 저항이 극복되자 그것들은 마치 수문이 열린 저수지 물처럼 의식 안으로 쏟아져 들어왔다. 따라서 그녀는 그러한 기억을 통해서 행복한 놀이를 끝없이 즐겼던 시절을 다시 한번 경험할 수 있었다. 그녀는 다시 한번 자신의 아동기의 낙원으로 들어갔고,

그러한 기억은 세월이 흐르는 동안 무의식적 환상 속에서 훨씬 더 이상화되었다. 그러나 그 이면에는 항상 협박하는 엄마-인물의 그림자가 따라 다녔다. 그녀가 별장 안에서 놀고 있을 때, 이 역할은 주로 별장 주인의 아내가 맡았다; 그러나 그녀의 할아버지가 집을 방문했을 때 눈살을 찌푸리면서 허락하지 않는 고약한 인물은 그녀의 어머니였다. 그러나 분석 초기에 그녀의 초자아는 대체로 활동이 정지된 상태였고, 그보다는 아동기의 행복한 기억과 환상이 지배적이었다. 그녀는 환상 속에서 할아버지와 재회했으며 그와 함께 낙원 같은 곳에서 즐겁게 놀았다. 따라서 리비도적인 성질을 지닌 억압된 정서적 경험은 오랜 속박을 깨뜨리고 풀려났다; 그리고 그녀는 무의식 속에 오랫동안 억압되어 있던 '유아적 자기'를 다시 발견했다. 이러한 억압된 정서 경험의 분출에는 성적 감각의 출현이 뒤따랐는데, 처음에 그것은 그녀에게 전적으로 새로운 것이었다. 그러나 결국 그것은 그녀가 아동기 초기에 그네와 시소 놀이를 하면서 경험했던 감각에 대한 기억과 연결되었다. 이런 감각에 대한 그녀의 서술은 그것이 음핵의 자극과 관련된 것임을 암시했다. 그것은 그녀의 마음속에서 나비에 대한 꿈과 밀접히 관련되었고, 그녀는 그것에 대해 나비가 날개를 퍼덕거리는 모습을 떠올렸다.

그때 그녀는 자신이 모험이라고 부른 사건, 즉 남자들과의 경험에 대해서 이야기하기 시작했다. 그녀는 분석 받으러 올 때 기차를 이용했다; 그리고 주로 이 기차 여행을 하는 동안에 그녀의 모험이 일어났다. 그녀는 객실 안에 남자와 단 둘이 있게 될 때 거의 한결같이 그의 관심을 끈다는 것을 깨닫기 시작했다; 그리고 그녀가 객차 안에서 우연히 만난 남자에게 안기고 입을 맞추는 일은 흔히 있는 일이 되었다. 이것은 그녀에게 새로운 경험이었으며, 처음에는 상당한 만족을 주었다. 그녀가 말한 이런 사건들이 단지 상상의 산물이 아니었다는 사실은 거의 의심의 여지가 없었다; 그리고 그것은 분석 치료의 결과로 억눌려 있던 리비도의 갑작스런 분출을 고려할 때, 충분히 이해할 수 있는 것이었다. 이 리비도의 분출은 그녀를 이성에게 특히 매혹적이 되게 했고 그와 동시에 그녀의 성적 억제를 약화시켰다. 따라서 그녀의 이야기 중 많은 부분이 객관적인 사실로 보였다; 그러나 그녀의 서술이 주관적인 해석에 의해 채색된 것이 분명했기 때문에 그녀의 말이 어느 정도 사실인지를 판단하는 것은 쉽지 않다. 그녀는 기차가 정류장에 멈췄을 때, 그녀가 있는 객실을 지나갔던 남자들이 되돌아와서 그녀가 있는 객실로 들어오는 일이 많았다고 보고했는데, 이것은 적어도 부분적으로는 사실일 것이다; 왜냐하면 이 단계에서 그녀는 분명히 리비도를 발산하고 있었기 때문이다. 그러나 그녀가 자신의 유아적 자기의 풀려남이 다른 사람들과 심지어 동물들까지도 '사랑하는' 능력을 갖게 했다는 결론을 내렸을 때, 그녀는 사실의 토대를 떠나 유아적 전능성이라는 환상 세계로 떠났음이 분명해졌다. 그녀는 마술을 믿기에는 너무 합리적이었다; 그러나 그녀는 과학이 지금까지 자신이 상상할 수 없었던 새로운 능력—전체 인류의 이익을 위해 사용될 수 있다고 생각되는—을 갖고 있다고 생각하기 시작했다. 그러므로 이제 그녀가 메시야적 요소를 지닌 과대주의적 망상에 굴복했음이 분명했다. 이러한 고양된 사고가 열광적인 활동과 넘치는 행복감을 수반했다는 사실에 비추어볼 때, 그녀가 조적 단계로 들어갔음이 분명했다.

치료의 초기 단계에서 비교적 일찍 발달한 이 조적 상태는 그 절정에 달한 후에 차츰 사그라졌는데, 약 3개월간 지속되었다. 그 후에는 비교적 평안한 시기가 이어졌고 그때 환자는 리비도 방출에 따른 유익한 결과를 수확했다. 기차 모험이 계속되었고,

성적 감각은 계속해서 갑작스레 출현했다; 그러나 거기에는 지나치게 과대적인 생각은 없었다. 지금까지 표현이 거부되었던 그녀의 '유아적 자기'는 환자에 의해 정신의 합법적인 부분으로 수용되었다. 이 기간 동안에 그녀는 분석 과정에서 주로 외할아버지에 대한 집착, 어머니의 권위에 대한 분개와 외할아버지의 애정을 차지하기 위한 어머니와의 경쟁을 포함하는 오이디푸스 상황과 관련된 연상을 떠올렸다. 또한 이 기간 동안에 그녀가 심한 페니스-선망을 가지고 있다는 증거가 축적되기 시작했다.

이제까지 서술한 상황은 이 분석의 세 단계 중 첫 번째 단계에 해당된다. 이 첫 단계에서 분석은 성기기 수준보다 더 깊은 수준으로 뚫고 들어가지 못했다. 그러나 두 번째 단계에서 좀더 깊은 무의식의 단계가 드러났다. 환자가 다시 우울한 시기를 경험하기 시작한 것은 분명히 이러한 사실 때문이다. 그녀가 보이는 극심한 질서정연함, 더러운 것에 대한 혐오 그리고 깨끗함에 대한 열정은 강한 항문기 고착이 존재한다는 사실을 암시했다. 그녀가 간헐적으로 변비에 시달렸던 일과 대리 월경으로 의심되는 청소년기 동안의 직장 출혈은 그런 가능성을 더욱 증가시켰다. 두 번째 단계 동안에 항문기적 요소는 보다 명백하게 나타나기 시작했다. 그녀는 무질서와 오물로 가득한 화장실, 굽은 통로와 건물들에 대한 꿈을 꾸기 시작했다. 항문 출산에 관한 환상도 경험했다; 그리고 자신의 직장에서 성적인 감각을 경험하기 시작했다. 페니스 선망 역시 항문기적인 형태로 표현되었는데, 그것은 그녀의 항문이 담배를 물고 있는 꿈으로 나타났다. 그러나 차츰 구강기적 요소가 다시 지배적이 되기 시작했다. 그녀는 자주 그녀가 어렸을 때 좋아하던 과자를 생각나게 하는 음식과 과자에 대한 꿈을 꾸기 시작했다. 또한 젖떼기와 관련된 외상을 나타내는 꿈도 한번 이상 꾸었다. 페니스에 대한 그녀의 태도 역시

구강기적 색깔을 띠기 시작했는데, 그것은 남근을 나타내는 대
상들이 음식물로 위장되어 나타난 꿈에서 드러났다. 한번은 꿈
에서 그녀가 물고기 모양의 초콜릿을 선물 받았다; 그리고 또 다
른 꿈에서는 자기 식탁 위의 접시에 흰 소스가 곁들여진 도롱뇽
을 발견했다. 시간이 흐르면서 그녀의 구강기적 고착은 더욱 분
명해졌다; 그리고 결국 페니스를 향한 강렬한 구강기-가학적 태
도가 전적으로 지배하게 되었다. 그녀의 엄청난 페니스-선망은
그녀가 질을 갖고 있지 않다는 사실을 고려할 때 특별한 중요성
을 갖는다; 왜냐하면 그녀의 마음속에 자리잡고 있는 것은 여성
의 질이 아니라 남성의 페니스였기 때문이다. 여기서 우리는 그
녀가 20세에 생식기가 비정상임을 알게 되었을 때 깊은 안도의
한숨을 쉬며 그 사실을 받아들였던 일을 생각하게 된다. 그녀는
자신이 여성이 짊어지는 부담을 면제받은 몇 명 안 되는 여성들
중 하나였다는 생각으로 인해 몹시 기뻐했다. 어렸을 때 엄마가
해산할 때 사용한 시트에 피가 묻어있는 것을 본 이후로, 그녀에
게 있어서 여성이 된다는 것은 불쾌한 것이라는 생각을 가졌다.
그리고 이와 같은 불쾌한 연상들은 나중에 그녀가 월경에 대한
정보를 얻음으로써 더욱 강화되었다. 따라서 그녀는 질에 대한
공포를 갖게 되었으며, 그것은 무의식적으로 음핵에 과도한 가
치를 부여하는 결과를 가져왔다. 분석을 시작하기 이전에 그녀
는 음핵의 존재에 대해서 모르고 있었다; 그것은 그녀의 무의식
적 환상 속에서 페니스의 역할을 했으며, 꿈속에서는 축소된 남
근의 모습으로 나타났다.

분석 과정에서 페니스에 대한 그녀의 구강기-가학적 태도는
그녀의 증상을 일으키는 주된 요소임이 드러났다. 이러한 그녀
의 태도는 페니스에 상처를 입은 벌거벗은 남동생이 겁에 질린
채 방으로 들어가는 꿈에서 잘 묘사되고 있다. 이처럼 공포에 질

린 남동생의 표정이 그녀를 괴롭혔고, 불행하다는 느낌을 갖게
했다. 그녀의 연상은 이러한 불행한 느낌의 근저에 그녀가 남동
생의 상처에 대한 책임을 느끼고 있음을 보여주었다. 그 꿈을 기
억한 후에 그녀는 갑자기 그 상처가 물린 상처라는 것을 깨달았
다. 이 꿈은 실제 사건에 비춰볼 때 상당히 흥미로운 것이었다;
왜냐하면 그 꿈을 꾼 지 얼마 지나지 않아서 그녀의 남동생은
사고로 인해 신체가 완전히 손상되는 끔찍한 죽음을 맞이했기
때문이다. 그녀의 표현대로 '남동생이 깨어진 채' 아버지의 집으
로 돌아왔을 때 그녀도 거기에 있었다; 그리고 그녀가 그의 시체
를 보았을 때 동물에 의해 찢겨졌다는 인상을 받았으며, 그것이
그녀의 마음 깊은 데서 구강기적 가학증을 촉발시켰다는 것을
쉽게 상상할 수 있다. 어쨌든 남동생의 죽음에 대한 그녀의 반응
은 특별히 중요했다. 다른 가족들은 전통적인 방식으로 행동했
고 갑자기 비탄과 슬픔에 잠겼다. 그러나 그녀는 그렇지 않았다.
사람들은 전에 붕괴를 겪었던 그녀가 그 일로 충격이 너무 클까
봐 걱정했다. 그러나 실제로는 가족 중 그녀만이 유일하게 마음
의 평정을 유지했다. 사람들은 모두 그녀의 적절한 행동에 경탄
을 금치 못했다. 다른 사람들이 슬픔에 잠겨 무기력한 상태에 있
을 때 그녀는 모든 일을 맡아서 놀랄 정도로 잘 처리했다. 그 과
정에서 그녀는 다른 사람이 무력감에 압도되었던 경험과는 대조
적으로 커다란 승리감을 경험했다. 정신분석적 관점에서 볼 때,
영웅적으로 보이기 쉬운 이러한 반응은 의심스러운 것이며, 특
히 사고 직전에 그녀가 꾼 꿈을 생각한다면 더욱 그렇다. 꿈에서
환자의 구강기 가학증은 남동생의 깨물린 페니스에서 볼 수 있
듯이 환각적 충족으로 만족해야만 했다; 그러나 남동생의 훼손
된 시신을 본 사건은 구강기적 탐욕의 꿈을 훨씬 능가하는 현실
적인 구강기-가학적 욕구의 충족을 가져다주었다. 그리고 그 충

족감은 그녀에게 전능감을 주었고 그것으로 인해 그녀는 위기를 잘 넘길 수 있었다. 따라서 다른 사람들이 우울 상태에 머물러 있는 동안에 그녀는 의기양양한 단계에 머물러 있었다. 그러나 차츰 다른 사람들의 우울증이 사라졌을 때 그녀의 의기양양함 또한 사라졌다; 그리고 그들이 평정을 회복했을 때, 그녀는 우울 상태로 접어들었다. 그녀의 초자아는 다시 영향력을 발휘하기 시작했고, 그녀는 이제 구강기-가학적 승리감을 누린 죄에 대한 대가를 치르기 시작했다.

분석의 두 번째 단계 동안에는 주로 구강기적인 억압된 가학성이 풀려나는 모습이 두드러지게 나타났다. 이 단계 동안에 그녀의 기차 모험은 계속되었다; 그러나 그녀는 거기에서 만나는 남자들에 대해 정서적으로는 점점 더 냉담한 태도를 보였다. 그녀는 한동안 그들의 감각을 자극하고 나서—때로는 그녀가 행선지에 도착하기도 전에—무자비하게 그들을 무시하곤 했다. 이런 태도에서 우리는 질시의 대상인 페니스를 갖고 있는 남성에 대한 가학적인 '복수 모티프'가 작용하고 있음을 알 수 있다. 이 복수 모티프의 진정한 의미는 그녀가 기차 안에서 우연히 만난 남자들을 '좋아했던' 것과 같은 방식으로 그녀의 이웃에 사는 결혼한 남자들을 '좋아한다'고 했을 때, 비록 후자에 해당하는 모험이 실제로 행해진 것은 아니라고 해도, 더욱 분명하게 드러났다. 그녀는 특히 아버지-인물에 해당하는 남자들에게 호감을 보였다; 때때로 그녀는 그러한 감정을 자신의 아버지와의 관계에서 경험했다. 시간이 흐르면서 이 '좋아하는 감정'은 점점 더 범위가 넓어졌다; 그녀는 교회에서 한 자리에 앉게 된 남자뿐 아니라 함께 차를 마시는 친구의 남편에 대해서도 그녀가 '기차 모험'에서 느끼는 것과 똑같은 감정을 느끼게 되었다. 그런 상황이 점점 더 자주 발생함에 따라 그녀는 더 자주 일시적인 우울

상태에 빠지게 되었다. 처음에 그녀는 '좋아하는 감정들'과 그것
들 다음에 따라오는 '우울증'이 서로 연결되어 있음을 인식하지
못했다. 그녀는 우울증이 느닷없이 찾아온다고 느꼈다. 그러나
시간이 흐르면서 그녀는 이 두 현상 사이에 어떤 관련성이 있다
는 사실에 대해 통찰을 얻게 되었다; 그리고 결국 그녀는 '우울
증'을 촉발시켰던 대부분의 사건들을 되돌아볼 수 있게 되었다.
이처럼 통찰을 얻게 되면서 차츰 그녀의 우울증 발작의 심각성
이 감소되었고 동시에 그 기간도 짧아졌다. 때때로 그것들은 몇
시간 또는 몇 분 이상 지속되지 않았으며, 전혀 우울한 성격을
띠지 않을 때도 있었다. 그것들은 분석 회기 중에 한 번 이상 나
타났다가 사라지곤 했다. 이런 현상이 가장 두드러지게 나타난
예는 남동생이 죽은 후에 나타났던 우울 단계가 갑자기 사라진
것에서 찾을 수 있다. 이런 통찰이 있은 후에 그녀를 괴롭히던
우울증이라는 먹구름은 완전히 걷혔고 그녀의 눈빛은 반짝거리
게 되었다.

　환자가 전에는 알지 못했던 '우울증'의 촉발 요소에 대해 통
찰하기 시작한 것은 이 분석 과정의 세 번째 단계가 시작되었음
을 말해준다. 물론 이 우울증 발작의 궁극적 원인은 그녀의 가학
적 경향성과 연관되어 있는 무의식적 죄책감에서 발견할 수 있
다; 그리고 이 세 번째 단계의 핵심적 특징은 무의식적 죄책감이
차츰 출현하는 것이다. 우리가 알고 있듯이, 첫 단계의 특징은 성
기적 수준의 억압된 리비도가 풀려나는 것으로서, 그것은 오이
디푸스 상황과 관련된 초자아 요소의 출현을 가져왔다. 이 수준
에서 초자아는 주로 환자가 외할아버지의 사랑을 두고 경쟁했던
자신의 어머니로부터 유래한 것이었다. 분석의 두 번째 단계에
서는 주로 구강기적 수준에서 억압된 가학적 경향성이 분출되는
모습이 특징적이었다. 이것은 일시적인 우울증 발작들을 수반하

였지만, 이런 발작을 일으킨 죄책감은 무의식에 묻혀 있는 상태였다. 세 번째 단계에서야 항문기 및 구강기 상황과 관련된 초자아 요소들이 의식의 수면위로 떠오르기 시작했고, 그때 그녀의 초자아는 좀더 깊은 수준에서 주로 외할아버지로부터 유래했음이 분명히 드러났다. 외할아버지는 그녀의 가학성이 지향하는 궁극적 대상이었다. 아주 점진적으로 그리고 엄청난 저항에도 불구하고, 그녀의 가학성과 관련된 죄책감이 의식으로 떠올라왔다.

이미 지적했듯이, 환자의 가학증과 관련된 무의식적 죄책감의 출현은 그녀가 자신의 '우울증'의 촉발 원인에 대해 통찰을 얻은 사건에 의해 이미 예고된 것이었다. 그러나 시간이 지나면서 죄책감은 더욱 노골적으로 그녀의 '모험' 상황과 관련된 당혹감과 수치감으로 경험되기 시작했다. 그녀는 자신이 앉아 있는 열차의 객실에 남자가 들어오면 불편한 느낌을 갖기 시작했다. 그녀는 얼굴이 달아오르기 시작했고, 따라서 책을 읽는 척하거나 아니면 아주 태연한 척하면서 자신의 불편한 감정을 숨기기 위해 애를 써야 했다. 그녀에게는 그런 경험 자체가 상당히 고통스러운 것이었다; 그리고 이런 고통은 그녀가 남자들 그리고 심지어는 같은 객실 안에 있는 다른 남자들이 자신의 마음 상태에 의해 영향을 받는다고 느껴질 때—남자들이 종종 중간 역에서 내리거나 그녀의 객실을 떠나 다른 칸으로 옮겨갔다는 사실에서 뒷받침되는—거의 견딜 수 없는 상태가 되었다. 이런 일들을 경험하면서 그녀는 극단적인 굴욕감을 갖게 되었고 그녀 자신이 공적인 골칫거리가 되었다는 생각을 갖게 되었다. 결과적으로 '모험' 상황과 관련해서 처음에 드러났던 불안은 기차 여행에 대한 생각 그 자체로 옮겨갔다. 그녀는 역으로 가기 위해 집을 떠날 시간이 가까워질 때면 두려움이 밀려오는 것을 경험했다. 그녀는 집에서 역으로 가는 도중에 우연히 남자를 마주치기만

해도 당혹스러워졌고, 심지어 역무원에게서 차표를 사는 것조차
고역으로 느껴졌다; 그리고 그녀는 일단 기차표를 사고 나면 기
차가 도착할 때까지 여성용 대합실에서 나오지 않았다; 그리고
기차가 도착하면 그녀는 서둘러서 '여성 전용' 객실을 찾았다;
만일 여성 전용 객실이 없다면, 남자가 없는 객실을 찾으려고 애
를 썼다. 그리고 기차가 목적지에 도착하고 나서 기차에서 내려
큰길을 걸어서 내 상담실로 오는 동안 그녀는 사람들이 자신을
쳐다본다는 생각으로 인해 고문을 당했다; 결국 그녀는 보다 한
적한 길로 우회하는 방법을 선택했다.

　그녀가 여자들과 함께 있을 때는 전혀 당혹스러워하지 않았
다는 것은 주목할만하다; 그와는 대조적으로 시간이 지나면서
그녀는 남자와 마주치는 모든 상황을 위험하다고 느꼈다. 이 과
정에서 페니스를 향한 그녀의 가학적 태도와 관련된 죄책감이
의식에 떠오르게 되었다. 그녀의 무의식에서는 사람의 머리가죽
사냥꾼에게 모든 사냥감이 머리가죽으로 보이듯이 모든 남자가
페니스로 보이게 되었다. 머리가죽-사냥꾼처럼 그녀는 자신의 허
리에 전리품을 두른 채 걷고 있다는 느낌이었다. 사람들의 시선
에 대한 그녀의 불안 반응은 부분적으로는 이런 무의식적 노출
증에 대한 죄책감의 표현이었다; 그러나 훨씬 더 중요한 요소가
있었는데, 그것은 시선을 통한 욕정이었다. 그녀는 모든 남자들
에 대해서 구강기 가학적인 정욕을 가지고 그들의 페니스를 추
구하였다. 따라서 남자를 향한 그녀의 모든 시선은 죄책감을 불
러일으켰다; 그리고 남자의 시선과 마주칠 때마다 움찔하고 놀
랐다. 일단 그녀의 죄책감이 출현하고 나자 점점 더 넓은 범위로
확대되었다. 따라서 그녀는 상점에서 남자 점원을 만나거나, 교
회에서 성직자를 바라보거나, 또는 시골길에서 다가오는 어떤
남자를 바라보게 될 때 당혹감을 느끼기 시작했다. 그 결과 상

담실과 그녀의 집만이 비교적 안전한 장소가 되고 말았다. 그러나 집안에서도 마음의 평화는 쉽게 깨어졌다; 특히 동생의 방문은 항상 불안하게 느껴졌고, 어떤 때는 자신이 아버지를 좋아하는 감정을 갖고 있는 것에 대해 당혹감을 느꼈다. 또 다른 불안의 원천은 남동생이 죽은 후에 그의 아내와 어린 딸이 그녀의 집에서 함께 살게 된 것에서 유래했다. 그 여자아이는 다소 고집이 셌고, 따라서 쉽게 그녀의 가학적 충동의 대상이 되었을 뿐만 아니라 모든 초자아 격노의 대상이 되었다. 자신이 정성껏 돌보던 정원을 그 아이가 어지럽힐 때면, 그녀의 초자아 격노는 쉽게 폭발했다. 그리고 그 격노는 그녀가 심은 꽃을 망가뜨렸을 때 극에 달했다. 그때 그녀는 주체할 수 없는 살인적 충동을 경험했다; 그리고 그녀는 엄청난 노력을 통해서 스스로를 통제하고 그 아이에게 신체적 손상을 가하는 일을 피할 수 있었다. 초자아 편에서의 그런 격렬한 반응은 조카가 그녀 자신의 가학적 경향성뿐만 아니라 남동생의 페니스를 상징했기 때문에 더욱 악화되었다. 따라서 그녀의 격렬한 반응은 그녀의 가학적 초자아의 표현일 뿐만 아니라 억압된 가학증의 직접적인 표현이기도 하다.

분석 과정 동안에 말썽 많은 조카에 대한 환자의 태도는 그녀로 하여금 분석 치료를 받게 한 최초의 증상을 이해하는데 상당한 빛을 던져 주었다. 교사로 재직하고 있을 때 그녀가 가르쳤던 아이들은, 그녀에게 있어서 마치 그녀의 조카처럼 그녀 자신의 억압된 경향성을 나타냈다. 따라서 그녀의 엄격한 초자아는 아이들에게 절대적인 순종, 그리고 완벽한 주의집중과 부지런함을 요구했다. 아이들이 그녀의 요구를 따르지 못할 경우, 그녀는 자신의 폭력적인 경향성을 억제할 수 없었다. 그녀의 무의식에서는 학생들 역시 자신의 조카처럼 이중적인 의미를 가지고 있었다. 그들은 그녀 자신의 가학적 경향성뿐만 아니라 시기와 증오의 대상인 페니스를 상징했다. 따라서 아이들에 대한 그녀의 태도는 억압된 가학증과 가학적 초자아의 요구 사이에서 형성된 타협을 나타낸다. 그녀가 추구한 전능성은 초자아의 묵인 하에 가학적인 욕구를 충족시키고자 하는 전능성이었다. 이러한 사실은 정신신경증과 정신병 증후군에서 구별되는 두 유형의 전능성이 있음을 말해준다. 하나의 유형은 방해받지 않고 구속받지 않는 리비도적 소망과 관련된 전능성이다. 이 환자는 아동기의 마술 동산에서 그것을 찾으려고 했다. 다른 하나의 유형은 그녀가 교사 생활을 하면서 추구한 유형의 전능성으로서, 이것은 승화된 활동을 통해서 억압된 가학적 경향성을 충족시킴으로써 얻을 수 있는 것이다. 그리고 이 후자의 유형에는 초자아가 추구하는 전능성도 포함되어 있다. 전자의 유형은 광증과 정신분열증에서 특징적으로 드러나는 전능성인 반면, 후자의 유형은 강박증과 편집증 상태에서 특징적으로 드러나는 전능성으로 보인다.

편집증 상태는 분석의 세 번째 단계 동안에 발생한 그녀의 행동과 관련되어 있다. 분석 과정에서 그녀의 구강기-가학적 소망에서 비롯된 깊이 억압된 죄책감이 차츰 과장된 자기-의식(self-consciousness)의 형태로 떠오르는 방식에 대해서는 이미 언급했다. 그러나 이 죄책감은 억압된 소망을 출현시킬 때 나타났던 것보다 훨씬 더 큰 저항에 직면했다. 환자는 자신의 구강기-가학적 죄책감에 대한 자각을 피하기 위해 방어 기술을 최대로 활용했다. 일단 그녀가 자신의 정신 안에 강력한 구강기-가학적 경향성이 존재하고 있음을 인정하자, 그녀는 그것에 대해 마치 활기찬 아이의 장난을 눈감아주는 것 같은 관용적인 태도를 취했다. 그녀는 그것을 지독하게 성가신 존재이면서도 자연스럽고 순진한 것으로 간주했다. 물론 이런 태도는 그녀의 그러한 경향성에 대한 무의식적인 죄책감에 대한 방어였다. 그런 죄책감은 자기-의식의 형태로 나타났는데, 그것은 그녀가 남자들과의 관계에서 경험하곤 했던 당혹스러움이 완화된 것이었다; 그러나 그녀는 자신이 유치하고 순진하다고 간주하는 경향성 때문에 이런 굴욕적인 경험을 하게 되었다는 사실에 대해 몹시 분노했다. 이런 태도에서 우리는 이미 편집증적 기술들이 작용하고 있는 것을 알 수 있다; 그리고 그 기술들은 나중에 무의식적 죄책감을 방어하는데 상당한 정도로 사용되었다. 그 결과 그녀는 하나의 '관념적 틀'(ideas of reference)을 갖게 되었다. 예컨대 그녀는 기차역에서 종종 남자들이 그녀가 있는 객실에 들어올 것처럼 다가왔다가 안을 들여다 본 후에 다른 객실로 가는 것을 자신의 관념적 틀을 통해 해석하기 시작했다. 우리가 보았듯이, 그녀는 또한 자신이 타고 있는 객실에 앉아 있던 남자가 다른 객실로 갈 경우에, 그가 그녀 때문에 다른 객실로 간 것이라고 해석했다. 어떤 경우에는 그녀의 결론이 근거 있는 것으로 보이기도 했다. 예컨대 억압된 리비도의 풀려남은 그녀의 태도와 외모에 확실히 영향을 끼쳤다; 그리고 그녀가 남자들과의 관계에서 발달시킨 당혹스러움은 거의 예외 없이 상대방을 당혹스럽게 만들었다. 따라서 그녀가 보고한 사건들 중에 어떤 것은 이런 식으로 설명할 수 있는 실제 사건들이었던 것으로 보인다. 그러나 그녀는 정서 상태가 타인들이 알아챌 정도로 그렇게 분명히 표현된다는 사실을 믿을 수가 없었다; 왜냐하면 그녀는 과거에 너무나 자기-중심적이어서 아주 노골적인 경우를 제외하고는 타인들의 정서적 표현을 거의 알아차리지 못했기 때문이다. 결과적으로 그녀는 자신에게 과학이 아직까지 밝혀내지 못한 어떤 악한 능력이 있으며, 이것으로 남자들에게 '영향력을 발휘하고' 있다는 결론에 도달했다. 그녀는 이 능력이 고통을 가져다준다는 사실 때문에 그러한 능력을 가졌다는 사실을 증오했다; 그러나 그녀는 이 고통이 자신의 구강기-가학증과 관련된 죄책감에서 비롯되었다는 사실을 깨닫지 못했다.

투사가 방어 기술로서 사용되었다는 사실이 박해를 당하는 그녀의 꿈을 통해서 분명하게 드러났다. 예컨대 그녀는 귀족이 소유한 숲에서 전나무 열매를 훔친 일로 법정에 서는 꿈을 꾸었다. 이 열매는 특정한 품종의 나무를 번식시키는데 사용되는 것으로 엄청난 가치를 가진 것으로 간주되었다. 그녀는 마음대로 그 숲에 들어가서 그 열매를 가지고 놀 수 있었다; 그녀는 법정에서 자신은 평생 동안 그 열매를 가지고 놀았으며, 아무런 해를 끼치지 않았다고 항변했다. 또한 그녀는 자신이 그 열매 중 일부를 훔쳤다는 혐의에 대해 분개하며 부인했다. 그녀는 그러한 부당한 고발 때문에 상처를 입었지만, 편협하고 극도로 무자비한 법정에서 자신의 무죄를 주장하는 것이 부질없는 일이라고 느꼈다. 물론 열매는 페니스를 상징했다; 그 숲은 그녀의 외할아버지가 관리했던 그녀가 어린 시절에 뛰놀던 땅을 나타내는 듯 했다; 그리고 그 귀족은 할아버지를 연상케 했다. 법정은 그녀의 초자아를 나타냈는데, 그것은 내적 죄책감이 투사된 것이었다.

그녀가 이 시기에 꾼 또 다른 꿈은 투사가 사용되는 방식을 잘 보여준다. 꿈속에서 환자는 감옥에 있는 대학 친구를 방문하고 있었다. 그 친구는 그녀 자신뿐만 아니라 그녀의 남동생과 관련된 모호한 혐의로 재판을 기다리고 있었다; 그리고 그녀는 감방에서 조용하지만 위풍 당당한 영웅의 흉상 위에 앉아 있었다. 그녀 뒤에 작은 창이 있었는데, 그리로 햇빛이 들어오고 있었고, 그 햇빛은 그녀의 머리 주변에 후광 효과를 만들어내고 있었다. 그녀는 이것을 그녀와 남동생이 함께 과감하게 저지른 부자연스런 행동 때문에 청교도적인 사법당국의 처벌을 받고 감금되어 있는 것이라고 생각했다. 꿈속의 친구는 편협하고 시대에 뒤떨어진 관습을 과감하게 거절했다는 이유로 고통 당하는 순교자처럼 보였다. 거기에는 또한 그녀의 순교가 인류 전체를 위한 아주 위대한 일이라는 암시도 있었다. 그 꿈을 분석한 결과 꿈속의 친구는 꿈꾼 사람을 상징하는 것으로 드러났다. 그리고 꿈에서 고발된 것은 그녀 자신의 남동생을 향한 구강기-가학적 죄책감이 투사된 것을 나타낸다. 따라서 이 꿈의 주제는 앞의 꿈의 주제와 유사한 것이다; 그러나 이 경우에 환자의 자기애는 보다 과대적으로 표현되고 있다. 그 환상이 지닌 메시아적인 색채는 이차적 수준의 전능성, 즉 그녀의 억압된 가학적 소망들과 자아-이상의 요구 모두를 충족시키고자 하는 전능성을 성취하려는 시도를 나타낸다. 물론 이것을 성취하지 못하도록 가로막는 장애물은 그녀의 강렬한 무의식적 죄책감이다; 그리고 앞의 꿈에서처럼 투사의 기술은 이 장애물을 다루는데 사용되고 있다. 그러나 앞의 꿈에서 표현된 박해 망상은 나중 꿈에서 과대 망상으로 대체되었다. 따라서 분석의 이 단계 동안에 환자가 경험한 정신 내용들은 편집증적 상태의 발달 과정을 훌륭하게 설명해준다.

이 글을 쓸 때쯤에 편집증 단계는 지나가 버린 것으로 보인다. 위에서 언급된 꿈을 꾼 것은 환자가 위기를 겪고 있음을 보여주는데, 그것은 그녀가 자신의 죄책감을 방어하기 위해 망상적 사고를 채용했다는 사실을 보여준다. 그녀가 자신의 정신 안에 망상적 요소가 존재한다는 인식에 도달한 것은 합리화 기술을 포함한 엄청난 저항에 직면하는 것을 통해서였다; 그러나 남자에 대한 그녀의 당혹스러움이 거의 사라졌다는 사실에서 우리는 그녀가 상당한 정도로 통찰을 성취했음을 알 수 있다. 그리고 그녀의 무의식적 죄책감은 그것이 보다 개방적으로 다루어질 수 있는 상담실로 옮겨지고 있음을 보여주는 많은 신호들을 발견할 수 있다.

이 설명을 종결하기에 앞서서 그 사례가 지닌 또 하나의 두드러진 특성, 즉 정신의 다양한 측면을 의인화하는 환자의 경향성에 주의를 기울일 필요가 있다. 이 경향성은 처음에 꿈에서 표현되었다; 그러나 분석이 진행되는 동안 환자는 그것을 아주 의식적으로 받아들이고 있었다. 가장 두드러지고 지속적으로 나타난 이미지는 그녀가 각각 '말썽꾸러기 소년'과 '비평가'로 부른 인물들이었다. 그녀의 꿈에서 계속해서 나타난 첫 번째 인물은 무책임하게 장난을 치는 사춘기-이전의 소년이었다. 이 꿈속의 소년은 자주 꿈꾸는 사람을 골탕먹이거나 또는 권위적인 인물들에게 쫓기면서 그들을 조롱하는 것으로 나타났다. 그와 함께 몇몇 비슷한 인물들이 등장했는데, 그들은 보통 광대와 코미디언들과 같은 희극적인 인물이었다. 환자는 '말썽꾸러기 소년'을 그녀 자신의 아동기 자기를 나타내는 것으로 간주했다; 그리고 그녀가 아동기에 실제로 그랬던 것처럼, 끝없는 놀이가 그녀의 삶의 유일한 목적인 것처럼 보였다. 그녀가 자신의 아동기 자기를 나타내기 위해 소년을 선택한 것은 그가 마술적인 부적으로서의 페니스를 소유했기 때문이었다. 그녀의 눈에는 소년의 페니스가 모든 웃음의 문을 열어주고 삶을 끝없는 즐거움으로 전환시키는 마술적인 힘을 소유하고 있는 것으로 보였다. 이 꿈-인물의 행동은 꿈꾼 사람에게 가벼운 정도의 광증이 존재하고 있음을 강하게 암시한다; 그리고 그 환자는 의기양양한 초기 단계 동안에 자신이 보였던 행동은 자신 안에 있는 '말썽꾸러기 소년'의 활동에 의해 결정된 것임을 인정했다.

환자가 '비평가'로 서술했던 인물은 아주 다른 특성을 지니고 있었다. '비평가'는 본래 여성으로 나타났지만, 때로는 그녀가 한때 모셨던 교장 선생님이나 그와 유사한 다른 남성으로 나타났다. 남성이 이 인물의 역할을 맡을 때, 그는 변함없이 그녀가 좋

은 의견을 듣고 싶어하는 권위 있는 아버지-인물이었다. 그럼에
도 불구하고 그 '비평가'는 주로 심각하고 무서우며 공격적인
중년의 여성으로 나타났다. 꿈에서 이 여자는 가끔 꿈꾸는 사람
을 공적으로 고발하는 가상적인 개인으로 나타났지만, 대체로는
환자가 과거에 모신 적이 있는 기숙사 사감이나 선임 교사 또는
친구의 엄마 등, 실제 인물로 나타났다. 따라서 '비평가'는 특징
적으로 모성적 권위를 가지고 있는 인물이었다; 그리고 일반적
으로 그녀의 어머니는 실제로 그런 역할을 했다.

환자는 방금 서술한 두 인물을 근본적으로 적대적인 존재로
간주했다; 그리고 그녀가 서술하는 '말썽꾸러기 소년'과 '비평
가'가 프로이트가 서술한 '원본능'과 '초자아'에 얼마나 가깝게
일치하는가를 주목하는 것은 흥미로운 일이다. 이 꿈에서 꿈꾸
는 사람인 '나'는 '말썽꾸러기 소년'의 역할을 맡고 있는 그녀
자신이었음을 알 수 있다. 또한 그녀는 자주 가르치는 꿈을 꾸었
는데, 거기에서 꿈속의 '나'는 항상 '비평가'의 역할을 맡고 있
었다. 그러나 대체로 꿈을 꾸는 사람은 독립적인 구경꾼의 역할
을 했으며, 가끔씩 그 두 인물 중의 어느 한쪽으로 마음이 기우
는 모습을 보였다. 따라서 이런 인물들이 등장하는 꿈들은 감동
적인 드라마의 장면을 연출했다. 그 드라마에서 주연 배우가 맡
은 역할은 프로이트가 자아, 원본능 그리고 초자아에 부여한 것
과 일치하는 것으로 보인다.

이 환자의 꿈에 등장하는 세 배우들과 프로이트가 말하는 정
신의 삼중구조 사이의 일치는 프로이트의 이론적 틀이 실제적
타당성을 뒷받침하는 증거로 간주될 수 있을 것이다. 그러나 지
금까지 언급했던 꿈-인물들이 이 환자의 꿈에서 나타나는 인물
들의 전부가 아니라는 사실을 인정해야 한다. 결국 그녀의 꿈에
서 그녀가 '작은 소녀'로 부른 또 다른 인물이 등장했다. 이 작

은 소녀는 거의 변함없이 다섯 살 가량으로 묘사되었다. 그녀는 아동기의 생동감으로 가득한 매력적인 작은 아이였지만, '말썽꾸러기 소년'과는 달리 다른 사람의 화를 돋구지는 않았다. 환자는 이 인물이 아동기의 자신의 모습, 즉 초자아가 문제 삼을 것이 없는 자연스럽고 순진했던 자신을 나타낸다고 해석했다. 그리고 그 소녀가 다섯 살 가량이라는 사실도 중요한 의미를 지닐 수 있다. 분석의 세 번째 단계에서 등장한 또 하나의 인물은 이미 언급된 바 있는 순교자였다.

여기서 우리는 비록 '작은 소녀'와 '순교자'가 상대적으로 덜 중요한 역할을 담당하고 있을지라도 그들의 중요성은 '비평가'와 '말썽꾸러기 소년'에 비해 전혀 떨어지지 않는다는 사실에 주목할 필요가 있다. 이 사실은 프로이트의 마음에 대한 삼중구조 이론이 자아, 원본능 그리고 초자아를 너무 구체적인 정신적 실체로 생각하도록 이끈 것은 아닌가라는 물음을 제기한다. 그런 경향성은 정신 기구를 서술하기 위해 프로이트가 채용한 지형학적인 설명 방법으로 인해 발생한 불가피한 결과였다. 물론 그의 지형학적인 서술은 우리에게 가치 있는 작업 가설을 제공해 주었다; 그러나 이것은 어떤 지형학적 설명이라도 그것이 정신 구조의 모든 복잡성을 제대로 설명할 수 있는가 그리고 그러한 서술 양식은 결국 잘못된 심리학 이론으로 드러나지 않겠는가라는 문제를 발생시킨다. 위의 사례에서 제시된 자료는 자아와 원본능 그리고 초자아에 해당하는 기능적인 구조들이 존재하고 있음을 확인시켜 주는 것으로 보인다; 그러나 그 자료는 동시에 이런 기능적인 구조적 단위들을 정신적 실체(mental entities)로서 간주할 수 없다는 사실을 암시한다. 현대 과학의 일반적인 경향성은 실체들에 대해 의심의 눈길을 보내는 것으로 드러나고 있다; 옛 '기능 심리학'(faculty psychology)이 소멸된 것도 이런 경향성의 영향 때문이었다. 아마도 정신 현상을 구조적인 기능 집단의 활동으로 새롭게 이해하는 것이 가장 바람직할 것이다. 어쨌든 '본능'에 실체적 지위를 부여하는 것은 현대 과학의 흐름과는 모순되는 것으로 보인다; 현대 지식에 비추어볼 때 본능은 행동의 역동적 패턴으로 간주하는 것이 가장 적절해 보인다. 유사한 고려가 프로이트의 정신에 대한 삼중 구조 이론에도 적용된다. 따라서 그가 말하는 삼중 구조는 정신의 기능적 집단을 나타내는 것으로 간주되어야 한다. 다시 말해서, 자아와 원본능 그리고 초자아는 특징적인 기능을 지닌 구조적 단위를 나타낸다. 그리고 이 사실은 위의 사례에서 제시된 사실들에 의해 지지받고 있다; 그러나 이 사례는 프로이트가 말한 세 가지 외에 또 다른 기능적 단위들이 존재할 수 있는 가능성도 보여주고 있다.

  이 환자의 꿈들에서 나타나는 인물들에 대한 연구는 정신이 독립된 실체들로 구성되어 있지 않다는 것을 말해주는 한편, 그것은 또한 다중 인격 현상을 이해하는데 빛을 던져주고 있는 것으로 보인다. 서술된 인물들은 모두 독립적 인격의 모습을 띠고 출현했다; 그리고 이 사실은 다중 인격 현상이 본 사례가 보여주는 그런 인물들을 만들어내는 과정과 동일한 과정의 산물일 수 있음을 암시한다. 자아와 원본능에서 프로이트는 다중 인격이 자아의 다양한 동일시에서 유래한 것이라는 견해를 표명했다. 이 환자의 꿈속에서 '비평가'라는 인물의 출현은 이런 가능성을 뒷받침해준다; 왜냐하면 그 '비평가' 상이 대부분 꿈꾼 이의 어머니에 대한 동일시에 기초해 있기 때문이다. 그러나 다른 인물들은 그와 유사한 방식으로 설명되지 않는 것 같다. 대체로 그 인물들은 심리 경제적인 이유로 전체 인격 내에서 일정한 독립성을 성취한 기능적인 구조들로서 가장 잘 해석되는 것 같다; 그리고 다중 인격을 발생시키는 정신 과정은 이 환자의 꿈에서 '말

썽꾸러기 소년'과 '비평가' 그리고 '작은 소녀'와 '순교자'를
만들어내는 정신 과정의 좀더 극단적인 형태를 나타낸다고 정당
하게 가정할 수 있다. 비록 그녀의 사례에서 이런 인물들은 대체
로 무의식의 영역 안에 머물러 있지만, 좀더 극단적인 경우에는
그것들이 깨어있는 의식적인 삶의 영역을 침범하지 않는다는 보
장이 없다. 사실 그녀에게서도 이 인물들이 깨어있는 삶을 침범
하는 일이 실제로 발생했다. 분석 초기의 의기양양한 단계 동안
에 '말썽꾸러기 소년'은 그녀의 의식적 삶을 거의 완전히 점령
했다; 그녀는 나중에 이 단계를 돌이켜보면서 자발적으로 그때
자신은 전혀 다른 사람이었다고 말했다.

이와 같은 맥락에서 이 환자의 꿈에서 드러난 의인화(personi-
fications) 현상은 프로이트가 서술했던 정신 구조뿐만 아니라 다
중 인격 현상과도 관련성을 갖는 것으로 보인다; 다중 인격은 자
아, 원본능 그리고 초자아를 고립 상태로 인도하는 분화 과정의
산물이다. 이런 구조들이 분화된다는 사실은 분석 작업에서 아
주 일관되게 확인되며, 따라서 그것들의 존재는 특별한 것일 뿐
만 아니라 정상적인 것으로 간주되어야 한다. 그러나 자아로부
터 원본능과 초자아가 분화된다는 증거는 비정상적인 개인에게
서 가장 잘 드러나는 것이 사실이다; 그리고 이 구조들은 아무런
흠도 없이 발달한 완전히 통합된 인격일 경우 어느 정도까지나
분리가 가능한가라는 이론적인 문제가 제기된다. 우리의 사례는
다중 인격 현상이 때때로 '초자아'나 '원본능'이 일시적으로 의
식의 영역으로 침범해 들어옴으로써 발생하는 것임을 보여준다;
그러나 프로이트의 정신의 삼중 구조와 일치하지 않는 독립적인
구성물이 무의식 안에서 분화되는 것으로 보이는데, 이 독립적
구성물은 다중 인격적 개인들의 의식을 침범할 수 있다. 이 사례
는 마찬가지로 조적 상태는 원본능 성질을 가진 구성물이 의식

의 영역을 침범해 들어옴으로써 발생하는 것임을 암시한다. 그런 점에서, 광증은 다중 인격과 공통점을 갖고 있는 것으로 보인다; 그러나 우울증의 경우, 문제는 더 많이 복잡하기 때문에 그것을 단순히 초자아가 의식 영역을 침범하는 것으로 간주할 수는 없다.

지금까지 논의된 내용 중에서 주요 요점들을 요약하면 다음과 같다.

(1) 이 사례가 관심의 대상이 된 주된 요인은 환자가 질과 자궁을 갖지 않은 비정상적인 성기를 가진 여성이었다는 사실에 있다. 내분비 장애가 수반되고 있다는 증거가 있었지만 일부러 서술하지 않았는데, 그것은 그 환자가 가진 증상의 원인이 너무 쉽게 그런 생물학적 요인으로 전가될 수 있기 때문이었다; 그런 생물학적 해석은 그녀의 여동생도 같은 생리적 문제를 갖고 있었지만 비교적 정신병리적 장애를 갖고 있지 않았다는 점에서 타당하다고 볼 수 없다. 더욱이 이 환자의 정신분석적 치료에서 얻어진 자료는 그녀가 가진 생물학적 문제에도 불구하고 그녀의 증상이 정신분석적 개념에 의해 만족스럽게 설명될 수 있음을 보여주고 있다. 이 환자의 경우에 비정상적인 신체는 그것이 그녀의 심리적 외상의 원인이 되었다는 점에서 그리고 정상적인 성생활의 가능성을 배제했다는 점에서만 관련성을 갖고 있는 것으로 보인다.

(2) 이 여성의 경우에 질의 부재가 무의식 안에서 어느 정도까지 음핵의 과대 평가를 가져오는가를 주목하는 것은 흥미롭다. 음핵이 페니스와 동등시되고 있는 것 또한, 그것이 그녀의 무의식에서 음핵이 신체적으로 뿐만 아니라 심리적으로 페니스와 유사한 기관이라는 것을 확인시켜 준다는 점에서 흥미로운 현상이다. 그녀의 신체적 결함이 지닌 특성을 고려할 때, 페니스보다는

질이 무의식적 선망의 대상이었다고 예상할 것이다; 그러나 실제로 페니스-선망은 질의 부재에 의해 정상적인 경우보다도 더욱 심화된 것으로 보인다. 따라서 신체적으로 정상적인 여성의 경우 페니스-선망이 여성 성욕의 억압을 가져오는 일차적인 요인이라기보다는 여성의 성욕의 억압이 페니스-선망을 가져오는 일차적 요인이라고 추론할 수 있다. 만일 이 추론이 맞는 것이라면, '여성의 거세 콤플렉스'라는 고전적인 개념은 개정될 필요가 있는 것으로 보인다.

(3) 이 환자의 우울증 단계와 의기양양함의 단계가 짧은 기간을 두고 반복되었다는 점에서 그리고 한 번의 분석 회기 동안에도 이것이 반복되었다는 점에서 이 사례는 일반적인 사례들과는 달랐다. 이런 특성들은 사실상 조울 과정에 대한 세밀한 검토를 가능하게 했다.

(4) 이 환자의 분석 세 번째 단계는 편집증 상태의 발달 과정이 어떤 것인지를 훌륭하게 보여주었다.

(5) 이 환자의 분석에서 발견되는 아주 중요한 특징은 죄책감이 출현하는 것—그녀의 억압된 구강기-가학적 소망들로 인해서—에 대한 저항이 억압된 소망 자체에 대한 저항을 훨씬 더 능가했다는 사실이다. 이 사실은 초자아 자체는 자아에 의해 억압된다는 사실과, 어떤 경우에는 보통 '억압된 내용'으로 묘사되는 리비도적 요소보다 더 많이 억압될 수도 있다는 사실을 말해준다.

(6) 이 분석 사례는 초자아 구조의 확립이 리비도 발달의 어느 단계에까지 관련되는지를 분명히 드러냈다. 그것은 또한 초자아의 핵이 성기기 이전인 구강기에 그 기원을 두고 있으며, 그 기간 동안에 형성된 것임을 드러냈다.

(7) 이 사례는 두 가지 전능성이 존재한다는 사실을 암시하는

자료를 제공해 주었다: (a) 원시 리비도적인 목표와 관련된 전능
성과 (b) 원시 리비도적인 목표와 초자아의 목표 모두를 동시에
만족시키는 '승화된 활동'과 관련된 전능성.

(8) 분석이 진행되는 중에 발생한 남동생의 죽음에 대한 환
자의 반응은 그 사건 직전에 꾸었던 가학적 꿈을 고려할 때 특
별한 중요성을 갖는다. 왜냐하면 그것이 순수한 정신분석적 사
고에 기초한 추론을 지지해주는 실제적 증거를 제공했기 때문
이다.

(9) 환자의 꿈속에 몇몇 인물들이 고정적으로 출현하는 현상
은 다중 인격의 기원에 대한 설명을 암시해준다. 그것은 다중 인
격이라는 것이 심리 경제적인 압력에 의해 무의식에서 분화된
기능적인 구조적 내용물들이 의식 영역을 침범한 결과임을 말해
준다. 또한 그것은 프로이트가 말하는 정신의 삼중 구조가 각각
따로 나뉘어진 세 개의 정신적 실체를 가리킨다기보다는 오히
려 비슷한 성질을 가진 구조적 내용물들을 가리킨다는 것을 말
해준다.

제 10 장

왕의 죽음이 분석 중인 환자에게
끼친 영향[1](1936)

조지 5세가 죽었을 때(1936년 1월 20일) 나는 이 사건이 분석을 받고 있던 내 환자들 중 세 명에게 끼친 영향에 깊은 인상을 받았다. 분석 중인 환자가 그 시대의 사건에 대해 보이는 반응을 연구하는 일은 항상 유익한 것이지만, 동일한 사건에 대한 한 집단의 환자들의 반응은 더욱 흥미롭다. 이것은 물론 문제의 사건이 아주 중요한 것이거나 왕의 죽음처럼 흔치 않은 것일 때 더욱 그렇다. 그런 점에서 내가 방금 언급한 세 환자들의 반응은 보고할만한 가치가 있는 것으로 보인다. 이 환자들은 모두 구강기 가학증으로 인해 긴장을 겪고 있었고, 구강 합입적 경향성을 두드러지게 나타냈다; 이러한 것들이 그들로 하여금 왕의 죽음

---

1 1936년 2월 19일에 영국정신분석 학회에서 발표됨. 그 후에 정신분석 국제 학술지 17권 3부에 실림.

에 대해 그렇게 극단적으로 반응하게 만든 요인이었던 것으로
보인다.

그들 중 18세 된 젊은 청년 환자는 조지 5세 왕이 죽기 약 4개
월 전에 정신병원에서 내게로 의뢰되었다. 그는 생애 대부분 동
안을, 다시 말해서 태어난 지 6년만에 죽은, 그보다 여섯 살 아래
남동생이 살아있던 기간을 제외하고는 독자로 지냈다. 그는 다
음의 세 가지 주된 증상을 보였다: (1) 과도한 분리 불안, 특히 어
머니와의 분리를 견디지 못하는 것; (2) 심장병에 대한 건강염려
증적 몰두; (3) 죽음에 대한 압도적인 공포를 수반하는 반복적인
심장 발작.

임상적 상황은 불안이 지배적인 것이었지만, 그 환자의 일반
적인 태도는 분열성적인 배경을 암시하였다. 분석이 시작된 지
얼마 되지 않아서, 그가 어머니와 헤어지길 꺼리는 것은 그녀가
그의 구강기 가학증에 의해 파괴되지 않았다는 것을 끊임없이
확인해야 했기 때문이었음이 드러났다. 다른 한편 그의 심장병
에 대한 불안은 그가 상당한 정도의 구강기 가학증을 투사했던
내재화된 어머니가 그의 심장을 갉아먹어서 자신이 죽을지도 모
른다는 불안으로 드러났다. 이 사실은 꿈에 접시 위에 놓여있는
그의 심장을 어머니가 숟가락으로 퍼 올리는 모습에서 분명히
드러났다. 왕이 죽기 전 4개월간의 분석 기간 동안에 그의 증상
은 많이 좋아졌다. 그러나 왕의 심장 상태에 관한 걱정스러운 보
도가 나오기 시작하자 그의 증상은 심하게 악화되었다. 라디오
를 켤 때마다 그는 공황 발작을 일으켰다; 그는 잠을 제대로 자
지 못했고, 확인을 받기 위해 아무 때나 내게 전화를 하기 시작
했다. 그런 일이 있은 후, 어느 날 아침에 그는 왕이 죽었다는 소
식을 듣게 되었다; 그 다음날 밤 꿈에 그는 그의 아버지라는 한
남자를 총으로 쏘았다. 그 꿈에서 그는 어머니와 함께 어떤 방에

있는데, 그때 그는 어머니에게 자신이 그 남자를 쏜 것은 그가 싫어서가 아니라 자신의 생명이 위협받았기 때문이라고 설명했다. 그는 또한 그 남자의 생명을 빼앗는 것과 함께 자신의 생명도 끝이 났으며, 이제 자신은 6년 동안 감옥 생활을 할 것이라고 말했다. 그 다음에 한 젊은 여자가 등장했는데, 그는 그녀를 자신이 죽인 사람이라고 느꼈다. 그리고 그의 어머니가 방에서 나갔는데, 그녀가 나갈 때 옆방에서 누군가가 소리를 지르고 있었다. 그것은 그가 죽인 사람이 지르는 소리인 것 같았다; 그러나 다시 보니 그 사람은 이제 자신의 남동생인 것 같았다(남동생의 죽음은 6년간 그의 양심에 짐이 되었다. 이 기간은 그의 꿈에서 '감옥 생활'의 기간으로 나타나고 있다). 그 젊은 여자가 성적 대상으로서의 그의 어머니를 상징하는 것으로 드러났기 때문에, 그 꿈은 가족 전체의 총체적인 파괴를 나타내는 것으로 보인다; 그리고 그는 이 꿈 다음에 꾼 또 하나의 꿈에서 그의 어머니가 그녀 자신이 서 있는 계단 밑바닥에서 젤리를 먹지 말라고 그에게 경고하는 모습을 보았는데, 이것은 그러한 파괴의 행동이 실제로 구강기-가학적인 합입 행동이었음을 보여준다. 따라서 왕의 죽음에 의해 야기된 불안 증상은 주로 그 환자가 자신의 무의식 안에 내재화된 대상에게 부여한 위험한 성질 때문인 것으로 보인다.

두 번째 환자는 31세 된 미혼 남자였는데, 그가 분석을 시작한 지 2년 반쯤 되었을 때 왕이 사망한 사건이 발생했다. 처음에 그가 분석적 도움을 받게 된 것은 끊임없이 배뇨를 하고 싶은 증상 때문이었다. 그 증상은 그의 삶 전체를 지배할 정도로 심했다. 그는 5세때 축농증으로 거의 죽을 뻔했는데, 그 이후로 거의 반-불구의 삶을 살아왔다. 그의 배뇨 증상이 시작되기 이전의 삶은 거의 그의 가슴에 대한 불안에 의해 지배되었다. 이 불안은 분석 과정에서 그의 배뇨 증상이 완화된 다음에 다시 출현했다.

또한 그는 음식에 독이 들어있을 거라는 공포에 시달리고 있었기 때문에 분석이 진행되면서 강렬한 구강기 가학적 긴장이 나타난 것은 놀랄 일이 아니었다. 이런 구강기 가학증의 출현은 위통 증상을 수반했는데, 그것은 차츰 가슴이 답답해지는 만성적인 증상을 대체했다. 그 과정에서 위통 증상은 사라졌다; 그러나 왕의 서거 직전에 그는 가벼운 편도선 감염으로 인해 그의 인후에 대한 걱정에 몰두하게 되었다. 왕의 죽음으로 인해 그는 아버지의 죽음에 대한 기억이 강렬하게 떠올랐고, 따라서 그는 매우 우울해졌다; 그리고 그는 신문과 라디오에서 그 사건을 요란하게 다루는 것에 의해 자극을 받았다. 그는 매사에 흥미를 잃었고, 그의 건강에 대한 습관적인 염려가 강화되었으며, 허리 위쪽으로 몸 전체가 답답하게 느껴졌다. 무엇보다도 그는 자신의 안전에 대해 몹시 걱정하게 되었다. 그는 자신 안에서 전쟁이 벌어지고 있다고 느꼈으며, 자신의 몸 안에서 대립적인 위험한 세력들이 작용하고 있다고 느꼈다. 분석 중에 이미 나타난 자료에 비춰볼 때, 그의 내면의 전쟁은 구강기-가학적인 자아와 구강기-가학적 속성을 지닌 내재화된 아버지 상 사이의 전쟁이었음이 분명했다. 왕의 죽음은 그의 아버지에 대한 자신의 구강기-가학적인 소망의 완성을 나타냈다. 그리고 그의 무의식 안에 합입된 그러한 아버지로 인해 그의 내부에는 파괴적 세력이 존재하게 되었다.

왕의 죽음에 대한 이 환자의 직접적인 반응은 그가 2주 후에 꾼 '왕'의 시가 담배에 관한 꿈에서 나타났다. 그 꿈에서 그는 차가 도난 당한 것을 발견했다. 경찰에 전화를 한 후에 그는 (실제로는 죽은) 아버지가 먼 여행에서 돌아온 것을 알았다. 그는 이 사건으로 인해 크게 즐거워했다. 그리고 즉시 호화로운 저녁 만찬에 아버지를 초대했다. 그때 갑자기 도둑이 차를 가지고 나타났고, 환자는 목구멍 주위로 격한 분노가 치밀어 오르는 것을 경험했다. 그리고 나서 그는 왕의 시가 담배를 147파운드에 판다는 광고를 보았다.

물론 이 꿈은 대상 회복의 주제를 다루고 있다. 그것은 아버지의 회복을 묘사하는 것이었다. 사실 그는 아버지가 죽었을 때 구강기 가학적 욕구가 충족되는 것을 경험했다; 그가 호화로운 식사로 아버지의 귀환을 축하하는 것은 그의 구강기 가학적 욕구에 대한 보상이었다. 더욱이 왕의 시가 담배 광고는 구강기적 만족을 주는 대상으로서의 아버지 페니스를 회복시키는 것을 의미한다.

회복의 주제는 이틀 밤 후에 꾼 꿈에서 다시 나타났다. 그 꿈에서 환자는 버킹햄 궁전 밖의 홍수 지역에서 조지 5세와 수영하고 있었다. 왕은 물 속에 머리를 처박고 있었고, 그를 구하려는 환자의 노력에도 불구하고 결국 익사하고 말았다. 다음 장면에서 장례식이나 법정에 어울리는 정복을 입은 경찰이 여러 개의 관들을 국왕의 마차에서 옮기고 있었다. 그때 환자는 왕과 함께 호화스런 특수 마차에 타고 있었다. 그는 왕이 살아났고 건강을 회복했다는 것에 대해 커다란 안도감을 느꼈다.

물론 이 꿈에서 왕의 회복은 앞의 꿈에서 나타났던 아버지의 회복과 같은 것이다; 그러나 이 경우에 왕의 죽음은 홍수와 관련된 것으로 나타나는데, 이것은 끊임없이 배뇨하고자 하는 환자의 증상을 생각나게 한다. 첫 꿈에서 구강기 가학증에 의해 파괴된 대상이 회복되고 있다면, 두 번째 꿈에서는 배뇨 가학증에 의해 파괴된 대상이 회복되고 있다.

세 번째 사례는 내가 1931년 1월 21일, 영국 정신분석 학회에서 발표했던 여성 환자의 것인데,[2] 그녀는 이 글을 쓰고 있는 지

---

2 이 논문은 '비정상적인 성기를 가진 환자의 정신분석 사례'라는 제목으로 이 책 9장에 실려 있다.

금(1936)까지도 계속 분석을 받고 있다. 이 환자는 성기의 결함으로 인해 실제로 성별을 확실히 구별하기가 쉽지는 않지만, 대체로 여성으로 간주되었다. 50세인 그녀는 9년 째 분석을 받고 있었고, 불안과 우울 그리고 자살에 대한 생각이 특징으로 나타나는 주기적인 붕괴로 인해 교사직을 그만 두어야 했다. 그녀의 분석이 길어진 것은 대체로 그녀의 진짜 성에 대한 불확실성 때문이었다. 뿐만 아니라 그녀가 조적 단계 후에 투사 기제를 사용한 것과 자신의 조-울 증상을 남자들이 자신을 흉 본다는 편집증적 생각으로 대체한 것에도 어느 정도 책임이 있다. 이따금씩 우울증이 찾아왔고, 이 기간 동안에는 편집증적 증상들이 가라앉았다. 분석 8년째 되는 해에 투사 기제의 활동이 상당히 감소했고, 이따금씩 가벼운 우울증이 지배적이 되었다. 아주 깊이 억압된 항문기-가학적 경향이 분석된 후에 편집증적 증상들은 사라졌다; 그러나 투사 기제가 약해짐에 따라 보다 근원적인 구강기 가학증이 드러났는데, 이것이 그의 우울증을 일으키는 원천이었다. 이 우울증은 모두 실제 사건에 의해 그리고 종종 하찮은 성질의 것에 의해 촉발된 것이었다; 왕의 죽음은 그러한 우울증을 촉발시키는 또 하나의 계기가 되었다.

그 환자는 1월 20일(왕이 죽던 날) 잠자리에 들기 직전에 라디오 뉴스에서 왕이 병세가 악화되고 있다는 소식을 들었다. 그녀는 그 다음날 아침까지 그의 죽음에 대해 알지 못했다; 그러나 그날 밤에 그녀는 아버지가 죽는 아주 중요한 꿈을 꾸었다. 1월 21일 내내 그녀는 몹시 동요되었고 극도로 신경이 날카로워졌다. 그녀는 약속된 면담시간에 나타나지 않았다; 그러나 그녀의 변명은 현실에 기초해 있었다; 그리고 다음날(1월 22일)에는 약속 시간에 나타났는데, 그때 그녀의 마음은 여전히 심하게 동요된 상태였다; 그리고 이 사실에 근거해서 그녀는 자신이 왕의 죽

음에 책임을 느끼고 있다고 추론했다. 1월 23일에 그녀는 매우
우울한 기분으로 잠에서 깼다; 그러나 그 기분은 오전 11시 30분
쯤에 신기하게 사라졌다. 그녀는 1월 21일 밤에 많은 분석을 필
요로 하는 일련의 나쁜 꿈들을 꾸었다.

　이 일련의 꿈에서 다음의 특징들이 나타났다: 첫 번째 꿈은
특정한 내용 없이 거의 전적으로 소름끼치고 무서운 정동으로
채워져 있었다. 꿈꾼 이는 다만 공포, 비참 그리고 절망에 사로잡
혀 있다고 느낄 뿐이었다. 그녀는 마치 어둠 속을 헤매고 있는
것 같았다; 그녀는 자신의 마음 상태에 대해 걱정했다; 왜냐하면
그녀는 자신이 절망적으로 미친 상태라고 느꼈기 때문이었다.
그리고 나서 그녀는 자신의 몸이 발끝에서부터 점점 차가워지고
있으며 결국 자신은 완전히 끝장 날 것이라고 느낀 꿈을 꾸었
다. 그 후에 꾼 꿈에서 그녀는 모든 것이 완벽하게 갖추어진 작
고 아름다운 집에서 살고 있었다. 그녀는 그 완벽한 모습을 보여
주기 위해 어머니와 어떤 방안으로 들어갔다; 놀랍게도 거기에
는 예쁜 진홍색 카펫이 깔려 있었고 그 위에서 잡초들이 무성하
게 자라고 있었다. 그녀는 그 잡초를 없애기가 얼마나 어려운지
에 대해 말하면서 즉시 몸을 구부려 잡초를 뽑았다. 이제 그녀의
집은 공원처럼 보였다; 그리고 그녀는 집 옆에 놓여있는 동물이
들어있는 상자 위에 앉아 있었다. 한 여자가 개를 데리고 공원으
로 들어왔고, 그러자 그 개를 내보내라고 외치는 소리가 들렸다.
그 개를 잡으려고 했지만, 그럴수록 그 개는 사나워져서 도망칠
뿐이었다. 그때 꿈꾼 이는 자신의 등뒤에서 으르렁거리는 소리
를 들었고, 놀랍게도 그 개가 상자 안에 있는 동물을 물어 죽이
고 있는 것을 발견했다. 이 모습을 보며 그녀는 자신의 안전에
대해 걱정하기 시작했다. 나중에 그녀는 문 두드리는 소리에 문
을 열어주려고 달려나갔는데, 그때 경찰관 두 명이 문밖에서 비

를 맞고 어둠 속에 서 있었다. 그녀는 그들을 안으로 들어오게 했고; 그들은 그녀가 홀에 매달려 있는 램프에 불을 붙이는 것을 도와주었다. 그때 그녀는 그 불빛이 위험에 대한 신호인 붉은 색이라는 것을 깨달았다. 그녀는 그들의 방문에 매우 놀랐고, 왜 하필 그녀의 집을 방문했는지 따졌다. 그때 그 두 경찰들은 세 명의 여자로 변했고, 자신들이 왜 방문했는지 설명하기 시작했다. 한동안 그녀는 그들이 무슨 말을 하는지 이해할 수 없었다; 그러나 결국 그녀는 그 말의 내용이 '작은 데이빗'이라 불리는 남자에게 무서운 재앙이 덮쳤다는 것임을 알 수가 있었다. 그녀는 '작은 리틀'이 누군지 그가 자신과 무슨 관계가 있는지 궁금해하면서 잠에서 깼다.

물론 '데이빗'은 새 왕(에드워드 8세)이 황실 가문 내에서 불린 이름이었다. 그리고 '작은 데이빗'에게 임한 재앙은 아버지 왕의 죽음이었다. 이 재앙과 관련해서 초자아 상들이 집을 방문한 것은 왕을 죽인 사람이 그녀 자신임을 암시한다. 이것은 그녀가 '작은 데이빗'이 누군지 모른다는 핑계로 자신의 부친 살해를 부인하고 있음을 말해준다. 그녀의 범죄가 지닌 구강기-가학적 성질은 성난 개가 상자 안에 있는 동물을 물어 죽이는 장면에서 드러난다. 그녀는 상자 위에 앉아서 생명의 위험을 무릅쓰고 내재화된 아버지를 구강기-가학적 리비도로부터 보호하고 있었다; 그러나 그녀가 자신의 구강기 가학으로부터 실제의 아버지를 보호하기 위해 아버지를 내재화하고 있다고 말하는 것이 그 상황에 대한 더 정확한 서술일 것이다. 현실 대상을 구강기-가학적 충동에 의해 파괴되는 것으로부터 보호하기 위해 리비도적 대상을 내재화한다는 주제는 이 환자의 분석에서 이미 출현한 바 있다. 왕이 죽기 얼마 전에 그녀는 어느 날 자신이 앉고 싶은 의자에 아버지가 앉는 것을 보고는 몹시 기분이 상했다. 그녀는 그때 분노를 억눌렀다; 그러나 그 결과 그녀는 우울증에 걸렸다. 그녀는 이전에도 몇 번 나를 향한 분노를 억누른 후에 우울증에 걸린 적이 있었다. 이 모든 경우에 우울증은 노골적으로 분노를 표현하는 것에 대한 대체물이었다; 그리고 대상을 내재화하는 것은 자아가 좌절에 의해 야기된 가학증에 노출될 때 현실 대상을 파괴로부터 보호하기 위한 것이었다. 왕의 죽음에 따른 대상의 내재화는 이와는 약간 다른 범주에 속한다. 그것은 환자가 분석을 받는 동안에 이미 여러 번 발생했던 것과 같은 범주에 속한다. 예컨대, 그녀의 남동생이 자동차 사고로 죽었을 때, 그녀의 아버지가 자동차 사고로 심한 부상을 당했을 때, 내가 갑자기 아팠을 때 그리고 어느 날 그녀가 예전 교장 선생님의 딸이 검은 색 옷을 입은 것을 보고 그가 죽었다고 (사실과는 달리) 생각했을 때, 그녀는 동일한 대상의 내재화를 경험했고, 그때마다 우울증을 앓았다; 그런 경우에 우울증은 좌절에 의해서가 아니라 억압된 가학적 소망이 예기치 않게 충족되는 것에 의해서 촉발되었다. 예컨대, 그녀의 남동생이 죽었을 때 그녀는 우울증을 앓기에 앞서 단기간의 의기양양한 상태를 경험했다. 따라서 이런 우울증 발작을 특징짓는 대상의 내재화는 외적 대상의 보호를 목표로 하지 않는다. 이것은 내재화 방어가 사용되기 전에 이미 손상이 일어났음을 말해준다. 그런 상황에서 내재화의 목표는 풀려난 가학증을 흡수하는 것일 수밖에 없다. 그 이유는 아마도 사랑하는 현실 대상을 잃어버리는 모든 경험은 또한 내재화된 대상 상실의 공포를 자극한다는 멜라니 클라인의 말[3]에서 찾을 수 있을 것이다.

---

3 정신분석 국제 학술지 16권 2부 150쪽

색 인

Psychoanalytic Studies of the Personality

by W. Ronald D. Fairbairn

Copyright © 1990 by Routledge

First published in 1952 by Tavistock Publications Limited

Translation copyright © 2003

by Korea Psychotherapy Institute

성격에 관한 정신분석학적 연구

발행일 • 2003년 7월 25일

지은이 • W. 로널드 D. 페어베언

옮긴이 • 이재훈

펴낸이 • 이재훈

펴낸곳 • 한국심리치료연구소

등록 • 제 22-1005호(1996년 5월 13일)

주소 • 서울시 서초구 반포동 47-5 (낙도빌딩 5층)

Tel • 3477-6187, 6188   Fax • 3477-6189

www. PTI21.com   pti21@pti21.com

값 20,000원

ISBN 89-87279-34-0 93180

한국심리치료연구소 총서

한국심리치료연구소는 한국심리치료 분야의 질적 향상을 위해서 이 분야의 고전 및 최신 서적들을 우리말로 번역 출판하고 있다. 본 연구소는 순수 심리치료 분야와 기독교 신앙과 관련된 심리치료 분야의 책들을 출판하며, 순수 심리치료 분야의 책들은 대상관계이론과 자기심리학을 포함한 현대 정신분석이론들과 융 심리학에 관한 서적이다.

순수 심리치료 분야

놀이와 현실 Playing and Reality by D. W. Winnicott / 이재훈	성숙과정과 촉진적 환경 Maturational Processes & Facilitating Environment by D. W. Winnicott / 이재훈
울타리와 공간 Boundary & Space by D. Wallbridge & M. Davis / 이재훈	참자기 The Search for the Real Self by J.F. Masterson / 임혜련
유아의 심리적 탄생 Psychological Birth of the Human Infant by M. Mahler & F. Pine / 이재훈	내면세계와 외부현실 Internal World & External Reality by Otto Kernberg / 이재훈
꿈상징 사전 Dictionary of Dream Symbols by Eric Ackroyd / 김병준	자폐아동을 위한 심리치료 The Protective Shell in Children and Adult by Frances Tustin / 이재훈 외
그림놀이를 통한 어린이 심리치료 Therapeutic Consultation in Child Psychiatry by D. W. Winnicott / 이재훈	박탈과 비행 Deprivation & Delinquency by D. W. Winnicott / 이재훈 외
자기의 분석 The Analysis of the Self by Heinz Kohut / 이재훈	교육, 허무주의, 생존 Education, Nihilism, Survival by D. Holbrook / 이재훈 외
편집증과 심리치료 Psychotherapy & the Paranoid Process by W. W. Meissner / 이재훈	대상관계 개인치료 I · II Object Relations Individual Therapy by Jill Savege Scharff & David E. Scharff / 이재훈 · 김석도 공역
멜라니 클라인 Melanie Klein by Hanna Segal / 이재훈	정신분석 용어사전 Psychoanalytic Terms and Concepts Ed. by Moore and Fine / 이재훈 외
정신분석학적 대상관계이론 Object Relations in Psychoanalytic Theories by J. Greenberg & S. Mitchell / 이재훈	하인즈 코헛과 자기심리학 H. Kohut and the Psychology of the Self by Allen M. Siegel / 권명수
	대상관계 부부치료 Object Relations Couple Therapy by Jill Savege Scharff & David E. Scharff / 이재훈
프로이트 이후 Freud & Beyond by S. Mitchell & M. Black / 이재훈 · 이해리 공역	대상관계 이론과 임상적 정신분석 Object Relations & Clinical Psychoanalysis by Otto Kernberg / 이재훈

성격에 관한 정신분석학적 연구
Psychoanalytic Studies of the Person-
ality by Ronald Fairbairn / 이재훈

기독교 신앙과 관련된 심리치료 분야

종교와 무의식
Religion & Unconscious
by Ann & Barry Ulanov / 이재훈

희망의 목회상담
Hope in the Pastoral Care
& Counseling
by Andrew Lester / 신현복

살아있는 인간문서
The Living Human Document
by Charles Gerkin / 안석모

인간의 관계경험과 하나님경험
Human Relationship
& the Experience of God
by Michael St. Clair / 이재훈

신데렐라와 그 자매들
Cinderella and Her Sisters
by Ann & Barry Ulanov / 이재훈

현대정신분석학과 종교
Contemporary Psychoanalysis
& Religion
by James Jones / 유영권

살아있는 신의 탄생
The Birth of the Living God
by Ana-Maria Rizzuto / 이재훈 외

인간의 욕망과 기독교 복음
Les Evangiles au risque
de la Psychanalyse
by Françoise Dolto / 김성민

신학과 목회상담
Theology & Pastoral Counseling
by Debohra Hunsinger
/ 이재훈 · 신현복

성서와 정신
The Bible and the Psyche
by E. Edinger / 이재훈

목회와 성
Ministry and Sexuality
by G. L. Rediger / 유희동

상한 마음의 치유
Healing Wounded Emotions
by M. H. Padovani 외 / 김성민 외

예수님의 마음으로 생활하기
Living From the Heart Jesus Gave You
by James G. Friesen 외 / 정동섭 외

앞으로 출간될 책

치유의 상상력
Healing Imagination
by Ann & Barry Ulanov

정신분석을 사랑한 소아과 의사
Through Paediatrics to Psychoanalysis
by D. W. Winnicott

대상관계 가족치료
Object Relations Family Therapy by
Jill Savege Scharff & David E. Scharff

자기의 회복
The Restoration of the Self by Heinz
Kohut

자기의 치료
How Does Analysis Cure? by Heinz
Kohut